Der Dritte Weltkrieg
in Europa

1. Auflage Oktober 2024

Satz und Layout: Mohn Media Mohndruck GmbH, Gütersloh
Umschlaggestaltung: Nicole Lechner

ISBN: 978-3-98992-044-6

Gerne senden wir Ihnen unser Verlagsverzeichnis
Kopp Verlag
Bertha-Benz-Straße 10
72108 Rottenburg
E-Mail: info@kopp-verlag.de
Tel.: (0 74 72) 98 06-10
Fax: (0 74 72) 98 06-11

Unser Buchprogramm finden Sie auch im Internet unter:
www.kopp-verlag.de

Peter Orzechowski

Der Dritte Weltkrieg in Europa

und seine katastrophalen Folgen für Deutschland

KOPP VERLAG

Inhalt

★★★

Vorwort: Mit Vollgas in den Weltkrieg?

★ ★ ★

Es ist gut möglich, dass Sie, lieber Leser, dieses Buch in den Händen halten und denken: »Warum habe ich das bloß gekauft?« Denn es kann sein, dass genau in diesem Moment die Welt aufatmet, sich entspannt zurücklehnt und sagt: »Gott sei Dank ist uns ein großer Krieg erspart geblieben, und wir haben wieder Frieden.« Denn da der Redaktionsschluss für dieses Buch der 4. August 2024 war, kann bis zum Erscheinen des Buches – vielleicht durch Vermittlung Chinas – durchaus der Frieden in der Ukraine ausgebrochen sein.

Allerdings muss ich Sie enttäuschen: Es wird kein Frieden sein, was da vielleicht beschlossen wird, eher ein Kräftesammeln für das entscheidende Gefecht. Dessen bin ich mir sicher.

Warum sonst sollte Verteidigungsminister Boris Pistorius davon sprechen, dass Deutschland in 5 Jahren »kriegstüchtig« sein müsse?[1] Warum baut das US-Militär sonst in Rumänien gerade eine Air Base, die »der flächenmäßig größte NATO-Stützpunkt Europas« sein wird, fast doppelt so groß wie die amerikanische Luftwaffenbasis Ramstein in Rheinland-Pfalz,[2] die uns in diesem Buch noch beschäftigen wird? Oder warum erklärte die stellvertretende US-Verteidigungsministerin Kathleen Hicks Anfang Juli 2024 auf einer Konferenz zur Rüstungsindustrie, die am Rande des NATO-Gipfels in Washington stattfand, »die USA und ihre Verbündeten müssten sich auf mögliche langwierige Kriege vorbereiten«, und zwar nicht nur in Europa?[3] Und Sie finden in diesem Buch noch weitere Belege für die Vorbereitung eines großen und langen Krieges.

Begründet wird die Aufrüstung Europas damit, dass Russland die alte Sowjetunion wiederherstellen wolle und daher die NATO angreifen werde. Wir werden sehen, dass der russische Präsident Wladimir Putin derlei Absichten nie geäußert hat. Das musste übrigens auch das deutsche Auswärtige Amt (AA) zugeben. Thomas Bagger, Staatssekretär im AA, teilte am 1. August 2024 auf die schriftliche Frage Nr. 07-370 des AfD-Bundestagsabgeordneten Thomas Dietz hin mit: »Äußerungen des Präsidenten der Russischen Föderation, Wladimir

Putin, wonach eine Wiederherstellung der Sowjetunion beabsichtigt werde, sind der Bundesregierung nicht bekannt.«[4]

Und der Gedanke, Russland könnte mit Bodentruppen versuchen, bis nach Deutschland, ja bis zum Rhein vorzudringen, ist militärisch völlig absurd. Ein solcher Vormarsch ist aufgrund der mehr als 2000 Kilometer langen und heftig bekämpften Nachschubwege logistisch nicht machbar. Auch im Zweiten Weltkrieg war, wenn auch unter gänzlich anderen militärischen Gegebenheiten, eine solche Strecke auf Dauer nicht zu sichern.

Warum also die ganze Kriegspropaganda vom russischen Aggressor? Die Antwort kennen wir noch aus der Coronazeit: Weil nur eine ängstliche Bevölkerung einem Wahnsinn zustimmt, mit dem sie in »normalen« Zeiten nie einverstanden wäre. Im aktuellen Fall heißt der Wahn, der uns Angst einjagen soll: Krieg.

Interessant ist in diesem Zusammenhang eine Umfrage, die ergab, dass jeder zweite Deutsche Angst davor hat, der Ukrainekonflikt könne sich zu einem größeren Krieg zwischen Russland und den NATO-Staaten ausweiten. 81 Prozent der Befragten lehnten Waffenlieferungen der NATO an die Ukraine ab.

Bemerkenswerterweise stammt diese Umfrage vom 8. Februar des Jahres 2015.[5] Offenbar ahnen die Bundesbürger schon lange, dass Deutschland bei einem militärischen Schlagabtausch massiv betroffen wäre.

Auch mein Buch *Der Dritte Weltkrieg – Schlachtfeld Europa* ist bereits vor 10 Jahren erschienen, und darin hatte ich festgehalten, dass Deutschland allein schon wegen der vielen amerikanischen Hauptquartiere, Spionagezentren, Militärbasen, Flugplätze und auch Lager für Atomwaffen, die sich auf deutschem Territorium befinden, primäres Ziel bei einem Krieg mit Russland wäre.

Die gute Nachricht ist: Sollte es zu einem Einfrieren des Konflikts kommen, dann haben Sie Ihr Geld gut investiert und das richtige Buch gekauft. Denn dann haben wir 5, vielleicht aber auch nur 3 oder

4 Jahre Zeit, um uns vorzubereiten. Dieses Buch liefert die Grundlage dafür. Die darin gesammelten Informationen geben uns die Möglichkeit, uns geistig auf den kommenden Krieg einzustellen. Denn die Weichen sind gestellt. Das wird in diesem Buch ausführlich belegt.

Ich will deutlich machen, dass diese Gefahr nicht nur real, sondern auch imminent ist. Der Krieg in der Ukraine kann sich jeden Moment zu einem europäischen Krieg ausweiten. Doch im Gegensatz zu unseren Mainstream-Medien will ich keine Angst erzeugen, sondern Ihnen, lieber Leser, durch Fakten und Informationen zu einer nüchternen Lagebeurteilung verhelfen.

Dabei beschränke ich mich auf den Kriegsschauplatz Europa – wohl wissend, dass sich in anderen Regionen der Welt ebenfalls ein Weltkrieg entwickeln könnte: beispielsweise im asiatischen Raum zwischen China und den westlich orientierten Mächten, wo um die Krisenherde Taiwan und die Inseln im südchinesischen Meer herum ständig militärisch provoziert wird. Oder im Nahen Osten, wo Israel seit dem Gazakrieg, der am 7. Oktober 2023 begann, permanent versucht, den Iran – und damit letztendlich auch die USA – in einen größeren Krieg hineinzuziehen. Ende Juli 2024 hat Israel, nur um ein Beispiel zu nennen, innerhalb weniger Tage einen der führenden Köpfe der islamistischen Hamas, Mohammed Deif, ermorden lassen und den Hisbollah-Befehlshaber namens Fuad Shukr durch einen Luftangriff in Beirut getötet. Kurz darauf wurde der politische Führer der Hamas, Ismail Haniyya, in der iranischen Hauptstadt Opfer israelischer Raketen ebenso wie Brigadegeneral Amir Ali Hajizadeh, der Kommandeur der Luft- und Raumfahrtkräfte des Korps der Islamischen Revolutionsgarden, in der Nähe der syrischen Hauptstadt Damaskus. Der oberste Führer des Iran, Ayatollah Ali Chamenei, kündigte sofort Vergeltung gegen Israel an.

Über jede dieser Konfliktregionen ließe sich ein eigenes Buch schreiben. Wir aber richten unseren Fokus auf Europa, denn hier droht ein

Krieg zu eskalieren, der uns unmittelbar betrifft. Krieg in Europa? War das nicht über Jahrzehnte undenkbar? Warum auf einmal heute?

Im ersten Kapitel werde ich die Frage nach dem *Warum* beantworten. Dazu beleuchte ich die geistigen Grundlagen der derzeitigen Krise. Ich zeige auf, welche Visionen amerikanische und russische Politiker leiten und welche geopolitischen Ziele sie verfolgen. Nur wenn wir die geostrategischen Vorstellungen der Kontrahenten vergleichen, verstehen wir die Beweggründe ihres Handelns und ihre jeweiligen Reaktionen auf die Maßnahmen der gegnerischen Partei. Dann können wir nachvollziehen, warum die USA ihre Vorherrschaft gefährdet sehen und warum sich Russland in seiner Sicherheit bedroht fühlt. Dabei sehen wir uns auch das *Wer* an und damit die Frage: Wer steht eigentlich hinter – oder über – den Regierenden? Wir werden sehen, dass die Strukturen der wirklichen Entscheider gar nicht so schwer zu entdecken sind.

Als Nächstes müssen wir uns fragen: *Wo* ist die Gefahr einer Ausweitung des Kriegs am größten? Im zweiten Kapitel geht es also darum, die Brennpunkte zu untersuchen. Das sind jene Regionen, wo die Interessen der beiden Blöcke – von der Ukraine bis zum Südkaukasus – aufeinanderprallen und wo es seit Jahren Provokationen und bewaffnete Konflikte gibt.

Daran schließt sich die Frage an: An welchen Orten könnte der Krieg in Deutschland spürbar werden? Denn aus Deutschlands Mitwirkung an diesem Krieg ergeben sich natürlich auch Gefahren. Im dritten Kapitel habe ich die am meisten gefährdeten Orte in Deutschland aufgezählt, also die Zielscheiben eines möglichen russischen Raketenbeschusses. Das sind ja nicht nur Militäranlagen oder Rüstungsfabriken, sondern auch Brücken und Autobahnen, denn über Deutschland läuft die Versorgung und der Nachschub der NATO-Truppen in Osteuropa.

All diese Spannungen werden seit 10 Jahren von den westlichen Mainstream-Medien systematisch geschürt. Sie betreiben eine Hetze gegen Russland, wie wir sie bisher nur aus der Zeit vor den beiden anderen Weltkriegen kannten – auch das übrigens ein Beleg dafür, dass ein langer Krieg gegen Russland geplant ist. Ich werde diese angebliche Berichterstattung jedoch nicht weiter thematisieren, weil sie nur Kriegspropaganda ist. Dass sich unsere Leitmedien dafür hergeben, ist für mich, der ich seit 46 Jahren als Journalist tätig bin und in dieser Zeit über 10 Jahre lang Tausende von jungen Journalisten auf Journalistenschulen ausbilden durfte, die größte Enttäuschung meines beruflichen Lebens.

Umso wichtiger ist es, dass der absolute Grundsatz journalistischer Arbeit »audiatur et altera pars« – frei übersetzt: »auch die andere Seite soll gehört werden« – wenigstens in diesem Buch seinen Ausdruck findet. Sie werden daher einige Zitate von Wladimir Putin, aber auch von russischen Militärs und Politikwissenschaftlern lesen, die Sie überraschen werden, weil Sie sie vermutlich vorher noch nie zu Gesicht bekommen haben. Sie werfen ein neues Licht auf die Ereignisse des Kriegsjahrs 2024, die ich im vierten Kapitel zusammengefasst habe. Sie zeigen eine stetige militärische Eskalation vonseiten der westlichen Ukraineunterstützer.

Wie geht es nun weiter? Wird Deutschland gar Bodentruppen in die Ukraine entsenden? Wird das Land selbst russisches Kriegsziel? Wie könnte sich der Krieg ausweiten? Diesen Fragen gehe ich im fünften Kapitel nach. Ich stelle einige Kriegsszenarien vor und entwickle dann aufgrund der bis dahin genannten Fakten ein eigenes Szenario, das die Rolle Deutschlands in diesem sich entfaltenden Krieg beschreibt.

Wie können wir uns vorbereiten? Können wir uns schützen? Ich habe Ihnen im sechsten Kapitel ein paar Tipps zusammengestellt. Dabei geht es um Vorräte, den Krisenrucksack und andere Vorkehrungen, die Sie für den Fall der Fälle treffen sollten.

Nach all den dargelegten Fakten wird zum Schluss die Frage zu beantworten sein, ob es noch ein Zurück gibt – mit anderen Worten, ob sich eine noch größere Ausweitung des Krieges vermeiden lässt.

In einem Buch über den Dritten Weltkrieg in Europa darf auch nicht fehlen, dass verschiedenste Medien und Propheten aus dem mitteleuropäischen Raum Visionen hatten, die den Ablauf dieses Krieges genau beschreiben. Das ist zwar kein gesichertes Faktenwissen, es ist jedoch verblüffend, wie sehr die Seher in ihren Vorhersagen übereinstimmen. Aber weil das Prophezeite nicht verifizierbar ist, habe ich es in den Anhang verbannt.

Wenn Sie in einzelne Aspekte des Krieges tiefer eintauchen und nach weiteren Informationen Ausschau halten wollen, finden Sie diese in den Endnoten. Sie können auch die Literaturliste und das Verzeichnis transatlantischer und empfehlenswerter Websites zu Rate ziehen.

Ich wünsche Ihnen viel Spaß beim Entdecken neuer Zusammenhänge. Nur Information kann uns helfen, den Überblick und die Ruhe zu bewahren und uns nicht von den offiziellen Fake News verwirren zu lassen. Angst war noch nie ein guter Ratgeber. Mit der entsprechenden Information können wir uns furchtlos der Realität stellen.

I. Der Krieg um die Weltherrschaft

★★★

Auf den ersten Blick scheint die Frage, wer die Akteure des neuen Weltkriegs sind, leicht zu beantworten zu sein: die USA mitsamt ihren NATO-Verbündeten auf der einen und Russland auf der anderen Seite. Dass die Regierungen dieser Länder nicht die wirklichen Entscheider sind, wird am Ende dieses Kapitels Thema sein. Halten wir zunächst aber fest: Die Regierungen des Westens und die Regierung Russlands stehen sich als Kontrahenten gegenüber.

Doch warum? Warum bestehen die USA darauf, dass die Ukraine in die NATO aufgenommen wird, obwohl dieser Schritt die Sicherheit Russlands bedroht? Warum will Washington, dass Moskau auf dem Schlachtfeld verliert?

Ich möchte im Folgenden versuchen, diese Fragen zu beantworten. Denn wenn wir die schriftlich festgehaltenen Absichten der beiden gegnerischen Parteien untersuchen, ergeben sich eindeutige Antworten.

Mitte der 1980er-Jahre machte ich einen Ausflug in die Filmwelt in Los Angeles. Um die Kunst des Drehbuchschreibens zu erlernen, besuchte ich einige Kurse, die die dortige Universität (UCLA) zu diesem Thema anbot. In diesen Seminaren wurde uns immer wieder eingehämmert: Die wichtigste Frage, die wir uns stellen sollten, sei die, was die *hidden agenda* der Geschichte sei. Anders ausgedrückt: Welche möglicherweise geheimen Absichten stecken wirklich hinter den Handlungen der Akteure?

Genau dieser Frage müssen wir nachgehen, wenn wir die tatsächlichen Ziele der beiden Kontrahenten, den Staaten der NATO und Russland, in diesem explodierenden Konflikt herausfinden wollen.

Das Ziel der US-Außenpolitik: globale Dominanz

Beginnen wir mit den USA. Warum stehen sie Russland feindlich gegenüber? Was sind ihre wahren Absichten? Zur Beantwortung dieser

Frage müssen wir uns auf die Suche nach Indizien machen. Dabei entdecken wir, dass die USA sich ihr Ziel schon vor fast 30 Jahren klar gesteckt hatten: die »einzige Weltmacht« zu sein.

Mit ihren 9,83 Millionen Quadratkilometern Fläche und ihren etwa 322 Millionen Einwohnern sind die Vereinigten Staaten von Amerika (nach Russland und Kanada im ersten und nach China und Indien in zweiten Fall) der drittgrößte Staat der Erde. Durch ihre geopolitisch einzigartige Lage zwischen zwei Ozeanen im Osten und Westen und zwischen zwei weit unterlegenen Nachbarn – Kanada im Norden und Mexiko im Süden – konnte sich die historisch sehr junge Nation zur Weltmacht Nummer eins emporschwingen und das frühere Imperium Großbritanniens beerben. Wie ihrem Vorgänger gelang auch den USA der Griff nach der Weltherrschaft durch die Beherrschung der Meere. Diese Dominanz wird seit Kurzem von den beiden Landmächten China und Russland herausgefordert.

Doch die unipolare Weltordnung mit den USA als »einziger Weltmacht« aufzugeben kommt für diese nicht infrage. Das zeigen die momentanen Entwicklungen in der Welt, die sich im Übrigen schon seit Ende des Zweiten Weltkriegs abzeichneten.

Zbigniew Brzeziński (1928–2017) hat mit seinem 1997 erschienenen gleichnamigen Buch diesen Begriff geprägt.[6] Als Berater der Präsidenten John F. Kennedy, Lyndon B. Johnson, Jimmy Carter, Bill Clinton und Barack Obama (alle Angehörige der Demokraten) war er vermutlich der einflussreichste Ideengeber in Washington.

Seit der Auflösung der Sowjetunion am 31. Dezember 1991 sei die USA die einzig verbliebene Weltmacht, postuliert Brzeziński. Bezeichnend ist, dass das US-Verteidigungsministerium bereits am 18. Februar 1992, also kurz nach dem Ende der Sowjetunion, einen Leitfaden zur Verteidigungsplanung mit dem Titel »Defense Planning Guidance« entwarf. Darin heißt es: »Unser erstes Ziel ist es, den (Wieder-)Aufstieg eines neuen Rivalen zu verhindern.« Die entwickelten Industrieländer müssten davon abgehalten werden, »unsere Führungsrolle infrage zu stellen oder zu versuchen, die etablierte politische und ökonomische Ordnung umzustürzen. Und schließlich müssen wir [...] mögliche Konkurrenten davon abschrecken, eine größere regionale und globale Rolle auch nur zu erhoffen.« Es werde in Zukunft für die USA darum gehen, »der Beherrschung von Schlüsselregionen durch eine feindliche Macht zuvorzukommen«. Ein wichtiger Schritt in diese Richtung sei die »Integration Deutschlands und Japans in ein von Amerika geführtes System kollektiver Sicherheit«.[7] Dass diese beiden Länder im Zentrum des amerikanischen Interesses stehen, wird im weiteren Verlauf dieser Untersuchung deutlich werden.

5 Jahre später gründeten Donald H. Rumsfeld und Richard B. Cheney in Washington ein Komitee namens Project for the New American Century (PNAC, »Projekt für das neue amerikanische Jahrhundert«). Es galt als Initialzündung für einen neuen Rüstungsboom, denn der militärisch-industrielle Komplex der USA war nach dem Zusammenbruch der Sowjetunion in eine große Schieflage geraten.[8] Im Grundsatzprogramm des PNAC heißt es, Ziel dieser »nicht kommerziellen Ausbildungsorganisation« sei es, »die weltumspannende Führerschaft der USA zu fördern«. Dieses Ziel könne aber nur dann erreicht werden, wenn die amerikanischen Streitkräfte »heute und in Zukunft über die weltweit herausragendsten militärischen Fähigkeiten« verfügten. Die Welt des 21. Jahrhunderts sei – »im Augenblick jedenfalls – eindeutig unipolar, mit Amerika als der einzigen Supermacht der Welt«.[9]

Die wichtigsten Akteure des PNAC waren sein Mitbegründer Richard Perle, Berater von George W. Bush 2001–2003, und der Journalist Robert Kagan, von dem gleich noch einmal die Rede sein wird. Das PNAC gehörte zu einem weitreichenden neokonservativen Netzwerk von Denkfabriken, Medien, Bildungseinrichtungen, Stiftungen und Werbe- beziehungsweise PR-Agenturen.[10] Vorsitzender war der

Publizist William Kristol, Herausgeber des *Weekly Standard*, und Mitglieder waren unter anderem: Dick Cheney, Vizepräsident von George W. Bush 2001–2009; Donald Rumsfeld, Verteidigungsminister 1975–1977 und 2001–2006; Paul Wolfowitz, stellvertretender Verteidigungsminister 2001–2005 und Weltbankdirektor 2005–2007; Richard Armitage, Vizeaußenminister 2001–2005; der bereits erwähnte Präsidentenberater Richard Perle; Zalmay Khalilzad, Botschafter in Afghanistan 2003–2005, im Irak 2005–2007 sowie bei den Vereinten Nationen 2007–2009; Jeb Bush, ehemaliger Gouverneur von Florida, Bruder des Ex-Präsidenten George W. Bush und Präsidentschaftskandidat der Republikaner 2016; der ehemalige CIA-Direktor James Woolsey sowie der Politologe Francis Fukuyama, der so begeistert von der Idee der USA als einziger Weltmacht war, dass er in seinem 1992 erschienenen Bestseller über das jetzt erreichte *Ende der Geschichte* schrieb. Zu den Unterzeichnern des Grundsatzprogramms des PNAC gehörte auch Steve Forbes, Herausgeber des *Forbes Magazine*.

Ich habe diese Namen aufgezählt, damit deutlich wird, wie hochkarätig besetzt und dementsprechend einflussreich das PNAC war. Dennoch wurde es im Jahr 2006 aufgelöst. Die 2009 gegründete Foreign Policy Initiative gilt als Nachfolgeorganisation des PNAC, dessen Vorstand der bereits erwähnte und später noch einmal beleuchtete Robert Kagan ist.

Wie weit die Ideen des PNAC reichten, sehen wir an einer außenpolitischen Grundsatzrede, die Barack Obama am 28. Mai 2014 in der Militärakademie in West Point (des Staates von New York) gehalten hat. »Amerika muss auf der Weltbühne immer führen. Wenn wir es nicht tun, tut es kein anderer«, sagte der damalige US-Präsident. »Isolation ist keine Option.« Und das Militär sei »das Rückgrat dieser Führerschaft«, fügte er hinzu, »unser Militär hat kein gleichwertiges Gegenüber«. Doch die Vereinigten Staaten sollten ihren Führungsanspruch nicht nur militärisch geltend machen, erläuterte er, denn die Stellung der USA sei fast noch nie so stark gewesen wie gegenwärtig.[11]

Die Unterjochten werden unruhig

Diese »einzige Weltmacht« sei jedoch gefährdet, sagt ein anderer Vordenker. Er hieß Samuel Huntington, war Politikwissenschaftler, Präsidentenberater und einer der wichtigsten Geostrategen der USA. Sein Buch *Kampf der Kulturen* hatte 1997 für Furore in den USA und der ganzen Welt gesorgt. Ich habe Huntington, der 2008 starb, 1998 persönlich kennengelernt und mir von ihm sein Denkmodell erklären lassen. Da ich es in meinem Buch *Am Vorabend des Dritten Weltkriegs*[12] ausführlich vorgestellt habe, möchte mich hier nur auf ein paar wenige Grundgedanken beschränken.

Huntington geht von zwei sich gegenseitig bedingenden Annahmen aus: einerseits dem Machtschwund des Westens und andererseits dem Erwachen aller anderen Kulturen. Er glaubt, dass nach jahrhundertelanger westlicher Dominanz, nach Kolonialismus und Imperialismus – Zeiten, in denen zunächst Europa und später vor allem die USA die Welt nach ihrem Belieben gestalten konnten – sich die Expansionsphase des Westens langsam ihrem Ende zuneigt. Zwar behält der Westen seine eklatante Vormachtstellung momentan noch, doch das Bild trügt, denn das Ressentiment gegen sie wird von allen Seiten immer größer.

Sehr viele Fakten weisen darauf hin, dass die Dominanz des Westens bald der Vergangenheit angehört. Vergleicht man die westlich dominierte Fläche bis 1993 mit dem Höhepunkt der Machtausdehnung um 1920, so stellt man fest, dass sie sich quasi halbierte. Dagegen versechsfachte sich die vom Islam beherrschte Fläche. Ähnliches zeichnet sich bei den Bevölkerungszahlen ab. Bis 1900 kam knapp ein Drittel der Weltbevölkerung aus dem Westen. Inzwischen sind es gerade einmal knapp über 10 Prozent, und die Zahl wird Berechnungen zufolge weiterhin abnehmen.

Aber nicht nur die Anzahl der nicht westlichen Menschen nimmt zu, auch ihre Ausbildung wird immer besser und damit ihre Fähigkeit, mit den Westlern zu konkurrieren. Dabei darf man auch die hohen Geburtenraten und das niedrige Durchschnittsalter von Chinesen, Indern und dem Islam angehörenden Menschen nicht vergessen. Huntington nennt sie zynisch »künftige Arbeiter und Soldaten«. Inzwischen kommen nicht westliche Volkswirtschaften den westlichen bedrohlich nahe und überflügeln sie sogar. Schon 1991 zählte man zu den sieben größten Volkswirtschaften vier, die nicht dem Westen angehörten (Japan, China, Russland, Indien), und dieser Trend setzt sich fort, hauptsächlich zugunsten der asiatischen Länder.

Diese Fakten sprechen für Huntingtons These, bisher unterdrückte Kulturen würden wieder Vorderhand gewinnen. Folglich stellt sich der Clinton-Berater die Frage: Kann der Westen sich erneuern, oder wird anhaltende innere Fäulnis sein Ende und/oder seine Unterordnung unter andere, wirtschaftlich und demografisch dynamischere Kulturen beschleunigen?

Die US-Vorherrschaft über Europa

In diesem Zusammenhang muss ich noch einmal auf Zbigniew Brzeziński zurückkommen, die graue Eminenz unter Amerikas Globalstrategen. Als Sicherheitsberater von Präsident Carter (1977–1981) befürwortete er die Unterstützung der Mudschahedin in Pakistan und Afghanistan, unter anderem durch die Finanzierung der vom pakistanischen Geheimdienst, der CIA und dem britischen MI6 geleiteten Trainingslager – nebenbei bemerkt 6 Monate vor dem russischen Einmarsch.[13]

Nach dem Ende von Carters Regierungszeit war Brzeziński Professor für Politikwissenschaft mit einem Schwerpunkt auf internationalen Beziehungen an der Columbia University in New York. Und er hatte einen Studenten, der inzwischen berühmt ist: Barack Obama.

Brzeziński zufolge ist die Vorherrschaft der USA die Voraussetzung für Wohlstand und Demokratie in der Welt. Um dieses Ziel zu erreichen, müsse »die einzige Weltmacht« der Welt ein globales Ordnungssystem verpassen.

Auch hier möchte ich nur eine kurze Zusammenfassung seiner Gedanken geben, weil ich Brzeziński bereits in früheren Büchern ausführlich zitiert habe.

Brzeziński spricht von Eurasien als Machtzentrum der Welt, in dem die USA ihre globale Vormachtstellung behaupten müssten. Es gelte »das Gebot, keinen eurasischen Herausforderer aufkommen zu lassen, der den eurasischen Kontinent unter seine Herrschaft bringen und damit auch für Amerika eine Bedrohung darstellen könnte«.[14]

»Eine Macht, die Eurasien beherrscht, würde über zwei der drei höchstentwickelten und wirtschaftlich produktivsten Regionen der Erde gebieten. [...] Nahezu 75 Prozent der Weltbevölkerung leben in Eurasien, und in seinem Boden wie auch seinen Unternehmen steckt der größte Teil des materiellen Reichtums der Welt. Eurasien stellt 60 Prozent des globalen Bruttosozialprodukts und ungefähr drei Viertel der weltweit bekannten Energievorkommen.«[15]

Und Brzeziński zitierte immer auch gerne den Nestor der britischen Geopolitik, Harold Mackinder, der gesagt haben soll: »Wer über Osteuropa herrscht, beherrscht das Herzland [Russland, Anm. Verf.]. Wer über das Herzland herrscht, beherrscht die Weltinsel [Eurasien, Anm. d. Verf.]. Wer über die Weltinsel herrscht, beherrscht die Welt.«

Die Dominanz auf dem gesamten eurasischen Kontinent, so Brzeziński weiter, müsse das geostrategische Ziel der USA sein. Auf dem Weg dahin gelten drei »große Imperative imperialer Geostrategie: Absprachen zwischen den Vasallen zu verhindern und ihre Abhängigkeit in Fragen Sicherheit zu bewahren, die tributpflichtigen Staaten fügsam zu halten und zu schützen und dafür zu sorgen, dass die ›Barbaren‹völker [Schreibweise Brzezińskis] sich nicht zusammenschließen«.[16] Europa müsse »ein amerikanisches Protektorat bleiben, dessen alliierte Staaten an Vasallen und Tributpflichtige von einst erinnern«.[17]

Eine zentrale Rolle spiele dabei Deutschland als stärkste europäische Kraft, das »sicherheitspolitisch auf eine enge Bindung an Amerika nicht verzichten kann«.[18]

Die europäische Einigung sei für die USA von größter Bedeutung, denn mit jeder Osterweiterung der EU erweitere sich automatisch die Einfluss- und Machtsphäre der USA in Richtung Osten. Allerdings habe mit der Osterweiterung der EU auch eine entsprechende Erweiterung der NATO einherzugehen: »Sie ist für die transatlantische Verbindung von entscheidender Bedeutung. [...] Ohne die NATO würde Europa nicht nur verwundbar werden, sondern fast augenblicklich auch politisch in seine Einzelstaaten zerfallen. [...] Sollte die von den Vereinigten Staaten in die Wege geleitete NATO-Erweiterung ins Stocken geraten, wäre das das Ende einer umfassenden amerikanischen Politik für ganz Eurasien.«[19]

Ein russisch dominiertes eurasisches Imperium sei zu verhindern: Keine Macht außerhalb des bestehenden transatlantischen Systems habe ein Vetorecht gegen die Teilnahme eines geeigneten europäischen Staates in dem europäischen System — und mithin in dessen transatlantischem Sicherheitssystem.[20]

Um die Vorherrschaft über Eurasien zu erringen, müssten die USA nach Brzeziński die sogenannten »geopolitischen Dreh- und Angelpunkte« kontrollieren: »Die Ukraine, Aserbaidschan, Südkorea, die Türkei und der Iran stellen geopolitische Dreh- und Angelpunkte von entscheidender Bedeutung dar.«

Zur Ukraine schrieb er damals: »Die Ukraine, ein neuer und wichtiger Raum auf dem eurasischen Schachbrett, ist ein geopolitischer Dreh- und Angelpunkt, weil ihre bloße Existenz als unabhängiger Staat zur Umwandlung Russlands beiträgt. Ohne die Ukraine ist Russland kein eurasisches Reich mehr. [...]

Wenn Moskau allerdings die Herrschaft über die Ukraine mit ihren [damals, Anm. d. Verf.] 52 Millionen Menschen, bedeutenden Bodenschätzen und dem Zugang zum Schwarzen Meer wiedergewinnen sollte, erlangte Russland automatisch die Mittel, ein mächtiges, Europa und Asien umspannendes Reich zu werden. Verlöre die Ukraine ihre Unabhängigkeit, so hätte das unmittelbare Folgen für Mitteleuropa und würde Polen zu einem geopolitischen Angelpunkt an der Ostgrenze eines vereinten Europas werden lassen.«

Brzezińskis 2004 erschienenes Buch *The Choice: Global Domination or Global Leadership* (auf Deutsch: »Die Wahl: Globale Vorherrschaft oder Globale Führung«) hat der *Washington-Post*-Kolumnist David Ignatius als das »außenpolitische Manifest« von US-Präsident Obama bezeichnet.[21] Leider liegt noch keine deutsche Übersetzung vor. Ich möchte aber seine Grundgedanken kurz vorstellen.

In einigen Passagen dieses Werks wird Brzeziński noch deutlicher als in *Die einzige Weltmacht*. Die amerikanische Außenpolitik müsse sich aus den Verstrickungen im arabisch-islamischen Raum befreien und sich auf die aufstrebenden Mächte Russland und China konzentrieren. Beide Länder, so fordert der Autor, müssten, da sie die geopolitischen Hauptkonkurrenten der USA seien, gegeneinander ausgespielt und auf diese Weise als Machtfaktoren ausgeschaltet werden. Gelänge dies, hätten die USA die Weltherrschaft für das nächste Jahrhundert. Dazu sei es erforderlich, China durch verlockende Angebote aus dem russisch-zentralasiatisch-chinesischen Bündnis der Shanghai Cooperation Organisation (SCO) herauszulösen und den russischen Einflussbereich zurückzudrängen und in einen amerikanischen umzuwandeln.

Der Plan einer militärischen Besetzung einiger Länder (Afghanistan, Irak) sei gescheitert. Um den US-amerikanischen Einfluss in Eurasien auszuweiten, habe nun die von Europa ausgehende Osterweiterung der NATO Priorität. Diese Osterweiterung der NATO ist in der Ukraine zu einem Halt gekommen. Denn Russland will das nicht gestatten.

Aber Brzeziński hat nicht die neuen strategischen Ziele der USA erwähnt, die den Ukrainekrieg in ein anderes Licht tauchen. Wie immer finden wir Informationen über diese Strategie bei der RAND Corporation. Von der U.S. Air Force im Kalten Krieg als geostrategisches Analysezentrum gegründet, verwandelte sich diese gigantische Denkfabrik im Laufe der Zeit zu einem der einflussreichsten Zentren der Washingtoner Politik, das mit dem militärisch-industriellen Komplex eng zusammenarbeitet und großzügig von ihm finanziert wird.

RAND hat in vielen Verlautbarungen vor dem Zusammenbruch der »worldwide dominance« (»weltweiten Dominanz«) der USA gewarnt und betont, dass dieser Weltmachtanspruch der USA nur dann durchgesetzt werden kann, wenn die USA den eurasischen Kontinent, also Europa, Asien und den Nahen Osten, kontrollieren. Hauptgegner für die USA sei China, weil China wirtschaftlich viel mächtiger sei als Russland und für die USA eine echte Konkurrenz darstelle. Doch um China besiegen zu können, müsse zuerst Russland ausgeschaltet werden, weil China ohne russische Rohstoffe verwundbar werde. Gleichzeitig könne man die Öltransporte aus dem Persischen Golf nach China unterbinden.

Und hier kommt der Ukrainekonflikt ins Spiel, dessen Eskalation die USA Ende 2021 und Anfang 2022 mit aller Kraft betrieben haben. Damals hofften die westlichen Experten, Russland werde innerhalb von ein paar Monaten unter der Last der Sanktionen zusammenbrechen. Dann hätten die USA eine neue, prowestliche russische Regierung oder leicht kontrollierbare, kleine Nachfolgestaaten dazu bringen können, sich von China abzuwenden. Und danach wäre der Weg für die USA frei gewesen, China in einem totalen Wirtschaftskrieg anzugreifen und seine Wirtschaft zu schwächen oder sogar zu zerschlagen. Wie wir wissen, ist dieser Plan krachend gescheitert.

Die RAND Corporation ist auf diese neuen geopolitischen Fakten eingegangen. In einem Interview am 3. Juli 2024 erklärt die RAND-Mitarbeiterin Ann Marie Dailey die Ziele der USA folgendermaßen:

Es gibt Leute in Washington, die sagen, dass wir die Ukraine nicht weiter unterstützen können, weil dies unsere Fähigkeit untergräbt, uns auf China vorzubereiten. Aber wenn wir uns auf einen möglichen zukünftigen Konflikt mit China vorbereiten, gibt es zwei Welten, in denen wir diesen austragen könnten: Die eine ist eine Welt, in der die Ukraine verliert. In dieser Welt werden alle unsere europäischen Verbündeten sich darauf konzentrieren, sich vor dem nächsten Angriff aus Russland zu schützen. Die USA werden diplomatisch isolierter sein, weil diese 31 NATO-Verbündeten viel mehr um ihre eigene Sicherheit besorgt sein werden als darum, den USA im Kampf gegen China zu helfen.

Die andere Welt ist eine, in der die Ukraine gewinnt. Dann haben Sie eine Ukraine, die die größte und fähigste Armee in Europa sein wird und als Bollwerk gegen russische Aggressionen dient. Die siegreiche Ukraine gibt den USA eine starke europäische Flanke im Osten. Dort haben wir Länder, die nicht nur von ihrer eigenen Sicherheit überzeugt sind, sondern auch von der kollektiven Fähigkeit der NATO, Aggressionen abzuschrecken und zu besiegen. Sie werden eher bereit sein, uns beizustehen, wenn sich die USA in einem Krieg im Indopazifik befinden. Die Vorstellung, dass die Hilfe für die Ukraine uns dabei behindert, uns auf einen Krieg mit China vorzubereiten, bedeutet, die Welt als flach zu sehen, obwohl sie rund ist.[22]

Noch einmal: Die Ukraine muss nur deshalb weiterhin gegen Russland unterstützt werden, damit die USA nach einem ukrainischen Sieg gegen Russland ihren Kampf gegen China aufnehmen und gewinnen können. Wenn Russland in der Ukraine eine strategische Niederlage erleidet, besteht auch die Möglichkeit, Russland als Staat zu zerschlagen. Und durch einen solchen Krieg wird Europa eng an die USA gebunden.

Deutsch-russisches Bündnis verhindern

Noch deutlicher und eindeutiger als Brzeziński oder RAND wurde George Friedman in seinen Beobachtungen. Er ist Direktor von Stratfor (Strategic Forecast, zu Deutsch »Strategische Vorhersage«), einer Legende der US-Beratungsindustrie, die das US-Außenministerium, das US-Verteidigungsministerium, Hedgefonds-Manager und Finanzoligarchen berät. Welch enormen Einfluss diese Denkfabrik hat, lässt sich an ihrer Rednerliste nachvollziehen, denn die reicht von Kennedy, Kissinger, Mubarak, Thatcher, Kohl und Shamir bis Obama.

Interessanterweise war Friedman nicht bewusst, dass er gefilmt wurde, während er am 4. Februar 2015 vor dem Chicago Council on Global Affairs klare Worte sprach. Der Film kam über Wikileaks an die Öffentlichkeit. »Das erstrangige Interesse der Vereinigten Staaten, wofür wir über Jahrhunderte hinweg Krieg geführt haben«, sagte Friedman auf eine Frage aus dem Publikum, »waren die Beziehungen zwischen Deutschland und Russland«. Seit einem Jahrhundert sei das Hauptziel der Vereinigten Staaten, zu verhindern, dass »deutsches Kapital und deutsche Technologie mit russischer Arbeitskraft und russischen Ressourcen kooperieren«. Denn vereint seien sie die einzige Macht, die die USA bedrohen könne, und es solle sichergestellt werden, dass dies nicht geschieht. Die USA seien dabei, »einen ›Cordon sanitaire‹ [Sicherheitsgürtel, Anm. d. Verf.] um Russland herum aufzubauen. Und Russland weiß das. Russland glaubt, die USA beabsichtigen, die Russische Föderation zu zerschlagen. Ich denke, wir wollen sie nicht töten, sondern nur etwas verletzen.«[23]

Dann kam Friedman auf die geostrategische Ausrichtung der USA zu sprechen:

»Die USA haben das fundamentale Interesse, alle Ozeane der Welt zu kontrollieren. Keine Macht hat das jemals getan. Aus diesem Grund intervenieren wir weltweit bei den Völkern, aber sie können uns nicht angreifen. Das ist eine schöne Sache.« Diese Kontrolle über die Ozeane und das Weltall seien die Grundlage der Macht der USA. »Der beste Weg, die feindliche Flotte zu besiegen, ist, zu verhindern, dass diese gebaut wird.« Ähnlich seien die Briten vorgegangen. Und die sicherste Methode, um sicherzustellen, dass keine europäische Macht eine Flotte baut, sei, die Europäer in einen Kampf miteinander zu verwickeln.[24]

Folglich empfiehlt Friedman den USA eine Geopolitik, wie sie Ronald Reagan im Iran und im Irak angewendet hat. »Er unterstützte beide Kriegsseiten, sodass sie gegeneinander kämpften und nicht gegen uns. Es war zynisch, es war nicht moralisch vertretbar, aber es funktionierte.« Die Vereinigten Staaten seien nicht in der Lage, ganz Eurasien zu okkupieren, da ihre Streitkräfte zahlenmäßig unterlegen seien. »Aber wir sind in der Lage, [...] die gegeneinander kämpfenden Mächte zu unterstützen, damit sie sich auf sich selbst konzentrieren können.« Zu dieser Unterstützung gehörten politische, finanzielle und militärische Mittel. Hier findet sich übrigens eine interessante Parallele zu den Ereignissen und Entwicklungen vor 1914 und 1939, als Großbritannien ähnliche Aktionen unternahm, Stützpunkte ausbaute und neue Allianzen schmiedete, um auf einen Krieg hinzuarbeiten, in dem sich die beiden damaligen Konkurrenten Deutschland und Russland gegenseitig ausschalten sollten. Zur Illustration seien hier zwei Zitate von Winston Churchill angeführt:

»Das unverzeihliche Verbrechen Deutschlands vor dem Zweiten Weltkrieg war der Versuch, seine Wirtschaftskraft aus dem Welthandelssystem herauszulösen und ein eigenes Austauschsystem zu schaffen, an dem die Weltfinanz nicht mitverdienen konnte«, sagte Churchill nämlich 1938 zu Lord Robert Boothsby.[25] Und Emrys Hughes hat uns noch eine weitere Aussage von diesem Staatsmann überliefert: »Sie müssen sich darüber im Klaren sein, dass dieser Krieg nicht gegen Hitler oder den Nationalsozialismus geht, sondern gegen die Kraft des Deutschen Volkes, die man für immer zerschlagen will, egal, ob sie in den Händen Hitlers oder eines Jesuitenpaters liegt.«[26]

Die Achse der Demokratie

Einen weiteren Hinweis liefert das Buch *Macht und Ohnmacht*, das der außenpolitische Vordenker des amerikanischen Neokonservativismus, Robert Kagan, im Jahr 2003 veröffentlicht hat. Kagan ist uns bereits als einer der Hauptakteure des »Projekts für das neue amerikanische Jahrhundert« (PNAC) begegnet. In seinem Buch nennt er die westlichen Staaten eine Sphäre des Friedens, der Diplomatie, des Rechts, der Gültigkeit von Verträgen und des Wohlstandes, behütet von der militärischen Stärke der USA. In der zweiten Sphäre dagegen herrsche die nackte Gewalt und damit das Recht des Stärkeren. Und hier, in dieser wirklichen Welt der Machtpolitik, finde das Würfelspiel der großen Mächte und ihrer imperialen Interessen um die globale und regionale Machtverteilung im 21. Jahrhundert statt.

In seinem 2008 erschienenen Buch *Die Demokratie und ihre Feinde* erweist sich Kagan, der auch als Autor für die *Washington Post*, *New Republic*, *World Affairs* und den *Weekly Standard* erheblichen Einfluss hat, als sehr weitblickend. Seiner Meinung nach zeigen die globalen Spaltungen zwischen dem Club der Autokraten und der Achse der Demokratie, dass von einer internationalen Gemeinschaft keine Rede mehr sein kann. Die Weltpolitik von morgen werde zunehmend von Spannungen zwischen dem transatlantischen Bündnis und Russland bestimmt werden. Die westlichen Demokratien müssten sich zu einem Bund von Demokratien zusammenschließen und eine Liga demokratischer Staaten ins Leben rufen.

Dieser »Bund der Demokratien« gebe dann, wie Kagan am 6. August 2007 in der *Washington Post* schreibt, den USA das Recht, militärische Macht einzusetzen, wenn zwei Drittel der Mitgliedsländer dies befürworten. Der UN-Sicherheitsrat wäre damit ausgehebelt. Als Basis dieses Bunds könnte die NATO dienen.[27]

In den US-Denkfabriken gibt es Pläne, die über die Ausdehnung der NATO bis an die Grenzen Russlands und das Entfachen militärischer

Spannung weit hinausgehen. Die Washingtoner Tageszeitung *The Hill* und ihre Onlineausgabe gelten als einflussreicher Meinungsbildner in der amerikanischen Hauptstadt, sie werden im Weißen Haus und von den Abgeordneten des Repräsentantenhauses mehr als jede andere Publikation gelesen. Man sollte also beachten, was hier verlautbart wird, ganz besonders, wenn es um Russland geht.

Janusz Bugajski hat in *The Hill* einen Artikel veröffentlicht, der die Politik Washingtons gegenüber Russland genau beschreibt. Sein Titel lautet »Managing Russia's dissolution« (auf Deutsch: »Wie man die Auflösung Russlands betreibt«).[28]

Janusz Bugajski ist ein hochrangiges Mitglied des Center for European Policy Analysis (CEPA, »Zentrum für Europäische Politikanalyse«), einer einflussreichen Denkfabrik in Washington. Finanziert wird das CEPA vom US-Außenministerium, vom US-Verteidigungsministerium, von der US-Mission bei der NATO, von der – wiederum vom Außenministerium finanzierten – Denkfabrik National Endowment for Democracy und von den größten Rüstungskonzernen wie Raytheon, Bell Helicopter, BAE Systems, Lockheed Martin und Textron.[29] Da Bugajski auch den Vorsitz der Abteilung für die europäische Südzentrale im Foreign Service Institute des US-Außenministeriums innehat, ist Bugajski dem militärisch-industriellen Komplex und dem Tiefen Staat zuzuordnen. Und wenn eine solche Persönlichkeit etwas äußert, dann können wir davon ausgehen, dass dies repräsentativ für die amerikanische außenpolitische Denkrichtung ist.

Sein geradezu fanatischer Hass auf alles Russische verbindet Bugajski mit dem bereits zitierten (verstorbenen) Zbigniew Brzeziński, wenn er darauf drängt. dass der Neoimperialismus Moskaus eingedämmt und der Niedergang Russlands vorangetrieben werden müsse. Als Strategie gegenüber Russland schlägt er vor, die Russische Föderation in Einzelteile zu zerbrechen und aufzulösen. Ziel der USA dürfe nicht die Selbstbestimmung der wegbrechenden russischen Territorien sein, sondern die Annexion dieser durch die Nachbarländer.[30]

Verlieren die USA ihre Vormacht?

Wie lange wird diese von Brzeziński und anderen geforderte Vormachtstellung der USA noch andauern? Einflussreiche Kreise scheinen sich Sorgen zu machen. So forderten Experten auf der Website der einflussreichen Agentur Bloomberg »das Pentagon auf, sich für einen Krieg gleichzeitig gegen China und Russland zu rüsten«.[31] Und zu derselben Zeit trommelte das Council on Foreign Relations für einen Krieg gegen die chinesisch-russische Allianz. Professor Hal Brands – Experte für Geostrategie an der Johns Hopkins University – und der ehemalige Admiral James Stavridis – heute Finanzanalyst bei der Carlyle Group – schlugen Alarm: »Die Vereinigten Staaten und ihre Verbündeten [seien] nicht vorbereitet auf eine russisch-chinesische Allianz, die allein aufgrund ihrer Existenz schon eine Gefahr für die USA und die gesamte westliche Welt darstelle.« Als Lobbyisten der Rüstungsindustrie entpuppten sich die beiden Experten mit ihrer Forderung, die USA müssten »baldigst damit anfangen, sich auf einen Konflikt gegen die beiden Großmächte vorzubereiten«, denn sonst könne »es passieren, dass Washington schutzlos« dastehe. »Dann nämlich, wenn einer der beiden – Peking oder Moskau – durch einen Krieg die Kräfte der Vereinigten Staaten bindet, während der andere der beiden – Moskau oder Peking – dem schutzlosen Amerika den Gnadenstoß verpasst.«[32]

Indes sind die beiden auf Bloomberg veröffentlichten Artikel keine Ausnahme, denn dieses drohende Gefühl vom »Niedergang Amerikas« und dem »Tod der US-Hegemonie« durchzog die gesamte politische US-Fachliteratur der vergangenen Jahren immer wieder, wohingegen das propagandistische Medienfastfood das Volk in alter Manier manipuliert. So dreht Hollywood »weiter Filme darüber, wie die Bomben-Demokratie alle besiegt; die Macher von PC-Spielen bringen ihren Usern bei, dass russische Kampfpiloten unschuldige Syrer töten, während Weißhelmen rückhaltlos zu glauben ist«; und die Fernsehstationen hören nicht auf, das amerikanische Militär zu preisen.

Doch eine Ebene höher – beispielsweise in der vom außenpolitischen Taktgeber Council on Foreign Relations herausgegebenen Fachzeitschrift *Foreign Affairs* – »herrscht eine andere Stimmung: ›Schaut man zurück, kann man sagen, dass der Niedergang unausweichlich erscheint‹, heißt es dort. Man müsse sich heute mit der ›Washingtoner Wahnvorstellung‹ vom Ende des vergangenen Jahrhunderts ›der ewigguten US-Hegemonie‹ auseinandersetzen. Es sei an der Zeit, eine ›Obduktion der US-Herrschaft der letzten Jahrzehnte‹ vorzunehmen, jener Zeit, ›als die US-Eliten ihr Erbe und ihren guten Namen verschwendeten‹.«[33] Und bei genauerem Hinsehen lassen die genannten Bloomberg-Artikel einen Appell »an eben diese tief sitzende Angst der Washingtoner Politeliten« erkennen: »China und Russland wollen die ›Weltinsel‹ kontrollieren«, wie Stavridis schreibt, was seiner Meinung nach eine existenzielle Bedrohung für die Vereinigten Staaten darstellt. Und zu dieser »Weltinsel« gehören, wie wir bereits gesehen haben, ganz Europa, Asien und Afrika.

Nachdem er die Kooperation zwischen China und Russland analysiert hat, schlussfolgert Stavridis, dass diese definitiv das Ziel habe, Eurasien und Afrika unter die Kontrolle Russlands und Chinas zu bringen. Und das führe unausweichlich dazu, dass die USA und ihre Bündnispartner an die »Peripherie der Welt« verdrängt werden würden. Um dies zu verhindern, schlägt Stavridis vor, auf keinen Fall zuzulassen, dass die russisch-chinesische Allianz in irgendeiner Weise die europäischen Länder zu einer Zusammenarbeit verführe. Europa müsse an die USA gebunden werden. Die USA und ihre Verbündeten »müssen tun, was möglich ist, um das vereinte Europa zu unterstützen und das Netz von Allianzen, Partnerschaften und freundschaftlichen Beziehungen entlang der gesamten Peripherie Asiens zu stärken.«[34]

Auffälligerweise kommt es den Experten nicht in den Sinn, eine wie auch immer geartete »Normalisierung der Beziehungen zwischen

Moskau und Washington vorzuschlagen. Sie diskutieren ausschließlich Zwangsmaßnahmen, und das betrifft gleichermaßen das Verhältnis zwischen Washington und Peking wie zwischen Washington und Berlin, Paris und Brüssel.« In den empfohlenen Lösungsansätzen kommt das Wort »Kompromiss« nicht vor. Professor Brands empfiehlt sogar in einer unverkennbar militärischen Sprache, Amerika solle sich eine »richtige Kombination von Möglichkeiten und Konzepten« erarbeiten, »um Russland und China zu besiegen, bevor sie ihre Streitkräfte entscheidend vergrößern«. Es sei abzusehen, dass die USA in naher Zukunft in eine »angespannte und gefährliche Rivalität gleichzeitig mit China und Russland« involviert sein würden.[35]

Auch in dem Operationskonzept »Siegen in einer komplexen Welt 2020–2040«, das vom U.S. Army Training and Doctrine Command (TRADOC) erstellt wurde, werden Russland und China als Hauptbedrohung der USA definiert, die als Erste zu eliminieren seien. Nordkorea und der Iran kommen erst an zweiter Stelle.[36]

Eine Studie des United States Army War College (USAWC, »Kommando für Ausbildung und Doktrin der US-Armee«), der höchsten Bildungseinrichtung der U.S. Army, bläst ins gleiche Horn.[37] Die USA verlören ihre Vormachtstellung in der Welt, fürchten Autoren der Studie, und damit bräche jene Weltordnung zusammen, die sich nach dem Zweiten Weltkrieg unter ihrer Führung etabliert habe. Doch nicht nur weil die Macht der USA dahinschwände, befände sich die Welt auf dem Weg ins Chaos, sondern auch weil die Autorität der meisten Regierungen am Bröckeln sei. Überall könnten neue »Arabische Frühlinge« aufbrechen, auch in den westlichen Ländern habe man mit Unruhen zu rechnen. Schuld an diesem weltweiten Zweifel an der Regierungsautorität seien die Fake News, die sich dank Internet in der ganzen Welt verbreiteten.

Die Gegenmaßnahmen, die die Chefstrategen des Pentagon empfehlen, sind, wie erwartet, mehr Überwachung, bessere Propaganda durch »strategische Manipulation« und ein größeres und flexibleres

US-Militär. Und damit wären wir beim Kern der Studie angelangt: Weil die globale Ordnung – also die Führung durch die USA – gefährdet sei, sei eine Kraftanstrengung nötig, und das Militär müsse ausgebaut werden, um zu verhindern, dass diese Dominanz dahinschwände. Folgerichtig sieht sich die Studie als Weckruf für die USA, Ausbau und Aufrüstung des Militärs als einzige Option anzuerkennen. Denn nur das Drohen mit dieser militärischen Macht erlaube den USA, den Ausgang internationaler Dispute für sich zu entscheiden. Folglich müsse das US-Militär in Zukunft in der Lage sein, ungefährdet Zugang zu strategischen Regionen, Märkten und Ressourcen zu haben.

Die Konkurrenten, die ins Visier genommen werden, sind natürlich China und Russland, denn sie seien es, die den Herrschaftsanspruch der USA über die Welt infrage stellen. Hinzu kommen allerdings der Iran und Nordkorea, denn auch die würden dem imperialen Anspruch der USA Widerstand leisten und ihn zerstören wollen. Kurzum: Der Weckruf der Pentagon-Strategen birgt nicht das traurige Eingeständnis, dass eine große Weltmacht gescheitert ist, sondern dient der Begründung und Rechtfertigung dafür, dass höhere Militärausgaben, mehr Propaganda und vor allem eine flächendeckende Massenüberwachung erforderlich sind.[38]

Die US-Regierung hat – wie immer – auf die Stimmen der Rüstungslobby gehört und in der *Missile Defense Review* (MBR), dem »Bericht zur Raketenabwehr« der Raketenabwehragentur MDA, Aufrüstungsmaßnahmen angeordnet:[39]

Die bodengebundene Raketenabwehr soll verstärkt und im Nordosten der Vereinigten Staaten der Bau eines zusätzlichen Raketenstützpunkts in Angriff genommen werden. Alsdann ist eine Erweiterung des Radarnetzes vorgesehen, auf Alaska, Hawaii und bis 2025 im Pazifik sollen neue Stationen entstehen. Das schiffsgestützte Aegis-Raketenabwehrsystem, mit dem derzeit 38 Kreuzer und Zerstörer der U.S. Navy plus 6 Kampfschiffe der japanischen Marine ausgerüstet sind, wird gerade auf über 60 Schiffe ausgedehnt. Und damit gegnerische Interkontinentalraketen vom Start an besser erfasst, identifiziert und verfolgt werden können, ist außerdem ein Netz von Weltraumsensoren geplant. Zum Abfangen der Raketen könnten laut diesem Bericht auch Drohnen eingesetzt werden, die mit Laserwaffen bestückt sind.[40]

Am verblüffendsten in dieser *Missile Defense Review* ist die Offenheit, mit der das Pentagon erklärt, die Raketenabwehr könne als politisches Druckmittel gegen andere Staaten eingesetzt werden.

Krieg wegen Schulden

Doch nicht nur ihre Führungsansprüche als Weltmacht spornen die USA an, sondern auch handfeste Gründe, nämlich Schulden. Die US-Staatsschulden haben sich innerhalb von 20 Jahren verfünffacht. Lagen sie 2003 noch bei 6,731 Billionen US-Dollar, 2013 bei 17,556 Billionen, so betragen sie heute mehr als 35 Billionen Dollar.[41] Waren und Dienstleistungen werden in den USA jährlich im Wert von 25,44 Billionen erzeugt (BIP).[42]

Die entscheidende Frage lautet also: Werden die USA durch ihre kriegerischen Projekte den Bankrott vermeiden oder zumindest hinauszögern wollen? Als Historiker neige ich in solchen Fällen dazu, nach vergleichbaren historischen Szenarien zu suchen. Und da sticht natürlich sofort ins Auge, dass die US-Wirtschaft sowohl vor Amerikas Eintritt in den Ersten als auch in den Zweiten Weltkrieg in einer ähnlich schwierigen Lage steckte wie heute.

Möglicherweise beantworten auch die Warnungen der Ökonomen diese Frage. So schrieb der Hedgefonds-Manager Kyle Bass: »Schulden in Billionen-Dollar-Höhe müssen umgeschuldet werden, und Millionen vernünftiger Sparer werden genau zur falschen Zeit in ihrem Leben einen erheblichen Prozentsatz ihrer realen Kaufkraft einbüßen. Die Welt wird nicht untergehen, aber das soziale Gefüge der verschwenderischen Länder wird erheblich belastet werden und in einigen von ihnen zusammenbrechen. Wie ein Blick auf die Wirtschaftsgeschichte zeigt, war Krieg traurigerweise allzu oft Ausdruck einer simplen wirtschaftlichen Entropie mitsamt ihren logischen Konsequenzen. Wir gehen davon aus, dass Krieg eine unvermeidliche Folge der gegenwärtigen weltwirtschaftlichen Lage ist.«[43]

Der erfahrene Anlageberater James Dines sagte einen ebenso epochalen Krieg wie die beiden Weltkriege im vergangenen Jahrhundert voraus, der im Nahmittelosten beginnen werde.[44] Der in Singapur lebende internationale Investmentberater Marc Faber erklärte, infolge der Wirtschaftskrise werde die amerikanische Regierung weitere Kriege anzetteln: »Als Nächstes wird die US-Regierung irgendwo einen neuen Krieg anfangen, um die Aufmerksamkeit der Bevölkerung von der schlechten wirtschaftlichen Lage abzulenken. [...] Wenn sich die Weltwirtschaft nicht erholt, brechen die Menschen in der Regel einen Krieg vom Zaun.«[45] Und der Ökonom Martin Armstrong schreibt: »Unser größtes Problem besteht darin, dass die Bürokratie einen Krieg will. Sie brauchen zudem eine Ablenkung vom kommenden wirtschaftlichen Niedergang.« Alles deute darauf hin, »dass es tatsächlich eine geheime Agenda gibt und Ziele angestrebt werden, die nicht öffentlich diskutiert werden. Dazu gehört aller Wahrscheinlichkeit nach die Schuldenproblematik, und ein Krieg ist notwendig, um den Druck zu Ausgabenkürzungen zu verringern.«[46]

Historisch gesehen hat diese Taktik bereits zweimal bestens funktioniert: Sowohl im Ersten als auch im Zweiten Weltkrieg haben die USA mit ihrem Kriegseintritt so lange gewartet, bis die Kriegsparteien ausgeblutet waren, um dann die Früchte des Sieges zu ernten. Aus diesen beiden Kriegen gingen die USA 1945 als »einzige Weltmacht« hervor. In den 1990er-Jahren war der Hegemon auch noch seinen Hauptkonkurrenten Sowjetunion los geworden. Aber der militärisch-industrielle Komplex (MIK), vor dem der ehemalige Präsident Dwight D. Eisenhower so eindringlich gewarnt hatte, stand vor einem Riesenproblem: Wenn sich das neue Russland dem Westen öffnete oder gar zu seinem Partner würde, könnten zwar einige westliche Unternehmen – etwa im Sektor des Maschinenbaus – in Russland gute Geschäfte machen, aber für den MIK wäre eine solche Entwicklung der GAU schlechthin.

Einen weiteren wirtschaftlichen Aspekt brachte im Juni 2024 ein Interview mit dem umstrittenen US-Senator Lindsey Graham zutage, in dem dieser sagte, es gehe »beim Ukrainekrieg längst nicht nur um Demokratie und Menschenrechte [...]. Kriege werden um Bodenschätze und die Verfügbarkeit von Rohstoffen geführt, da bildet die militärische Auseinandersetzung in der früheren Sowjetunion keine Ausnahme.« Die Vereinigten Staaten sollten »den Sieg der Ukraine im Krieg [unterstützen], um zu verhindern, dass die Russische Föderation gemeinsam mit China Zugang zu wichtigen Mineralien auf ukrainischem Boden erhält«. Der republikanische Politiker wies darauf hin, dass die Ukraine über »Mineralienreserven im Wert von 10 bis 12 Billionen US-Dollar [verfügt]. Die Ukraine könnte das reichste Land in ganz Europa sein. Ich möchte nicht, dass Putin diese Ressourcen bekommt und sie mit China teilt. Wenn wir der Ukraine jetzt helfen, könnte sie der beste Geschäftspartner sein, den wir je hatten.«[47]

Ein bedeutender Rohstoff in der Ostukraine – speziell im Donbass – ist Kohle, insbesondere Anthrazit, das in der Energie- und Metallindustrie beliebt ist. Laut dem Internetportal Ukraine Business News waren vor Kriegsbeginn (2014) »im Donbass 151 Bergwerke in Betrieb, Ende 2022 nur noch 33«.[48]

Die Ukraine verfügt gemäß dem Ukrainian Geological Survey (»Ukrainischer geologischer Dienst«) allein bei Lithium, Kobalt, Titan und Seltenen Erden über Reserven im Wert von rund 6,7 Milliarden Euro – unter anderem also Rohstoffe, die für die Herstellung von Handys, Computern oder Elektrofahrzeugen benötigt werden.[49]

Allein das Lithiumvorkommen wird in der Ukraine auf etwa 500 000 Tonnen geschätzt und wäre damit eines der größten in der Welt. 22 der 30 Rohstoffe, die von der EU als kritische Rohstoffe eingestuft sind, lagern in der Ukraine.

Der militärisch-industrielle Komplex und sein Putsch

Eisenhower hatte bei seiner Abschiedsrede als US-Präsident am 17. Januar 1961 vor dem gefährlichen Einfluss des militärisch-industriellen Komplexes gewarnt. Seiner Meinung nach hatte die Macht der Rüstungsindustrie durch die Weltkriege und den Kalten Krieg zu sehr zugenommen. Er fürchtete, dass diese Gruppe in Zukunft durch ihre schiere Größe die amerikanische Politik bestimmen könnte. Wörtlich sagte er:

> *Wir in den Institutionen der Regierung müssen uns vor unbefugtem Einfluss – beabsichtigt oder unbeabsichtigt – durch den militärisch-industriellen Komplex schützen. Das Potenzial für die katastrophale Zunahme fehlgeleiteter Kräfte ist vorhanden und wird weiterhin bestehen. Wir dürfen es nie zulassen, dass die Macht dieser Kombination unsere Freiheiten oder unsere demokratischen Prozesse gefährdet. Wir sollten nichts als gegeben hinnehmen. Nur wachsame und informierte Bürger können das angemessene Vernetzen der gigantischen industriellen und militärischen Verteidigungsmaschinerie mit unseren friedlichen Methoden und Zielen erzwingen, sodass Sicherheit und Freiheit zusammenwachsen und gedeihen können.*[50]

Konkret benannte Eisenhower die »Interessenverbindung aus Berufsoffizieren und Rüstungsindustrie, die ihren Einfluss auf alle Städte, Parlamente und Bundesbehörden im Land erstreckt«. Dadurch, dass dieser Komplex auf die Wirtschafts- und Arbeitsplatzsituation einwirke, könne die politische Führung dazu animiert werden, als verlängerter Arm der Rüstungsindustrie zu handeln und Konflikte eher militärisch als politisch zu lösen.

Der MIK machte nach dem Ende des Kalten Krieges und dem Fall der Sowjetunion durchaus weiter Geschäfte. So wurden und werden seit Beginn der 1990er-Jahre weltweit 43 Kriege geführt, eine unvergleichlich hohe Anzahl in einem solchen Zeitraum, und fast alle diese Kriege finden in Ländern der Dritten Welt statt. Doch die sinkenden Verteidigungsausgaben des Westens ließen für dieses Multi-Billionen-Dollar-Geflecht aus Waffenschmieden, Munitionsherstellern und Raketenbauern die Alarmglocken läuten, und die USA kürzten ihr Militärbudget nach dem Kollaps der Sowjetunion von 318 Milliarden Dollar im Jahr 1990 auf 288 Milliarden im Jahr 1995. Die europäischen NATO-Länder sparten ebenfalls und fuhren ihre Ausgaben von 186 in Jahr 1990 auf 173 Milliarden Dollar herunter. Die Geschäfte liefen also immer schlechter …

Der Krieg gegen den Terror, den George W. Bush nach den Anschlägen auf das World Trade Center in New York am 11. September 2001 ausgerufen hatte, verbesserte zwar die Auftragslage der Rüstungsindustrie, aber nicht in dem gewünschten großen Stil.

Im Februar 2014 jedoch änderte der von den USA finanzierte Putsch gegen die gewählte ukrainische Regierung die Lage völlig (dazu in einem späteren Kapitel mehr). Die Waffenschmieden begannen wieder auf Hochtouren zu laufen. Der neue Feind, die Russische Föderation, wurde zu einem aggressiven, von Waffen nur so strotzenden Monster aufgebaut, obwohl eine Studie des Wissenschaftlichen Dienstes des Europäischen Parlaments im April 2015 Entwarnung gegeben hatte. Denn die Analyse mit dem Titel »Russlands Streitkräfte – Reformen und Herausforderungen« kommt zu dem Schluss: »Die russischen Streitkräfte sind den konventionellen Kapazitäten der USA und der NATO insgesamt in qualitativer und quantitativer

Hinsicht unterlegen. Sie konnten zwar nach den jüngsten Reformen ihre Effektivität steigern und ihre Ausrüstung umfangreich modernisieren. Das Gleichgewicht zwischen den beiden Seiten ändert sich dadurch aber nicht grundlegend. Mit anderen Worten: Russland wird sich kaum auf eine frontale Konfrontation mit der NATO einlassen wollen.«[51]

Davon wollen westliche Politiker und die Mainstream-Medien der NATO-Länder natürlich nichts wissen, denn dafür läuft das Geschäft seit der Ausweitung des Krieges im Februar 2022 viel zu gut. Der die Wirtschaft dominierende Investor BlackRock verdient dabei gleich zweimal: Einmal durch seine Aktienbeteiligung an den Rüstungsunternehmen und zum Zweiten am Wiederaufbau der Ukraine, mit dem das 10-Billionen-Dollar-Unternehmen von Präsident Selenskyj persönlich betraut wurde.

Und weil die Geschäfte so blendend laufen, will man auch von Friedensverhandlungen nichts wissen und wiederholt wie ein Mantra die Mär vom bösen Russland, das einen Krieg gegen die NATO führen will.

Aber stimmt das? Oder hat Russland vielleicht ganz andere Ziele?

Russlands schwere Geburt

Wie wir gesehen haben, warnen die wichtigsten politischen Denker der USA vor dem Aufkommen einer großen eurasischen Macht. Ein solches Imperium würde zwangsläufig den Allmachtsanspruch Washingtons infrage stellen.

Will Russland diese neue eurasische Macht sein? Für eine adäquate Antwort auf diese Frage müssen wir uns wieder auf die Suche nach Zeugnissen machen, die die derzeitige russische Geostrategie erläutern.

Nirgends auf dem Globus zeigt sich der grundsätzliche Gegensatz zwischen einer Seemacht und einer Landmacht so deutlich wie im Kampf der USA gegen Russland um weltweite Einflusszonen. Die

USA als Seemacht müssen verhindern, dass eine Macht auf dem eurasischen Kontinent zu stark und zu gut durchorganisiert wird, denn sonst verlieren sie den entscheidenden Vorteil, den sie haben, nämlich die überragende Bedeutung der Seeverbindungswege.

Die Landmacht muss eine Seeweltmacht verhindern, weil sie überall angreifen kann und deshalb der einzige gefährliche Gegner ist. Dies Prinzip zeigte sich bereits im Gegensatz zwischen dem kolonialen England und dem zaristischen Russland und wird jetzt erneut im Gegensatz zwischen den USA und der Russischen Föderation sichtbar. Voraussetzung ist, dass beide Mächte sich als Großmächte verstehen und souverän agieren wollen. Und das ist sowohl bei den USA als auch bei Russland gegeben.

Wollen die USA ihre Interessen als Seemacht wahrnehmen und damit die Weltmachtrolle behalten, müssen sie jede konkurrierende Landmacht – gerade im Herzland Eurasiens – eindämmen.

Dieser Tatsache war sich Wladimir Putin wohl bewusst, als er am 1. Januar 2000 das Amt des russischen Präsidenten übernahm. Das wissen wir daher, weil er bereits am 10. Januar 2000 das Strategiepapier »Konzeption der nationalen Sicherheit der Russischen Föderation« vorstellte. Darin steht zu lesen, die gegenwärtige Weltordnung sei von zwei »sich gegenseitig ausschließenden Tendenzen« geprägt: »Es verstärkt sich die Tendenz zur Herausbildung einer monopolaren Weltstruktur bei wirtschaftlicher und militärischer Dominanz der USA«, die »auf einseitige, vor allem militärische und gewaltsame Lösungen von Schlüsselproblemen der Weltpolitik unter Umgehung der grundlegenden Normen des Völkerrechts ausgerichtet« sei. »Der Übergang der NATO«, heißt es weiter, »zur Praxis der gewaltsamen militärischen Aktivitäten außerhalb der Verantwortungszone des Blocks und ohne Billigung des Sicherheitsrates der UN […] hat die Gefahr der Destabilisierung der gesamten strategischen Situation in der Welt zur Folge.«[52]

An späterer Stelle wird das Strategiekonzept noch deutlicher und warnt vor »der Möglichkeit des Auftauchens ausländischer Militärbasen und großer militärischer Kontingente in unmittelbarer Nähe der russischen Grenzen«. Auch das Entstehen und die Eskalation von Konflikten nahe den Staatsgrenzen der Russischen Föderation und den äußeren Grenzen der Teilnehmerstaaten der Gemeinschaft unabhängiger Staaten (GUS) solle verhindert werden. Der im Dezember 1991 gegründeten GUS gehören folgende Länder an: Armenien, Aserbaidschan, Weißrussland, Kasachstan, Kirgistan, Moldawien, Russland, Tadschikistan, Turkmenistan, Usbekistan; die Ukraine ist am 19. März 2014 ausgetreten.

Daher müsse die russische Sicherheitspolitik, schlussfolgert das Strategiepapier, die Einrichtung einer multipolaren Weltordnung unterstützen und die Desintegration der GUS rückgängig machen. In seiner Putin-Biografie schreibt der deutsche Publizist Alexander Rahr, Putin fürchte besonders das Ausbreiten des radikalen Islam in den Nordkaukasus und von dort ins Wolgabecken.[53] Entlang der Wolga befinden sich die wichtigsten strategischen Ölreserven Russlands, und dort lebt auch der Großteil der russisch-islamischen Bevölkerung. Wenn es nämlich extremistischen islamischen Kräften gelänge, diese Region unter ihren Einfluss zu bringen und bis zum Ural vorzustoßen, dann würde Russland seine Staatlichkeit verlieren und sich in einen europäischen und einen asiatischen Teil spalten.

Blicken wir kurz zurück: Als die Sowjetunion am 31. Dezember 1991 endgültig auseinanderbrach, gab es auf ihrem Boden auf einmal ganz viele Staaten: von Nord nach Süd die baltischen Staaten Estland, Lettland und Litauen, Weißrussland, die Ukraine und Moldawien, und im Süden die zentralasiatischen Republiken Kasachstan, Kirgisistan, Tadschikistan, Turkmenistan, Usbekistan, Georgien, Armenien und Aserbaidschan.

Damit trat Russland 22 Prozent des von ihm beherrschten Gebiets und 49 Prozent seiner Einwohner ab. Zum Vergleich hatte Deutschland am Ende des Ersten Weltkriegs 13 Prozent seines Bodens und 10 Prozent seiner Bevölkerung verloren. Der große weltpolitische Konkurrent der USA war also zerbrochen.

Zu den Gebietsverlusten der ehemaligen Sowjetunion kamen noch die EU- und NATO-Beitritte der ehemaligen »Bruderstaaten« des früheren Warschauer Paktes hinzu, und zwar in dieser zeitlichen Reihenfolge: die Tschechische Republik, Ungarn und Polen (1999 NATO, 2004 EU), die Slowakei, Slowenien, die drei baltischen Staaten, Bulgarien und Rumänien (2004 NATO und 2007 EU); 2009 folgten Albanien und Kroatien, 2017 Montenegro und 2020 Nordmazedonien. Und im Jahr 2023 traten auch Schweden und Finnland dem Militärbündnis bei. Aber die NATO greift noch weiter aus, denn durch die »Östliche Partnerschaft« sollen Aserbaidschan, Armenien, Georgien, Moldawien und die Ukraine näher an das Bündnis gezogen werden.

Kommen wir zurück zum Zusammenbruch des sowjetischen Imperiums. Russlands erster frei gewählter Präsident Boris Jelzin (vom 12. Juni 1991 bis 31. Dezember 1999) holt westliche Berater ins Land und lässt Teile der Wirtschaft privatisieren. Welche Gelder hierbei wohin fließen, wird sich vermutlich nicht mehr klären lassen.

Fest steht jedenfalls: Infolge dieser Privatisierung bricht Russlands Industrie zusammen, die Inflation galoppiert, breite Bevölkerungsmassen verarmen, und eine dünne Schicht von einflussreichen Superreichen, auch Oligarchen genannt, entsteht. Bis 1998 rutscht das Land in die Zahlungsunfähigkeit ab, was eine allgemeine politische Destabilisierung zur Folge hat.

Zudem werden die Regionen autonomer, und an den Rändern des Landes gibt es zunehmend zentrifugale Strömungen. Seit Mitte der 1990er-Jahre geraten die Teilrepubliken am südlichen Rand in Unruhe. Unabhängigkeitsbewegungen werden stark, Machtkämpfe brechen aus, das russische Militär greift ein. Besonders blutig geht es in Tschetschenien zu. Ein erster Krieg 1994/96 gegen die Separatisten fordert Zehntausende Tote, und von Frühherbst 1999 bis Anfang 2000 (zweiter Tschetschenienkrieg) bringen russische Truppen den Großteil Tschetscheniens wieder unter ihre Kontrolle.

Schon in Jelzins Regierungszeit, also von 1991 bis 1999, setzte sich die Ansicht durch, das Gebiet der früheren Sowjetunion sei die geopolitische Einflusssphäre des neuen Russlands. Diesbezügliche Äußerungen finden sich vom prowestlichen Außenminister Andrei Kosyrew im Januar 1994 und in der regierungsnahen Zeitung *Iswestija* vom 8. April 1994. Tatsache ist, dass Russland 28 Militärbasen auf dem Boden der neuen unabhängigen Staaten beibehalten hatte. Verbindet man auf der Landkarte die Stützpunkte in Kaliningrad (dem früheren Königsberg), in der von Moldawien abtrünnigen Provinz Transnistrien, auf der Krim, in Armenien, in Tadschikistan und auf den Kurilen jeweils mit einer Linie, so werden in etwa die Außengrenzen der früheren Sowjetunion erkennbar.

Es gibt aber weder schriftliche noch mündliche Aussagen, dass Präsident Putin die alte Sowjetunion wiederherstellen und dafür die neuen unabhängigen Republiken an seinen Grenzen erobern wolle – eine Angst, die vor allem die baltischen Staaten beherrscht. Die ständig wiederholte Lüge westlicher Politiker, Putin wolle gen Westen marschieren, basiert auf keinerlei Grundlage. Sie ist auch fern jeder Logik, denn Russland braucht als größtes Land der Erde keinen Lebensraum, und die Bodenschätze in Europa sind zu gering, um Begehrlichkeiten zu wecken. Zudem ist der Aufwand an Menschen und Materialien viel zu hoch, als dass sich eine gewaltsame Eroberung rechnen würde.

Allerdings wird der Anschluss der Krim an Russland als Argument für Putins Expansionsgelüste ins Feld geführt. Auch dort habe Russland mit Gewalt sein Territorium vergrößert. Dazu muss man zwei Dinge wissen: Erstens wurde der Anschluss durch eine Volksabstimmung legitimiert, und zweitens ist Sewastopol auf der Krim der einzige Warmwasserhafen für die russische Marine. Der Stützpunkt Tartus in

Syrien ist zu klein und zu weit entfernt für die russischen Kriegsschiffe, und die Ostseehäfen sind an der Ausfahrt zur Nordsee an der Skagerrakstraße durch die NATO-Mitglieder Dänemark und Norwegen blockiert. Den Hafen von Sewastopol zu sichern ist für Russland also eine Frage des militärischen Überlebens.

Russische Alpträume

> *Wir haben allen Grund zu der Annahme, dass die sprichwörtliche Eindämmungspolitik gegen Russland, die im 18., im 19. und im 20. Jahrhundert betrieben wurde, auch heute noch fortgeführt wird. Man versucht ständig, uns in irgendeine Ecke zu drängen, und zwar dafür, dass wir eine unabhängige Position vertreten, dafür, dass wir diese verteidigen, und dafür, dass wir die Dinge beim Namen nennen und nicht heucheln.*[54]

Jelzins Nachfolger Wladimir Putin (31. Dezember 1999 bis 2008 und seit 2012; 2008–2012 Ministerpräsident) brachte es in seiner Rede zum Beitritt der Krim in die Russische Föderation im Jahr 2014 (dazu gleich mehr) auf den Punkt: die alte russische Angst vor einer »Eindämmung«, im aktuellen Fall vor einer Umzingelung durch die USA und ihre Verbündeten. Kommentatoren verglichen diese Angst mit der des wilhelminischen Deutschlands.

Der Berliner Politologe Herfried Münkler, der 2013 eine 900-Seiten starke Studie mit dem Titel *Der Große Krieg. Die Welt 1914–1918* herausgebracht hat,[55] bestätigt dies: »Wenn Sie mich nach Parallelen fragen, könnte man sagen, das kaiserliche Deutschland hat sich 1914 eingekreist gefühlt. Ob es wirklich eingekreist gewesen war, ist eine andere Frage. Aber eben weil sie sich so gefühlt haben, haben sie so reagiert, wie sie reagiert haben. Und das ist sicherlich eine Parallele zur Politik, die Russland im Augenblick betreibt. Sie fühlen sich offenbar eingekreist durch die NATO, vielleicht weniger durch die Europäische Union, sondern durch die Amerikaner dahinter, und reagieren entsprechend darauf. Und man kann an 1914 sehen, wie gefährlich eine solche Entwicklung ist.«[56]

Putin hat die Angst vor der Umzingelung Russlands immer wieder thematisiert und warnte sowohl auf der Münchener Sicherheitskonferenz 2007 als auch auf der Gipfelkonferenz 2008 in Bukarest: »Die Entstehung eines mächtigen militärischen Blocks an unserer Grenze wird als direkte Bedrohung der russischen Sicherheit gesehen werden.«[57]

Der wichtige russische Vordenker Alexej Mitrofanow sieht in diesem westlichen Ausgreifen nach Osten sogar eine Gefahr für den Bestand Russlands. Mitrofanow war Vorsitzender des Geopolitischen Ausschusses des russischen Parlaments, der sogenannten Duma, und fordert eine »Anti-NATO«. Denn es müsse »ein neuer Gedanke« für die russische Geopolitik gefunden werden – eine Taktik und Strategie für die heutige Zeit.

Er warnt: »Alle heutigen Entwicklungen führen zu Russlands Lostrennung von Europa, zur Schaffung eines Quarantänegürtels von uns unfreundlich gesinnten Staaten in Verbund mit den USA und deren Verbündeten, beide vereinigt in einem an unseren Bereich grenzenden Militärblock. Das führt weiter zu einer fortgesetzten Schwächung, zu zentrifugalen Tendenzen und schließlich zum Zerfall unseres Landes, wonach etwa 10 bis 15 Vasallenstaaten sich bilden, die völlig von ihren Oberherren abhängig wären. […] Unter den heutigen Bedingungen sind die Vereinigten Staaten der Hauptfeind unseres Landes. […] Ein Feind ohne Zweifel ist der gesamte aggressive NATO-Block.«[58]

Den Russen ist bewusst, dass ihr Land ein Objekt der Begierde ist. In den letzten 500 Jahren sind sie mehrere Male überfallen worden.

Dazu muss man die geografischen Bedingungen kennen: Die Nordeuropäische Tiefebene erstreckt sich vom Baltikum im Norden bis zu den Karpaten im Süden, umfasst Nordfrankreich, Belgien, die Niederlande, Norddeutschland und beinahe das gesamte Polen und reicht von Frankreich bis an den Ural. Dieses Gebirge in Zentralrussland trennt Europa von Asien. Die Nordeuropäische Tiefebene ist an seiner engsten Stelle, in Polen, weniger als 500 Kilometer breit und öffnet sich dann an der russischen Seite zur gesamten Breite der russischen Westgrenze.

Über diese Tiefebene fielen die Polen bereits 1605 ein. 1708 folgten die Schweden, 1812 dann die Franzosen unter Napoleon und in den beiden Weltkriegen 1914 und 1941 schließlich die Deutschen.

Einige wenige westliche Politiker zeigen so etwas wie Verständnis für dieses russische Trauma. Einer davon ist der SPD-Fraktionschef Rolf Mützenich. Er sagt, die NATO-Länder sollten beachten, »dass diese Ängste in Russland sehr wohl seit Langem existieren. Wir sollten diese Gedankengänge nachvollziehen, unabhängig davon, ob wir sie akzeptieren«.[59]

Er könne die russische Bedrohungsanalyse nachvollziehen, verrät Mützenich, denn: »Die Militärausgaben der NATO sind um ein Vielfaches höher als die Russlands. Alleine die USA geben mehr als das Zehnfache für ihr Verteidigungsbudget aus. Die NATO-Raketenabwehrsysteme, die in Rumänien und Polen angeblich wegen der iranischen Drohung stationiert wurden, können aus Sicht Moskaus als Teil einer Erstschlagsdoktrin missdeutet werden. Auf NATO-Seite mögen wir das anders sehen, aber Russland sieht es so.«[60]

Natürlich kennt man in Moskau auch Janusz Bugajski und das Center for European Policy Analysis (»Zentrum für Europäische Politikanalyse«) in Washington. Sie wissen, dass Bugajski dem US-Außenministerium, dem militärisch-industriellen Komplex und dem Tiefen Staat zuzuordnen ist. Und sie kennen seine Strategie und seinen Vorschlag, die Russische Föderation in Einzelteile zu zerbrechen und aufzulösen.

Moskaus Militärdoktrin

Die seit 2010 gültige Militärdoktrin Russlands hat »einen deutlich geprägten Verteidigungscharakter und sieht keinen atomaren Erstschlag vor«.[61] Außerdem betont sie die Notwendigkeit, die Interessen Russlands in der Arktis zu schützen, die Beziehungen zu den Verbündeten Abchasien und Südossetien (den von Georgien abtrünnigen Gebieten) aufrechtzuerhalten und die von privaten ausländischen Militärfirmen ausgehende Gefahr einzudämmen.

In der Doktrin heißt es, Moskau behalte »sich das Recht vor, einen Überfall auf Russland oder seine Verbündeten unter Einsatz von Atomwaffen oder anderen Massenvernichtungswaffen ebenfalls mit Atomwaffen abzuwenden«. Das gelte ebenso »für eine Aggression unter Einsatz herkömmlicher Waffen, falls dabei die Existenz des Staates bedroht« werde.[62]

Die US-amerikanische Installation einer weltweiten Raketenabwehr, ihr Konzept des »globalen Schlags« und Washingtons Plan, sogar im Weltraum Waffen zu stationieren, stuft die Doktrin als äußere militärische Gefahren für Russland ein. Ebenfalls als ernst zu nehmende Bedrohungen für Russland werden die Aufstockung des Militärpotenzials der NATO und die in einigen Regionen zu beobachtende Destabilisierung betrachtet.

Und zum ersten Mal finden wir in der Militärdoktrin auch das Bestreben, die russischen Interessen in der strategisch wichtigen Arktis zu wahren (dazu später mehr). Denn dort befinden sich nach Einschätzung der Fachleute Reserven in einem Gesamtwert von rund 30 Billionen US-Dollar – eine Summe, die das Zehnfache des jährlichen Bruttoinlandsprodukts (BIP) Russlands darstellt.

Auch die Marinedoktrin von Ende Juli 2015 unterstreicht die Bedeutung von Arktis und Atlantik. Da Expertisen dort mehr als ein Viertel der weltweiten Öl- und Gasreserven vermuten, wird diese opulente Schatzkammer von Russland, den USA, Kanada, Großbritannien und anderen Anrainerstaaten eifrig umworben. Obwohl am Nordpol fleißig aufgerüstet wird, ist er als Spannungsgebiet außerhalb der Scheinwerfer der Medien geblieben, denn die sind bisher auf die eurasischen Konfliktzonen gerichtet.

Die rohstoffreiche Arktis steht also schon seit Jahren ganz oben auf der Agenda der russischen Geopolitik. In den letzten Jahren baute die Atommacht ihre militärische und wirtschaftliche Präsenz um den Nordpol herum systematisch aus. Der Kreml erhebt Anspruch auf reiche Öl- und Gasvorkommen, die in den Tiefen des arktischen Eises vermutet werden. Bereits heute werden im Norden Russlands Gas, Nickel und Kobalt gefördert. Die Vorkommen sichern 12–15 Prozent des BIP und rund 25 Prozent des russischen Exports.

Überdies plant Russland den Ausbau seiner Atomeisbrecher-Flotte, um die Nordostpassage zu aktivieren – einen Schifffahrtsweg von China nach Europa, der an Russlands zunehmend eisfreier Nordküste entlangführt.

In den vergangenen 10 Jahren modernisierte das russische Militär auch acht Flugplätze im nördlichen Polarkreis, stellte eine Armeekonstellation in der Arktisregion auf, die Einheiten von Militär sowie Zoll- und Küstendienst kombiniert, und stationierte Abwehrraketensysteme vom Typ Panzir sowie Frühwarnradare in der Arktis. In Vorbereitung auf einen möglichen NATO-Angriff hat Russland außerdem Kampfjets des Typs MiG-31 in die Region verlegt. Auf der Insel Nowaja Semlja im Nordpolarmeer wurde ein Frühwarnsystem eingerichtet, auf der Inselgruppe Franz-Josef-Land eine Marineanlage gebaut. Die russische Kriegsmarine nahm nach mehr als 20 Jahren Pause die Patrouillen in der Arktis wieder auf. Auf dem einstigen sowjetischen Stützpunkt Alakurtti nahe der finnischen Grenze wurde eine Kommandozentrale Nord gegründet, die zwei neue arktische Brigaden mit insgesamt 6000 Soldaten hinter dem Polarkreis befehligt.

Damit wurde eine Einrichtung des Kalten Krieges reaktiviert, der seinerzeit zentrale Bedeutung zugemessen worden war: Die Generäle in Moskau erwarteten für den Fall eines Atomkrieges, dass Washington Raketen über das Nordmeer auf die UdSSR schießen würde.

Putins geostrategische Vision

Gegen die Bedrohung aus dem Westen hilft nur eine Ausrichtung nach Osten, raten andere russische Vordenker und bringen einen Begriff ins Spiel, der seit Jahrzehnten immer wieder auftaucht: Eurasien. Dieser Begriff für den riesigen Kontinent von Lissabon bis Wladiwostok ist den Kreisen der russischen Intelligenz, die vor den Bolschewisten geflohen ist, schon seit den 1920er-Jahren geläufig. Mit dem Erscheinen des programmatischen Sammelbands *Ischod k Vostoku* (»Aufbruch nach Osten«) im bulgarischen Sofia entstand 1921 der Eurasismus (auch Eurasianismus oder Eurasiertum).[63] Darin wird Russland als die bessere Alternative zum nationalistischen Europa bezeichnet und die Besonderheit der russischen geistigen Kultur hervorgehoben. Eurasien sei eine eigenständige Kultur, ein sechster Kontinent, der Knoten und Anfang einer neuen Weltkultur.

Alexander Dugin, ein zeitgenössischer russischer Politologe und Eurasier, sieht Russland in der Rolle des Befreiers Europas von der politischen, wirtschaftlichen und kulturellen Okkupation der USA. Dugin ist Professor an der berühmten Moskauer Lomonossow-Universität, tritt in staatlichen Medien auf und verfügt über Kontakte bis hinauf zum Generalstab und in die Präsidialadministration. 2002 gründete er die Eurasische Partei. Außerdem leitet er die Organisation Arktogaeja (»Nordisches Land«) inklusive angeschlossenem Verlagshaus.

»Nach dem Kollaps der marxistischen Ideologie und dem Sieg des Westens im Kalten Krieg [...] kam als Ablösung des Marxismus keine schlüssige und stabile Ideologie, die fähig war, mit dem Liberalismus (der heute von den USA verkörpert wird) zu konkurrieren«, schreibt

Dugin in seinem eurasischen Manifest. »In diesem Moment wandten sich die wissbegierigsten Geister, die reinsten Herzen und die glühendsten Seelen dem Erbe der Eurasier zu.«[64]

Westliche Liberalität wird von Dugin abgelehnt, ja regelrecht verachtet. Mithilfe eines Rückgriffs auf russische Traditionen, nationalistische Gefühle und den orthodoxen Glauben wird der alte Minderwertigkeitskomplex gegenüber dem Westen in ein Überlegenheitsgefühl umgedeutet. Dugins Traum ist ein Kremlreich von »Lissabon bis Wladiwostok«.[65]

Der Historiker und Ethnograf Lew Gumiljow behauptet, wie Scholl-Latour in seinem Buch *Russland im Zangengriff* berichtet, dass Eurasien der natürliche geografische Schauplatz für den besonderen Ethos der russischen Bevölkerung sei, das »Ergebnis einer historischen Symbiose zwischen Russen und den nicht russischen Steppenbewohnern, die eine kulturell und geistig einzigartige Identität geschaffen hat«. Lew Gumiljow beruft sich auf einen Vorläufer, den Fürsten Trubetzkoi, der gesagt hat: »Mit seiner Zerstörung der geistigen Grundlagen und der nationalen Einzigartigkeit des russischen Lebens, der Verbreitung der materialistischen Weltanschauung, die ja Europa wie auch Amerika tatsächlich schon beherrscht, war der Kommunismus in Wirklichkeit eine verschleierte Form des Europäismus. Unsere Aufgabe ist es, eine völlig neue Kultur zu schaffen, unsere eigene Kultur, die der europäischen Zivilisation nicht gleichen wird. Wenn Russland kein Abklatsch europäischer Kultur mehr ist, dann wird es endlich wieder zu sich selbst finden: Russland-Eurasien, das sich als Erbe Dschingis Khans versteht und sich seines großen Vermächtnisses bewusst ist.«[66]

Putin sieht im Bestreben Russlands, seine eigene Kultur zu erhalten, die Ursache für die extreme Feindseligkeit der transatlantischen Riege unter Federführung des militärisch-industriellen Komplexes der USA. Die souveräne Politik Moskaus, die auf das Wohl der eigenen Bevölkerung ausgerichtet ist und sich nicht den Interessen des globalen Finanzkapitals unterwerfen will, sei dem Westen ein Dorn im Auge.

Ich möchte noch einmal auf den Politologieprofessor Alexander Dugin zurückkommen. Denn er hat im Oktober 2023 eine Vorausschau veröffentlicht, die er selbst als Prophezeiung bezeichnete und genau das ist, was man weltweit als Worst-Case-Szenario und in Deutschland als GAU – größten anzunehmenden Unfall – beschreibt.[67]

Zunächst prophezeit Dugin »einen regelrechten Völkermord« der Israelis an den Menschen im Gazastreifen. Alsbald werde sich vom Libanon aus die Hisbollah einmischen, dann würden massenweise Araber aus Jordanien die Grenzsperren durchbrechen, die USA Präventivschläge gegen den Iran führen, und schließlich werde Syrien auf den Golanhöhen in den Krieg eingreifen. Es komme zu einer raschen Mobilisierung der gesamten islamischen Welt. »Die proamerikanischen Staaten – Saudi-Arabien, die Vereinigten Arabischen Emirate etc. – sehen sich gezwungen, an der Seite der Palästinenser in die Konfrontation einzutreten. Dazu kommen Pakistan, die Türkei und Indonesien.« Damit beginne der große Dschihad der islamischen Welt gegen den Westen und Israel. »Eine Milliarde Muslime, von denen (offiziell) 50 Millionen in Europa leben, beginnen nun im Westen selbst einen Aufstand. In Europa bricht ein Bürgerkrieg aus. […] Die USA setzen taktische Atomwaffen gegen den Iran ein. Russland führt einen taktischen Atomschlag gegen die Ukraine, die sich um jeden Preis an den Westen binden will und Moskau auf jede erdenkliche Weise provoziert.«

Folglich breche der Dritte Weltkrieg aus, »taktische Atomwaffen werden eingesetzt. Russland entscheidet sich schließlich und stellt sich auf die Seite der Moslems«.[68]

Eine andere Vision erschien 2016 in der Kategorie utopischer Roman, doch dessen Story trägt erstaunlich prophetische Züge. Geschildert wird die Welt im Jahr 2053, und in der gibt es nur noch wenige Staaten: ein riesiges Amerika, das sich von Alaska bis Feuerland erstreckt, ein islamisches Kalifat, eine asiatische Himmelsrepublik – und ein russisches Imperium, das sich von Kamtschatka bis Grönland ausdehnt und längst Westeuropa mit einschließt.

Der Autor des Buches, Michail Jurjew (1959–2019), war keineswegs ein Spinner, sondern Unternehmer und Politiker und amtierte von 1996 bis 1999 als stellvertretender Präsident der Duma. Das Buch heißt *Das Dritte Imperium: Russland, wie es sein soll* und beschreibt Russlands Wiederaufstieg zum Weltreich. Und der beginnt für Jurjew in der Ukraine. Die USA zetteln mithilfe ukrainischer Nationalisten in Kiew einen Putsch an, woraufhin die Krim und prorussisch eingestellte Regionen im Süden und Osten Russland um Hilfe bitten. Als Moskau mit dem Einmarsch von 80 000 Soldaten reagiert, bricht ein Krieg mit der NATO aus, und es kommt zu einer Teilung der Ukraine. »Im Kreml sitzt ein gewisser Wladimir, der Russland fortan immer neue Landstriche einverleibt – bis ein drittes (nach Zarenreich und Sowjetunion) russisches Imperium entsteht.«[69] Wie gesagt erschien dieser utopische Roman, wie er sich selbst nennt, bereits im Jahr 2006.[70]

Wir wissen nicht, ob Russlands Präsident Wladimir Putin *Das Dritte Imperium* gelesen hat, doch das Buch macht deutlich, dass es eine neoimperiale Diskussion in Moskau gibt. In der Tat sind Russlands Buchläden voll mit neoimperialen Streitschriften und großrussischen Träumereien. In ihnen wird nicht unbedingt die Sehnsucht nach einer Rückkehr zur Sowjetzeit sichtbar, sondern ein neuer russischer Nationalismus, der allen Epochen und Traditionen der russischen Geschichte Achtung entgegenbringt »und längst im Mainstream der Gesellschaft angekommen ist«, wie Dietmar Ostermann in einem bemerkenswerten Artikel in der *Badischen Zeitung* schreibt.[71]

Wladimir Putins politische Agenda scheint genau in diese Richtung eines eigenständigen russischen Selbstbewusstseins zu gehen. Er hat in seinen Reden immer wieder Glauben, Werte und Traditionen beschworen und sich damit gegen den Westen positioniert. So sagte er beispielsweise 2013 auf dem internationalen Valdai-Forum: »Wir sehen, wie viele euro-atlantische Staaten den Weg eingeschlagen haben, auf dem sie ihre eigenen Wurzeln verneinen beziehungsweise ablehnen, einschließlich der christlichen Wurzeln, die die Grundlage der westlichen Zivilisation bilden. In diesen Staaten werden moralische Grundlagen und jede traditionelle Identität verneint – nationale, religiöse, kulturelle oder sogar geschlechtliche Identitäten. [...] Ohne moralische Werte, die im Christentum und in anderen Weltreligionen begründet liegen, ohne Normen und Werte, die sich Jahrtausende lang formiert und entwickelt haben, werden die Menschen unvermeidlich ihre Menschenwürde verlieren und zu Unmenschen werden. [...] Wir halten es für richtig und natürlich, diese moralischen, christlichen Werte zu verteidigen und zu wahren.«[72]

Die Strippenzieher im Hintergrund

Aus den bisherigen Ausführungen ergibt sich zwangsläufig, dass die Ziele der USA und die Pläne Russlands zur Konfrontation führen, denn beide Seiten streben die Vorherrschaft über Eurasien an. Ein Krieg scheint umso unvermeidlicher, als auch noch geistig-moralische Gegensätze ins Spiel gebracht werden.

Aber stimmt das so? Oder gibt es Menschen und Gruppierungen, die eine ganz andere Agenda verfolgen?

Ich habe in allen meinen Büchern darauf hingewiesen, dass es einige global ausgerichtete Organisationen gibt, »die entscheiden, aber nie gewählt worden sind«, wie der ehemalige bayerische Ministerpräsident Horst Seehofer in einem Gespräch mit dem Kabarettisten Frank Markus Barwasser im Mai 2010 festgestellt hatte.[73] Da ich diese tatsächlichen Entscheider in meinen früheren Büchern schon ausführlich vorgestellt habe, werde ich mich hier auf eine Zusammenfassung beschränken.

Der European Round Table for Industry (ERT, »Europäischer Runder Tisch für die Industrie«), ehemals European Round Table of Industrialists (»Europäischer Runder Tisch Industrieller«), ist der wichtigste Entscheidungsträger für die Politik der EU. Er stellt eine Lobbyorganisation von fast sechzig Wirtschaftsführern großer multinationaler Unternehmen Europas dar, was bedeutet, dass hier Konzerne mit europaweit etwa 5 Millionen Angestellten und einem Gesamtumsatz von über 2 Billionen Euro vertreten sind.[74]

Der European Roundtable of Industrialists wurde Anfang April 1983 von Geschäftsleuten und Industriellen, unter denen sich unter anderen die Vorstandsvorsitzenden von Thyssen, Siemens, Fiat, Shell, Philips, Renault und Nestlé befanden, in Paris gegründet. Nach eigenen Angaben nimmt der ERT über Studien, Positionspapiere und Vieraugengespräche auf politische Entscheidungsträger der nationalen beziehungsweise europäischen Ebene Einfluss.[75] Mitglieder der Europäischen Kommission, des Europäischen Rats, des Rats der Europäischen Union (Ministerrat) sowie Abgeordnete des Europäischen Parlaments werden auf diese Weise vom ERT beeinflusst, aber auf nationaler Ebene auch Regierungsmitglieder, Parlamentarier, Medienschaffende und sowie Interessenvertreter.[76] Der ERT stützt sich dabei nach eigenen Angaben auf »hervorragende Analysen und intelligente Argumente«.[77]

Um eine intensive Kommunikation sowohl mit europäischen Regierungen als auch mit Mitgliedern der Europäischen Kommission, einzelnen Kommissaren oder dem Kommissionspräsidenten zu ermöglichen, hat der ERT seinen Sitz in Brüssel. Auf seiner Website beschreibt sich der ERT als »Forum für CEOs und Vorsitzende führender europäischer Unternehmen im Industrie- und Technologiesektor, die die Werte Freiheit, Toleranz, Gleichheit und Offenheit teilen«.[78] Wir erfahren dort auch, dass die ERT-Mitgliedschaft »individuell, nicht geschäftlich und nur auf Einladung möglich« ist.

Diese Exklusivität zeichnet auch eine andere wichtige Gruppe aus, die die Politik hinter den Kulissen lenkt: die sogenannten Bilderberger. Das ist eine Gruppe von reichen und einflussreichen Menschen, die sich jedes Jahr an irgendeinem Ort auf der Welt isoliert, um 3 Tage lang in geheimen Diskussionen die Weltlage zu erörtern. Benannt ist die Gruppe nach dem Hotel de Bilderberg im niederländischen Oosterbeek, wo auf Einladung des niederländischen Prinzen Bernhard 1954 die erste Konferenz stattfand.

Mit von der Partie sind 150 Frauen und Männer aus mehr als 20 Ländern, darunter Unternehmer, Politiker, Journalisten, Militärs, Geheimdienstler, Könige, die überwiegend aus den USA, Europa und Kanada stammen und zur internationalen Elite gehören. Im Lauf der Jahre traten dort in Erscheinung: die ehemalige Königin Beatrix von Holland, die ehemaligen britischen Premiers Margaret Thatcher und Tony Blair, die ehemaligen US-Präsidenten Bill Clinton und Gerald Ford, der frühere US-Außenminister Henry Kissinger, Kanzlerin Angela Merkel, aber auch Vertreter der Grünen wie Cem Özdemir oder Anton Hofreiter sowie die Wirtschaftsbosse, Eric Schmidt von Google, Ex-Siemens-Chef Joe Kaeser und Bill Gates.

Eine formelle Organisation sind die Bilderberger nicht, folglich gibt es weder Mitgliedschaften noch Verträge, noch offizielle Beschlüsse. Man darf nur auf eine Versammlung kommen, wenn man von dem Vorsitzenden und den beiden ehrenamtlichen Generalsekretären eine Einladung erhält.

Als Nächstes sei hier der 1921 gegründete Council on Foreign Relations (CFR, »Rat für Auslandsbeziehungen«) genannt – stellvertretend für andere einflussreiche politische Denkfabriken wie etwa die deutsche Stiftung Wissenschaft und Politik (SWP), die sich selbst

Forschungsinstitut für Internationale Politik nennt. Im CFR treffen sich regelmäßig die Vertreter der wirtschaftlichen (circa 31 Prozent kommen aus Konzernen), der akademischen (circa 25 Prozent), der politischen (circa 13 Prozent) und der medialen Macht (6 Prozent). Ziel des CFR ist, die Kontinuität der US-Außenpolitik zu gewährleisten. Alle 2 Monate erscheint die Verbandszeitschrift *Foreign Relations.* Interessant ist auch, dass der ehemalige deutsche Außenminister Joschka Fischer mit dem European Council on Foreign Relations einen europäischen Ableger des CFR gegründet hat.

In diesen Zusammenhang gehören auch die zahlreichen Stiftungen (Open Society Foundations) des Multimilliardärs George Soros, über deren globale Verzweigungen ich in meinen früheren Büchern ausführlich berichtet habe, sowie die sogenannte Trilaterale Kommission (TC). Letztere wurde von Zbigniew Brzeziński und seinem Patenonkel David Rockefeller 1973 mit dem Ziel gegründet, »eine neue internationale Wirtschaftsordnung« zu erschaffen.[79]

Zu den Mitgliedern der TC gehörten oder gehören die ehemaligen US-Präsidenten George H. W. Bush und Bill Clinton, die ehemaligen US-Vizepräsidenten Dick Cheney und Al Gore sowie Lucas Papademos und Mario Monti, die Ministerpräsidenten Griechenlands und Italiens. Interessant ist, dass die ersten drei genannten Männer die USA mit Kriegen tief in die Schulden trieben. Der vierte läutete das Geschäft mit dem angeblichen Klimawandel ein, und in Griechenland und Italien stand jeweils eine gewaltige Finanzkrise ins Haus.

Elf TC-Mitglieder gehörten zur Regierungsmannschaft Barack Obamas. Schaut man sich die Zusammensetzung von Tim Geithners Finanzministerium genauer an, so zeigt sich, dass eine ganze Reihe seiner Mitarbeiter zur Trilateralen Kommission gehörten: Paul Volker, Alan Greenspan, E. Gerald Corrigan (Direktor bei Goldman Sachs) und Peter G. Peterson (Ex-Chef von Lehman Brothers und Ex-Vorsitzender des Council on Foreign Relations). Sollten an den Zielen der TC noch Zweifel herrschen, so zerstreute diese der Gründer der TC David Rockefeller selbst, als er 2003 in seinen *Erinnerungen eines Weltbankiers* schrieb:

> *Einige glauben sogar, wir seien Teil einer geheimen Verschwörung, die gegen die Interessen der Vereinigten Staaten opponiere, charakterisieren meine Familie und mich als »Internationalisten« und werfen uns vor, wir konspirierten mit anderen auf der ganzen Welt, um eine neue ganzheitlichere, globale politische und wirtschaftliche Struktur aufzubauen – eine neue Welt, wenn Sie so wollen. Wenn das die Anklage ist, bekenne ich mich gerne schuldig und bin stolz darauf.*[80]

Ob Bilderberger, das Council on Foreign Relations, die Trilaterale Kommission, die weltweit operierenden Open Society Foundations des George Soros oder die transatlantischen Organisationen, die ich hier gar nicht alle aufgezählt habe – entscheidend ist die Frage, wer wiederum hinter diesen Netzwerken steckt. Auf der Suche nach einer Antwort stoßen wir auf die Unternehmensakteure des US-gesteuerten Globalismus, die ich hier kurz auflisten möchte:

- die Wall Street und die westlichen Großbanken mitsamt ihren Offshore-Geldwäsche-Einrichtungen, Steueroasen, Hedgefonds und Geheimkonten;
- den militärisch-industriellen Komplex mitsamt seinen Sicherheits- und Söldnerunternehmen sowie Geheimdienst-Tarnfirmen;
- die anglo-amerikanischen Erdöl- und Energiekonzerne;
- die Biotech-Großkonzerne, die zunehmend die Landwirtschaft und die Nahrungskette kontrollieren;
- die großen Pharmakonzerne sowie die Kommunikationsgiganten und Medienkonzerne.

Aber diese Auflistung gibt immer noch nicht die wahren Drahtzieher preis. Denn Hauptaktionäre dieser ganzen Unternehmen sind die drei großen Finanzdienstleister BlackRock, State Street und Vanguard. BlackRock (Sitz in New York, CEO: Larry Fink) verwaltet Vermögen von über 10 Billionen US-Dollar, State Street (Sitz in Boston, CEO: Ronald P. O'Hanley) von über 4 Billionen und Vanguard (Sitz in Malvern, Pennsylvania, CEO: Tim Buckley) von 7 Billionen Dollar. Und diese drei haben wiederum Anteile am jeweils anderen. Sie interagieren mit Regierungseinrichtungen, internationalen Finanzinstitutionen und westlichen Geheimdiensten.

Gegen diese Akteure haben die Regierungen auch insofern keine Chance, als sie von innerstaatlichen Strukturen gebremst werden, die im Auftrag dieser Drahtzieher agieren. Der amerikanische Politanalyst Peter Dale Scott hat diesen Apparat im Jahr 2014 in seinem gleichnamigen Buch als den »Tiefen Staat« (»Deep State«) bezeichnet.[81] Der Untertitel des Buches verrät, was Scott herausgefunden hat: »Wall Street, Big Oil, and the Attack on U.S. Democracy« (»Wallstreet, die Ölkonzerne und der Angriff auf die US-Demokratie«). Scott kommt zu dem Schluss, dass es eine geheime Regierung aus verdeckt agierenden geheimdienstlichen Einrichtungen, Denkfabriken, geheimen Ausschüssen und Beratungsgremien gibt, in denen hinter verschlossenen Türen wichtige Entscheidungen im Sinne einflussreicher Unternehmensinteressen getroffen werden. Diese Entscheidungen werden dann von Vertrauensleuten in den Regierungen und Parlamenten umgesetzt. In der Regel sind diese Staatsbeamte, die selbst nicht gewählt wurden, aber gerne die gewählte Regierung sabotieren. So erinnern wir uns, dass US-Präsident Trump Ende 2018 anordnete, die US-Truppen aus Syrien abzuziehen, das Pentagon diesen Befehl aber einfach verweigerte.

Gleichzeitig infiltrieren nachrichtendienstliche Akteure zunehmend die Vereinten Nationen, darunter auch Behörden, die mit besonderen Aufgaben betraut sind, und durchsetzen Nichtregierungsorganisationen, Gewerkschaften und politische Parteien mit ihren Verbindungsleuten.

Hinter den Kriegen in der Ukraine, im Nahen Osten und demnächst in China verbirgt sich der Machtkampf der großen amerikanischen, russischen und chinesischen Oligarchen, die ebenfalls ihr Geld bei BlackRock, State Street und Vanguard investieren.

Seit Jahren führt in der Liste der 500 erfolgreichsten Unternehmen der Welt, die die Zeitschrift *Fortune* veröffentlicht, die US-Supermarktkette Walmart; zuletzt 2023 mit einem Jahresumsatz von über 611 Milliarden US-Dollar (zum Vergleich: der deutsche Bundeshaushalt lag 2023 bei 461 Milliarden Euro) vor dem US-arabischen Ölgiganten Aramco mit 603 Milliarden, dem chinesischen Stromversorger State Grid mit 530 Milliarden und dem Internetversandhandel Amazon mit 513 Milliarden US-Dollar Umsatz im Jahr. Es folgen mit China National Petroleum, Sinopec und Exxon Mobile zwei chinesische und ein US-Ölproduzent. Dann taucht der Computerhersteller Apple auf, gefolgt von der US-Versicherung United Health und dem Pharmahandel CVS Health. Die restlichen Konzerne, die ganz vorne in der *Fortune*-Hitliste auftauchen, setzen sich aus Pharmakonzernen, Banken, Versicherungen, Computerfirmen und Telekommunikation zusammen.[82]

Das Streben dieser Eliten nach einem totalen Globalismus ist schon lange bekannt und entspricht genauen Überlegungen, die sie häufig in eigenen Publikationen selbst bestätigen. Carroll Quigley, Historiker, Mentor von Bill Clinton und Mitglied des Council on Foreign Relations, charakterisiert sie in seinem Buch *Tragödie und Hoffnung*:

> *Die Macht des Finanzkapitalismus hatte [eine] weitreichende Zielsetzung, nicht weniger als die Schaffung eines Weltsystems der Finanzkontrolle in privaten Händen, das in der Lage wäre, das politische System eines jeden Landes und die Wirtschaft der Welt als Ganzes zu beherrschen. Dieses System*

> *sollte feudalistisch von den Zentralbanken der Welt kontrolliert werden, die sich aufeinander abstimmen, durch geheime Vereinbarungen, die bei häufigen Treffen und Konferenzen erzielt werden. Die Spitze der Systeme sollte die Bank für Internationalen Zahlungsausgleich in Basel, Schweiz, sein; eine private Bank im Besitz und unter der Kontrolle der Zentralbanken der Welt, die selbst private Gesellschaften waren. Jede Zentralbank […] versuchte ihre Regierung durch ihre Fähigkeit, die Kredite des Finanzministeriums zu kontrollieren, die Devisen zu manipulieren, auf das Niveau der wirtschaftlichen Tätigkeit im Land zu einzuwirken und kooperative Politiker mit Hilfe von nachfolgenden wirtschaftlichen Belohnungen in der Wirtschaftswelt zu beeinflussen, zu beherrschen.*[83]

Aber nicht die Köpfe an der Zentralbanken sitzen am Steuer, sondern die noch zentralisierteren globalen Institutionen wie der Internationale Währungsfond, die Weltbank und die von Quigley erwähnte Bank für Internationalen Zahlungsausgleich.

Ihr Ziel ist die Globalisierung, und um dieses Ziel zu erreichen, müssen souveräne Bürger und Staaten abgeschafft werden. Dieser Schritt erfordert wiederum den Abbau von Grenzen. Deshalb werden Kulturen, die die Souveränität über die Globalisierung stellen, als das absolute Böse (zum Beispiel Putins Russland) gebrandmarkt.

Gleichzeitig dient dieser ideologische Gegensatz zwischen dem Nationalismus und dem Globalismus als Bühne für perfekt inszenierte Tragödien. Und dafür sind Pandemien oder Kriege bestens geeignet.

Da Kriege gewaltige Umsätze und Gewinne ermöglichen und als Propaganda gegen staatliche Souveränität dienen, die offensichtlich nur zu Leid und Krieg führt und durch eine global geführte und kontrollierte Welt ersetzt werden soll, liegen sie also eindeutig im Interesse dieser Weltenlenker.

II. Schauplatz ist wieder die Alte Welt

★ ★ ★

Zunächst sah es nach Frieden aus. US-Präsident Barack Obama und Wladimir Putin ratifizierten im Winter 2011 den »New Start«-Vertrag, mit dem sich beide Staaten verpflichteten, nur noch jeweils maximal 1550 strategische Atomsprengköpfe einsatzbereit zu halten und die Anzahl der dafür notwendigen Trägersysteme zu reduzieren.

Aber offensichtlich war mit diesem Vertrag nicht die Absicht verbunden, eine Atmosphäre der Entspannung oder gar des Friedens entstehen zu lassen. Davon kann nämlich die US-Rüstungsindustrie nicht leben. Sie braucht Konflikt. Und um ein Spannungsfeld zu erzeugen, ist es sinnvoll, zunächst Streit zu provozieren, den Kontrahenten zu reizen, ihm aggressiv zu begegnen.

So verkündeten plötzlich die USA im März 2013, 24 SM-3-Raketen in Polen, genauso viele in Rumänien und außerdem eine unbestimmte Anzahl von Aegis-Raketen an Bord der Mittelmeerfregatten zu stationieren. Zur gleichen Zeit machte Polen bekannt, es werde 33,6 Milliarden Euro ausgeben, um einen eigenen Schild (mit US-Technologien) aufzubauen und diesen der NATO zu unterstellen.

Da ich auf diesen Raketenabwehrschild in meinen letzten Büchern ausführlich eingegangen bin, hier nur kurz: Der frühere sowjetische Staatspräsident Michail Gorbatschow hatte bereits am 10. Dezember 2011 in München vor der Stationierung von NATO-Raketenabwehrsystemen an Russlands Westgrenzen und deren Konsequenz gewarnt, denn mit ihnen könnte die NATO etwa 99 Prozent der russischen Atomraketen im Erstschlag zerstören. Das eine Prozent der verbliebenen russischen Raketen, die Moskau noch abfeuern könnte, würde durch den Raketenschild neutralisiert werden.[84]

Um gegen den Ausbau des Raketenschilds zu protestieren, löste Präsident Putin die Arbeitsgruppe auf, die 2011 gebildet worden war, um Möglichkeiten der Zusammenarbeit mit der NATO im Raketenverteidigungssektor zu finden, und bewaffnete russische Einheiten mit Iskander-Raketen und ballistischen, mobilen Interkontinentalraketen (ICBMs) der neuen Generation Yars, die bis zu zehn Atomsprengköpfe transportieren können.

Außerdem hat Putin vier weitere Flugabwehr-Langstreckenraketensysteme des Typs S-300 an seinen Bündnispartner Weißrussland geliefert und den russischen Luftwaffenstützpunkt Lida mit den Jagdflugzeugen SU-27 ausbauen lassen. Der Fliegerhorst liegt in unmittelbarer Nähe der litauischen und der polnischen Grenze.

Vizepremierminister Dmitri Rogosin sagte am 11. Dezember 2013 vor der Duma, dem russischen Parlament, Russland werde mit Sicherheit Atomwaffen einsetzen, wenn »unser Territorium oder der Staat angegriffen werden«. An die Adresse der USA gerichtet erklärte er, man könne, solange man wolle, konventionelle Gefechtsköpfe entwickeln, aber Russland werde auf jeden Fall mit Atomwaffen zurückschlagen.[85]

2 Tage später geißelte Wladimir Putin in seiner Jahresbotschaft solche Ideen von einem Erstschlag: »Sie gefährden die regionale und globale Stabilität [...] und zerstören das Gleichgewicht der Kräfte. Zudem wissen wir, was wir in diesem Fall unternehmen müssen. Niemand darf sich die Illusion machen, eine militärische Überlegenheit gegenüber Russland zu erreichen. Das lassen wir niemals zu. Russland wird auf alle diese Herausforderungen – sowohl politische als auch technologische – antworten.«[86]

Interessante Informationen hat der italienische Geograf und Geopolitiker Manlio Dinucci 2013 in drei Beiträgen auf *Voltairenet.org* veröffentlicht. Dinucci schreibt, der Raketenschild, der NATO-Ausbau im Osten und die Pläne von USA und NATO, Syrien und Iran zu zerstören, kämen in Moskau als Versuch an, sich einen strategischen Vorteil über die Russische Föderation zu verschaffen (und außerdem über China). Die USA und ihre NATO-Verbündeten seien dabei, den militärischen Druck auf Russland zu verstärken. Nachdem die USA beschlossen hätten, auch auf der Insel Guam im westlichen Pazifik einen Raketenschild zu installieren, habe das russische Kommando angekündigt, eine neue 100-Tonnen-Rakete zu bauen, die fähig sei, »ein Raketenabwehrsystem zu überwältigen«.[87]

Die Ukraine als Kampfzone

Diese Entwicklungen zeigen, dass der Konflikt um Eurasien bereits vor dem Ukrainekrieg begonnen hatte. Er wird – im Moment – im Herzen Europas ausgetragen, denn das ist die Ukraine, wenn wir Europa vom Atlantik bis zum Ural verstehen. Erinnern wir uns an die Aussagen von Zbigniew Brzeziński, dass der Verlust der Ukraine Russland der Möglichkeit beraube, ein wirklich großer und selbstsicherer imperialer Staat zu sein. Ohne sie drohe jeder Versuch Moskaus, das eurasische Reich wiederaufzubauen, Russland in lang anhaltende Konflikte mit den national und religiös motivierten Nichtslawen zu verwickeln.

Seit Dezember 1991, als mehr als 90 Prozent der Ukrainer für die Unabhängigkeit stimmten, sucht das mit seinen 600 000 Quadratkilometern flächenmäßig größte Land auf dem europäischen Kontinent seine nationale Identität und seine internationale Rolle. Soll es sich nach Westen orientieren, also eine Integration in die EU anstreben? Oder soll es nach Osten blicken und sich an Russland orientieren? Und die beiden großen Nachbarn zerren an dem Land wegen seiner umfangreichen Ackerbauflächen, seiner Bodenschätze und seines Potenzials. Der Ukraine selbst hat diese Zerrissenheit bisher geschadet: die Einwohnerzahl sank seit 1991 um fast 7 Millionen Menschen, und das Bruttoinlandsprodukt verlor fast 35 Prozent des Wertes von 1990. Diese Zahlen galten vor dem Krieg, der 2022 in seine heiße Phase trat. Ich komme gleich darauf zurück.

Die NATO hatte gleich nach dem Ende des Kalten Krieges ein Auge auf Russlands westlichen Nachbarn geworfen. Unmittelbar nach ihrer

Unabhängigkeit war die Ukraine dem Nordatlantischen Kooperationsrat und 3 Jahre später der »Partnerschaft für den Frieden« beigetreten. 4 Jahre danach wurde die Charta für eine besondere Partnerschaft unterschrieben und die NATO-Ukraine-Kommission (NUC) gegründet.

Die NUC trieb die Umstellung der ukrainischen Armee auf euroatlantische Standards voran, und die U.S. Navy richtete sogar einen Stützpunkt im Schwarzmeerhafen von Ochakov beziehungsweise Otschakow, gut 100 Kilometer nördlich der Krim, ein.[88]

Nach Angaben der NATO waren im Westen der Ukraine 300 US-Soldaten als Ausbilder tätig, die alle 2 Monate ein neues Bataillon der ukrainischen Streitkräfte trainierten.[89]

Aber die Ukrainer wollten es sich offenbar mit dem mächtigen Nachbarn nicht verscherzen und wählten eine russlandfreundliche Regierung. Gegen diese finanzierten und organisierten die USA im Februar 2014 einen Putsch, dessen Bilder von den Maidan-Platz-Unruhen in Kiew um die Welt gingen, und hievten eine neue Regierung ins Amt, die unbedingt der EU und der NATO beitreten wollte und sofort die russische Sprache verbot.

Ab Februar 2014 kam es in den Bezirken der Ostukraine (den sogenannten Oblasten) Donezk und Luhansk zu Aufständen gegen die Kiewer Zentralregierung. Prorussische Kräfte kämpften dafür, dass die beiden Volksrepubliken, die sie proklamiert hatten, von der Ukraine abgespalten wurden. Russland unterstützte diese Milizen, indem es Freischärler infiltrieren ließ und schwere Waffen bis hin zu Panzern lieferte. In kremlnahen Medien hieß es, es seien russische Soldaten anwesend, die sich »im Urlaub« befänden.

Der nächste Gegenschlag Moskaus: In einer Volksabstimmung sprach sich die Mehrheit der Krimbewohner für eine Abspaltung von der Ukraine aus. Am 18. März 2014 unterschrieben die Russische Föderation und die Republik Krim einen Vertrag über die Eingliederung der Republik Krim in die Russische Föderation.

Deutsche und amerikanische Politiker nennen die Vorgänge auf der Krim unverdrossen »Annexion« und »ein Verbrechen«. Doch Reinhard Merkel – Professor für Strafrecht und Rechtsphilosophie und (auf Vorschlag der Bundesregierung) Mitglied im Deutschen Ethikrat – schätzt die Lage ganz anders ein und fragt: »Hat Russland die Krim annektiert? Nein.«[90] Und weiter: »Waren das Referendum auf der Krim und deren Abspaltung von der Ukraine völkerrechtswidrig? Nein. Waren sie also rechtens? Nein, sie verstießen gegen die ukrainische Verfassung (aber das ist keine Frage des Völkerrechts). Hätte aber Russland wegen dieser Verfassungswidrigkeit den Beitritt der Krim nicht ablehnen müssen? Nein, die ukrainische Verfassung bindet Russland nicht. War dessen Handeln also völkerrechtsgemäß? Nein; jedenfalls war seine militärische Präsenz auf der Krim außerhalb seiner Pachtgebiete dort völkerrechtswidrig. Folgt daraus nicht, dass die von dieser Militärpräsenz erst möglich gemachte Abspaltung der Krim null und nichtig war und somit deren nachfolgender Beitritt zu Russland doch nichts anderes als eine maskierte Annexion? Nein. […] Was auf der Krim stattgefunden hat, war etwas anderes: eine Sezession, die Erklärung der staatlichen Unabhängigkeit, bestätigt von einem Referendum, das die Abspaltung von der Ukraine billigte. Ihm folgte der Antrag auf Beitritt zur Russischen Föderation, den Moskau annahm. Sezession, Referendum und Beitritt schließen eine Annexion aus.«[91]

Auch wenn ich gelernter Historiker bin, will ich Sie nicht über Gebühr mit historischen Vergleichen langweilen, obwohl ein Blick in die Geschichte vieles erklärt. Daher nur ganz kurz eine historische Anmerkung: Der jetzige Ukrainekrieg begann eigentlich im Jahr 1853, als zwischen dem Russischen und dem Osmanischen Reich der sogenannte Krimkrieg ausbrach. Damals hatten die westeuropäischen Mächte eingegriffen, um eine Gebietserweiterung Russlands auf Kosten des geschwächten Osmanischen Reichs zu verhindern.

Der Krimkrieg gilt als Vorläufer der modernen Kriege, weil er sowohl ein industrieller Krieg (bei der Belagerung Sewastopols kam es zum ersten Grabenkrieg) als auch ein erster Informationskrieg war, der über die großen Tageszeitungen mithilfe neuer Bildmedien, einer neuen Drucktechnik und einer neuen Presseillustration vom Kriegsgeschehen geführt wurde; überdies war gerade die Telegrafie erfunden worden. Und insofern Waffentechnik, Industrialisierung und Globalisierung bereits existierten, stellt er auch eine Vorform des Ersten Weltkriegs und des jetzigen Ukrainekriegs dar. Die Kämpfe hatten auf dem Balkan begonnen, verlagerten sich dann in den Kaukasus und von dort auf die anderen Schwarzmeergebiete, bis es schließlich auf der Krim zum Showdown kam. Hinzukamen von Beginn an Gefechte in der Ostsee, im Weißen Meer und an der Pazifikküste Sibiriens als weiterem Schauplatz. Damals wie heute ging es darum, Russlands Dominanz über das Schwarze Meer zu verhindern und Russlands einzigen Warmwasserhafen in Sewastopol zu blockieren.

Dennoch gehörte die Krim nach dem Krieg kulturell und geografisch weiterhin zu Russland. Und zwar bis 1954, als der damalige Sowjetführer Nikita Chruschtschow das Gebiet unter die Verwaltung der Ukrainischen Sozialistischen Sowjetrepublik stellte – ein Geschenk an seine ukrainische Frau.

Die Halbinsel blieb als Teil der Sowjetunion aber mit Russland verbunden und wurde erst nach deren Zusammenbruch von ihr getrennt. Die neue Russische Föderation pachtete im Jahr 1991 Sewastopol, den bedeutendsten russischen Marinehafen, auf Jahrzehnte von der Ukraine. Mit dem Maidan-Putsch im Februar 2014 geriet dieser Pachtvertrag jedoch in Gefahr. Die Krim spaltete sich per Volksabstimmung von der Ukraine ab und schloss sich Russland an. Das Problem schien gelöst. Doch dann begann der Krieg der neuen, westlich orientierten Regierung gegen die Separatisten auf der Krim und in den östlichen Oblasten Luhansk und Donezk. Heute bekriegen sich West und Ost wieder um die Krim – genauso wie 1853. Und erneut droht die Gefahr, dass sich dieser NATO-Russland-Krieg zum Weltkrieg ausweitet.

Doch zurück zur Entwicklung im Jahr 2014, das für das heutige Verständnis der Ereignisse so wichtig ist. Der nächste Schritt erfolgte Anfang Mai 2014: Nach einem umstrittenen Referendum in der Ostukraine spalteten sich die abtrünnigen Regionen Donezk und Luhansk – das industrielle Zentrum der Ukraine – von Kiew ab. Und die selbst ernannte Volksrepublik Donezk bat die Regierung in Moskau um Anschluss an Russland. Moskau lehnte ab, denn es wollte eine friedliche innerukrainische Lösung des Konflikts.

Washington bereitet einen Krieg vor

Im September 2014 verabschiedeten das amerikanische Repräsentantenhaus und der Senat das »Gesetz zur Unterstützung der Freiheit in der Ukraine« – und zwar einstimmig. Es genehmigte die Lieferung tödlicher und nicht tödlicher militärischer Hilfe über das hinaus, was schon bereitgestellt worden war: Kommunikationsausrüstungen, Schutzwesten, Nachtsichtgeräte, Fahrzeuge, technisches Gerät zur Granatabwehr, Ferngläser, kleine Boote und militärische Kleidung, aber auch Scharfschützen- und Sturmgewehre, mobile Granatwerfer sowie Granaten und nicht zuletzt Stinger-Flugabwehr- und Panzerabwehrraketen.

Dieses Gesetz »ermächtigt Präsident Obama, der ukrainischen Regierung Rüstungsgüter und militärische Dienstleistungen zu liefern sowie Ausbildung anzubieten, damit diese offensiven Waffen entgegentreten und die Souveränität und territoriale Integrität der Ukraine wiederherstellen kann. […]

Dies schließt Panzerabwehr- und panzerbrechende Waffen, Mannschaftswaffen und Munition, Radar zur Erkennung und Beschießung von Artilleriebatterien, Feuerleitsysteme, Entfernungsmesser sowie optische, Orientierungs- und Steuerungsausrüstung, taktische, truppengestützte Überwachungsdrohnen und sichere Kommando- und Kommunikationsausrüstung ein.«[92]

Das »Gesetz zur Unterstützung der Freiheit in der Ukraine« weist zudem die oberste Rundfunkbehörde der USA, das Broadcasting Board of Governors (BBG), an, alle amerikanischen zivilen und internationalen Medien dazu zu bringen, dem Kongress einen Aktionsplan vorzulegen. Zugleich soll in den früheren Sowjetrepubliken die russischsprachige Propaganda ausgeweitet werden, um der »Propaganda der Russischen Föderation« entgegenzuwirken. Über die Sender Voice of America, Radio Free Europe und Radio Liberty soll vor allem verstärkt in der Ukraine, Georgien und Moldawien gesendet werden.

Zuvor war bekannt geworden, dass Hunter Biden, der Sohn des damaligen amerikanischen Vizepräsidenten Joe Biden, an die Spitze der Rechtsabteilung und damit in den Vorstand von Burisma Holdings, dem größten Erdgasproduzenten der Ukraine, berufen worden war.

Hunter Biden ist ein Rechtsanwalt mit einem Netzwerk, zu dem auch die Regierung und die Finanzindustrie gehören. Burisma Holdings zählt zu den wichtigsten Akteuren innerhalb der ukrainischen Erdgas- und Erdölindustrie, hat Förderlizenzen in der Region Dnjepr-Donezk, in den Karpaten und dem Asow-Kuban-Becken und verfügt über imposante Reserven und Förderkapazitäten.[93]

Auch große internationale Konzerne wurden in der Ukraine aktiv. Nicht nur erwarb Cargill, der amerikanische Landwirtschaftskonzern, Anteile an UkrLandFarming, dem weltweit achtgrößten landwirtschaftlichen Erzeuger und zweitgrößten Eierproduzenten, sondern auch DuPont und Monsanto kauften ukrainisches Land zu einem Spottpreis – insgesamt sollen es 17 Millionen Hektar an ukrainischen Landwirtschaftsflächen sein.[94]

Währenddessen beschoss die ukrainische Armee die abtrünnigen Provinzen im Osten im Dauereinsatz. Offenbar konnte die Regierung in Kiew den wirtschaftlichen Verlust, der durch die Abspaltung dieses industriellen Kraftzentrums entstanden war, nicht verkraften. Um ein Beispiel zu nennen: Im Oblast Donezk befindet sich eines der größten Lithiumvorkommen Europas, und nahe der Kleinstadt Schewtschenko eines mit dem Potenzial, zu einer der größten Abbaustätten dieses Metalls in Europa zu werden. »Die beiden Gebiete mit Lithiumvorkommen wurden bereits in den 1980er- und 1990er-Jahren entdeckt. Sie liegen in Schewtschenkiwske in der Region Donezk sowie in Dobra in der westukrainischen Region Kirovograd.«[95] Beide Standorte »enthalten signifikante erwartete Ressourcen«.[96]

Etwa 230 Kilometer südlich von Kiew in der Kirovograd-Region sollen zwischen 80 und 105 Millionen Tonnen Lithium lagern, in der Region Donezk, ungefähr 530 Kilometer südöstlich von Kiew vermutet man zwischen 11 und 14 Millionen Tonnen.[97]

Um eine Vorstellung davon zu bekommen, was die Ukraine durch die Abspaltung des Donbass verloren hat: Nach kanadischen Angaben kontrolliert Russland derzeit Rohstoffvorkommen in der ehemaligen Ostukraine im Wert von 12,4 Billionen US-Dollar, darunter 41 Kohleminen, 27 Gaslagerstätten, 9 Ölfelder und 6 Eisenerzvorkommen.[98]

Doch zurück zu unserer Betrachtung der Vorgeschichte des Ukrainekriegs. 2014 reiste auch eine US-Energieberatergruppe in die Ukraine, um zu prüfen, ob sich die Strömungsrichtung einiger ukrainischer Pipelines, die Europa mit russischem Gas versorgen, umkehren ließe. Denn dann könnte man die einheimische Erdgasproduktion erhöhen und das Gas an Europa verkaufen.

Also tobte bereits 8 Jahre vor der Sprengung von Nordstream 1 und 2 – den vier Erdgaspipelines, die durch die Ostsee führten und die Deutschland mit billigem russischen Erdgas versorgten – der Kampf zwischen den USA und Russland um den Energiesektor. Thomas Friedman, US-Journalist und dreifacher Pulitzerpreisträger, schrieb damals in einem Beitrag in der *New York Times*, es sei höchste Zeit, Putins Schwäche und unsere Stärke aufzuzeigen. Dies bedürfe allerdings einer langfristigen Strategie, und dazu solle man die zwei Säulen seines Regimes angreifen, nämlich Erdöl und Erdgas.[99]

Das Ziel der USA war also die Isolierung Russlands von den europäischen Energiemärkten, und statt der preisgünstigen russischen Energieträger sollte Europa nun das erheblich teurere amerikanische Schiefergas kaufen. Doch wie konnte man die Europäer von diesem schlechten Deal überzeugen? Das werden wir gleich sehen.

Aber bleiben wir noch einen Moment beim Ablauf der Geschichte. Nicht nur wirtschaftlich, auch militärisch wurde die Ukraine seit dem Maidan-Putsch im Februar 2014 vereinnahmt, und so begann das ukrainische Militär, taktische Übungen der Brigaden und der Bataillone nach NATO-Standards abzuhalten. Knapp die Hälfte der Generalstabsstrukturen der ukrainischen Armee wurde in Übereinstimmung mit der typischen Struktur der NATO-Kommandoeinheiten gebracht. Außerdem baute man eine Reservistenarmee mit 140 000 Mann auf, und zwischen 2014 und 2022 wurde die ukrainische Armee von etwa 100 000 auf mehr als 500 000 Soldaten vergrößert.[100]

Verantwortlich für diese Aufrüstung war US-General John Abizaid, der Berater des ukrainischen Verteidigungsministeriums.[101] Doch Abizaid ist nicht irgendwer, sondern ein Viersternegeneral, der zuvor Chef des Kommandozentrums Centcom, Vizekommandeur bei der Invasion des Irak (2003) und US-Befehlshaber im Kosovokrieg der NATO (1999) war und inzwischen Mitglied des Council on Foreign Relations ist.

Zur gleichen Zeit sagte der damalige ukrainische Präsident Petro Poroschenko im Parlament, Kiew habe bereits eine »nie da gewesene und sehr enge Zusammenarbeit« mit den Ländern der Militärallianz erreicht, das strategische Ziel bleibe aber eine volle NATO-Mitgliedschaft, und an diesem Kurs würde festgehalten.[102] Dieser Oligarch im

Präsidentenamt ließ auch das Gesetz 2953 vom ukrainischen Parlament verabschieden, das eine »schnelle Stationierung von Atom- und anderen Massenvernichtungswaffen« ermöglicht.[103]

Da müssen im Kreml die Alarmanlagen ausgelöst worden sein. Denn kurz zuvor hatte Aleksandr Turtschinow, der Sekretär des Nationalen Sicherheits- und Verteidigungsrats der Ukraine, gefordert, die Ukraine müsse jetzt dringend eine »schmutzige Bombe« entwickeln. Das dafür nötige radioaktive Abfallmaterial könne sie ja problemlos aus ihren Atomkraftwerken gewinnen.[104]

Mit »schmutziger Bombe« bezeichnet man einen Sprengsatz aus konventionellem Sprengstoff, dem radioaktives Material beigemischt wurde, das durch die Explosion möglichst weit verteilt werden soll. Eine solche Bombe entfaltet ihre Wirkung via großflächige und jahrelange Kontamination durch radioaktiven Niederschlag.

Das Gesetz 2953 hat aber noch einen weiteren Bestandteil, der zur Kriegsentwicklung beiträgt. Es legalisiert nämlich den Einsatz ausländischer Söldner in der Ukraine.[105]

Rund 5 Millionen US-Dollar musste das Kiewer Regime nach eigenen Angaben damals für jeden Kriegstag in der Ostukraine ausgeben. Da es dieses Geld eigentlich nicht hatte, stand es vor dem Bankrott, doch der Internationale Währungsfond (IWF) kam ihm zur Rettung. Dank des Einsatzes von IWF-Chefin Christine Lagarde konnte Kiew weiter Sold bezahlen, Munition kaufen und die Ostukraine in Schutt und Asche legen: »Und wenn das Land zu dem Schluss kommt, dass es seine Schulden nicht bedienen kann, ist der Fonds in der Lage, [weitere] Anleihen an die Ukraine auszugeben.«[106] Auf diese Weise wurde aus dem Bankrotteur ein solventer Kriegstreiber.

Folgerichtig wurde der frühere NATO-Generalsekretär Anders Fogh Rasmussen 2016 zum Berater der ukrainischen Regierung ernannt. Dies war der vorläufige Höhepunkt einer Reihe von Aktionen und Vereinbarungen, die die NATO mit der Ukraine getroffen hatte.

Am 1. Januar 2016 trat der Assoziationsvertrag mit der EU in Kraft und machte die Ukraine de facto zu einem Mitglied der Gemeinschaft. In diesem Vertrag geht es nicht nur um die wirtschaftliche Zusammenarbeit, sondern ausdrücklich auch darum, dass dieses Land in die Verteidigungspolitik der EU einbezogen wird. Und die EU wiederum kooperiert seit dem Lissabonner Vertrag von 2009 eng mit der NATO.

Ich habe in meinen Büchern immer wieder ausführlich dargelegt, dass bei den NATO-Manövern auf ukrainischem Boden in den Jahren 2014–2022 Zehntausende von NATO-Soldaten operierten. Und während dieser 8 Jahre war auch ständig die Propagandamaschine vom bösen Russland im Gang.

Schließlich erklärten sich die beiden Donbass-Republiken Anfang 2022 für unabhängig und baten Russland um militärischen Beistand. Russland erkannte die Republiken an und kam völkerrechtskonform ihrer Bitte nach.

Bevor ich den bisherigen Kriegsverlauf schildere, möchte ich den renommierten US-Wirtschaftsprofessor Jeffrey Sachs zitieren, der die oben genannte Entwicklung zusammenfasst:

> *Die Idee, der Plan ab den 1990er-Jahren war, dass die USA ihre unipolare, dominante, hegemoniale Vormachtstellung in der Welt behaupten würden, und dies teilweise durch die Ausweitung des US-Militärs in alle Regionen der Welt, einschließlich der Umzingelung Russlands, möglicherweise sogar der Zerschlagung Russlands. Die Ukraine war ein wesentlicher Teil dieser Strategie, die übrigens bis ins Jahr 1992 zurückreicht, zu Ideen von Richard Cheney, der 1992 Verteidigungsminister war und natürlich 2001 Vizepräsident der Vereinigten Staaten wurde. […]*
> *Wir haben der Ukraine ein Märchen verkauft, wie sie der NATO beitreten und glücklich bis ans Ende ihrer Tage leben*

> *würden, und die ukrainischen Führer haben es gekauft. Ich muss sagen, dass ich ihnen die ganze Zeit gesagt habe, obwohl sie es nicht gerne von mir hörten, das ist sicher, dass wir auf dem Weg sind, die Ukraine zum Afghanistan Europas zu machen.*[107]

Seit dem 24. Februar 2022 steigerte sich der einstige Bürgerkrieg dann in eine direkte militärische Auseinandersetzung der Ukraine mit Russland – mit dem bisherigen Ergebnis, dass Millionen Ukrainer auf der Flucht sind und das Land im Chaos versinkt.

Da die westliche Sicht auf den bisherigen Kriegsverlauf weitgehend bekannt ist, möchte ich an dieser Stelle die Geschichte der beiden bisherigen Kriegsjahre aus Putins Sicht wiedergeben:

> *Im Westen wird nun immer wieder die These vertreten, dass Russland den Krieg im Rahmen der Militäroperation begonnen hat, dass es ein Aggressor ist und dass man daher auch sein Territorium, auch unter Einsatz westlicher Waffensysteme, angreifen kann, und dass die Ukraine sich angeblich selbst verteidigt und das auch tun kann.*
> *Ich möchte noch einmal betonen: Russland hat den Krieg nicht begonnen, es war das Kiewer Regime, ich wiederhole, nachdem die Bewohner eines Teils der Ukraine im Einklang mit dem Völkerrecht ihre Unabhängigkeit erklärt haben, das die Feindseligkeiten begonnen hat und sie fortsetzt. Es wäre eine Aggression, wenn wir das Recht dieser Völker, die in diesen Gebieten leben, ihre Unabhängigkeit zu erklären, nicht anerkennen. Wie auch sonst? Was ist das sonst? Es ist eine Aggression. Und diejenigen, die den Militärapparat des Kiewer Regimes in all den vergangenen Jahren unterstützt haben, sind Komplizen des Aggressors.*[108]

Weil es die damaligen Regierungschefs 2022 öffentlich zugegeben haben, wissen wir, dass das Kiewer Regime, Frankreich und Deutschland die Friedensabkommen von Minsk nur unterstützt hatten, um Zeit für die Aufrüstung der Ukraine zu gewinnen.

Als Russland dem Westen im Dezember 2021 schriftlich gleichberechtigte Sicherheit und das Absehen von der Aufnahme der Ukraine in die NATO anbot, lautete die Antwort nein, und der Beschuss des Donbass nahm zu. Putin berichtet: »Wir appellierten an die Kiewer Regierung, ihre Truppen aus dem Donbass abzuziehen. Ich kann Ihnen sagen, dass es Kontakte gab, wir sagten ihnen sofort: ›Schaff die Truppen dort weg, und damit endet es.‹«[109]

Am 24. Februar 2022 begann Russland seine Militäroperation in der Ukraine, rasch näherten sich einige russische Truppen Kiew, doch laut Putin bot Moskau Friedensverhandlungen an:

> *Unsere Verbände standen in der Nähe von Kiew, und die Verteidigungs- und Sicherheitsbehörden hatten verschiedene Vorschläge zu Optionen für unser mögliches weiteres Vorgehen, aber es gab keine politische Entscheidung, die Stadt mit 3 Millionen Einwohnern zu stürmen, egal was irgendjemand gesagt oder spekuliert hat. Im Grunde war es nichts anderes als eine Operation, um das ukrainische Regime zum Frieden zu zwingen. Die Truppen waren da, um die ukrainische Seite zu Verhandlungen zu drängen, um zu versuchen, akzeptable Lösungen zu finden und damit den Krieg zu beenden, den Kiew 2014 gegen den Donbass entfesselt hatte, um Probleme zu lösen, die eine Bedrohung für die Sicherheit unseres Landes, für die Sicherheit Russlands darstellen. So seltsam es klingen mag, im Ergebnis war es tatsächlich möglich, Vereinbarungen zu treffen, die im Prinzip sowohl Moskau als auch Kiew akzeptiert haben. Diese Vereinbarungen wurden zu Papier gebracht und in Istanbul vom Leiter der ukrainischen Verhandlungs-*

> *delegation paraphiert. Das bedeutet, dass die Kiewer Regierung diese Lösung des Problems akzeptiert hat. [...]*
> *Dies Dokument trug den Namen »Vertrag über die ständige Neutralität und die Sicherheitsgarantien für die Ukraine«. Es hatte Kompromisscharakter, aber seine Kernpunkte entsprachen unseren prinzipiellen Forderungen und lösten die Aufgaben, die als die wichtigsten genannt wurden, sogar zu Beginn der Militäroperation. Dazu gehörte, so seltsam es auch klingen mag, die Entmilitarisierung und Entnazifizierung der Ukraine. Und auch hier ist es uns gelungen, schwierige Lösungen zu finden. Sie waren kompliziert, aber sie wurden gefunden. Es ging nämlich darum, dass ein ukrainisches Gesetz über das Verbot der Naziideologie, egal in welcher Form, verabschiedet wird. Das alles steht dort geschrieben.*
> *Darüber hinaus würde die Ukraine im Gegenzug für internationale Sicherheitsgarantien den Umfang ihrer Streitkräfte begrenzen [und] sich verpflichten, keinen Militärbündnissen beizutreten, keine ausländischen Militärstützpunkte zuzulassen, keine ausländischen Kontingente zu stationieren, und keine ausländischen Militärübungen auf ihrem Gebiet abhalten [zu] lassen. Das alles ist auf dem Papier festgehalten.*[110]

Wie Putin weitererzählt, ging auch Russland dabei Kompromisse ein:

> *Da wir die Sicherheitsbedenken der Ukraine verstehen, haben wir zugestimmt, dass die Ukraine, wenn sie der NATO nicht formell beitritt, ähnliche Garantien erhält wie die Mitglieder des Bündnisses. Diese Entscheidung ist uns nicht leichtgefallen, aber wir erkannten die Legitimität der Forderungen der Ukraine nach Gewährleistung ihrer Sicherheit an und hatten im Prinzip keine Einwände gegen die von Kiew vorgeschlagenen Formulierungen. Das waren die von Kiew vorgeschlagenen*

> *Formulierungen, die wir insgesamt nicht abgelehnt haben, da wir verstanden hatten, dass es das Wichtigste war, das Blutvergießen und den Krieg im Donbass zu beenden.*
> *Am 29. März 2022 haben wir unsere Truppen von Kiew abgezogen, weil uns versichert wurde, dass wir die notwendigen Voraussetzungen für den Abschluss des politischen Verhandlungsprozesses schaffen mussten. Und dass es unmöglich sei, dass eine der Parteien solche Vereinbarungen, wie unsere westlichen Kollegen zu sagen pflegten, mit vorgehaltener Waffe unterzeichnet. Also gut, wir haben dem zugestimmt. Aber gleich am Tag nach dem Abzug der russischen Truppen von Kiew hat die ukrainische Führung ihre Teilnahme am Verhandlungsprozess mit der bekannten Provokation in Butscha ausgesetzt und die vorbereitete Fassung der Vereinbarungen abgelehnt. Ich denke, heute ist klar, warum diese schmutzige Provokation notwendig war – um die Ablehnung der in den Verhandlungen erzielten Ergebnisse irgendwie zu erklären. Der Weg zum Frieden wurde erneut verworfen.*[111]

Nach den Istanbuler Verhandlungen war der damalige britische Premierminister Boris Johnson nach Kiew geflogen und hatte Selenskyj jegliche Vereinbarungen mit Russland buchstäblich verboten. Daraufhin erließ Selenskyj Anfang Oktober 2022 ein Dekret, das es jedem Ukrainer untersagte, mit Putin zu verhandeln.[112]

Doch Anfang August 2024 zeigte sich Selenskyj plötzlich offen für Verhandlungen, vermutlich weil die Lage an der Front für die ukrainische Seite inzwischen aussichtslos geworden war. Nur, worin wollen sich beide Seiten einigen? »Die Krim und die vier ukrainischen Festlandregionen, die Russland teilweise besetzt hält, sind bereits als neue Staatsgebiete der Föderation in der russischen Verfassung verankert. In der Ukraine sind die Grenzen vor 2014 und damit die annektierten Gebiete aber ebenso verfassungsrechtlich ukrainisches Staatsgebiet«, gibt Andreas Umland, Politikwissenschaftler und Analyst des Stockholm Center for Eastern European Studies, in einem Gespräch mit der Journalistin Joana Rettig zu bedenken.[113]

Für Selenskyj und Putin gilt gleichermaßen, dass sie nicht im Widerspruch zu ihren Verfassungen verhandeln könnten, denn dies würde sie zu Landesverrätern machen. »Ganz schematisch und ohne moralische oder völkerrechtliche Wertung betrachtet, sind beide Präsidenten Gefangene ihrer Verfassung«, sagt der Experte. »Sie gelten in ihren Ländern als sogenannte Garanten der Verfassung.« Wenn sie diese Rolle nicht erfüllten und das Staatsgebiet verteidigten, bekämen sie innenpolitisch große Probleme. Neben der Gefahr, des Vaterlandsverrats beschuldigt zu werden, würden sie den patriotischen Teil ihrer Bevölkerung gegen sich aufbringen. »Bei einem Gespräch der beiden Präsidenten oder auch Außenminister würde derzeit nichts herauskommen.«[114]

Statt Friedensgesprächen ist aktuell eher eine Ausweitung des Konflikts zu befürchten. Denn auch der Balkan ist in Unruhe geraten.

Der Balkan bleibt ein Pulverfass

Der Balkan verbindet Nord und Süd, Ost und West, und was noch wichtiger ist: Er ist Europas Tor nach Asien. Und dort verläuft vom Schwarzen Meer zur Adria der Korridor Bulgarien-Mazedonien-Albanien, der strategisch für den Transport, die Kommunikation und die Ölpipeline entscheidend ist. Das frühere Jugoslawien ist also gleichsam der Brückenkopf zur eurasischen Landmasse. Die Transportinfrastruktur des Balkans ist außerordentlich wichtig, da sie nicht nur den Balkan, sondern alle Korridore (per Straße, Bahn, Fluss und Luft) von Europa zum Nahen und Mittleren Osten kontrolliert.

Auch die Seidenstraße führt durch den Balkan hindurch und läuft von dort in verschiedenen Abzweigungen bis nach China weiter.

China will eine Eisenbahnverbindung auf der alten Seidenstraße installieren und so diese legendäre Strecke wiederherstellen. Dafür hat es bereits Verträge unter anderem mit Albanien, Mazedonien und Griechenland geschlossen. Derzeit ist der Abschnitt von der Adria bis zum Schwarzen Meer im Bau.

Der Kosovo, Europas Armenhaus, war der Schlüssel zur Neuordnung des Balkans, die in den 1990er-Jahren begann. Denn nachdem die kosovarische Befreiungsarmee UÇK ihren Kampf für eine Abspaltung des Kosovo von Serbien begonnen hatte, mischte sich die NATO in die Auseinandersetzung ein. Am 24. März 1999 begann die NATO die 78 Tage dauernde völkerrechtswidrige Bombardierung Jugoslawiens, wie Serbien zusammen mit Montenegro damals noch hieß. Dass dieser Angriff, bei dem hunderte Zivilisten ums Leben kamen, ein humanitärer Einsatz oder ein Präventivkrieg gewesen sei, glaubt außerhalb der westlichen Informationsblase niemand. Die Bilanz: 2300 Raketen und 14 000 Bomben auf jugoslawische Städte, zum Teil mit Streubomben und Uranmunition. Zerstört wurden über 300 Schulen, mehr als 20 Krankenhäuser, mindestens 40 000 Wohnhäuser, 370 Industrieanlagen und rund 90 historische und architektonische Denkmäler sowie Personenzüge, Brücken und Kirchen.

Interessant ist, dass durch die NATO-Bombardements 1999 die wichtigen Transportkorridore von Südost- nach Nordeuropa – wie zum Beispiel die Donau – unterbrochen, wenn nicht gar zerstört wurden.

Gegen den Willen der serbischen Regierung erklärte das Parlament des Kosovo am 17. Februar 2008 die Unabhängigkeit der Republik Kosovo. Seitdem hat das kleine Land, das halb so groß ist wie Hessen, nur verloren, denn die Industrieproduktion wurde durch die Privatisierung und Globalisierung total ruiniert. Die Arbeitslosigkeit liegt bei 50 Prozent, die Jugendarbeitslosigkeit bei weit über 60 Prozent. Dennoch wollen NATO und EU dieses strategisch wichtige Land unbedingt eingliedern, denn von dort aus kann das US-Militär die

Ölströme und die politischen Entwicklungen vom ölreichen Mittleren Osten bis nach Russland und Westeuropa kontrollieren.

Sofort nach dem Bombenkrieg gegen Serbien im Jahr 1999 beschlagnahmte das Pentagon ein etwa 400 Hektar großes Areal bei Uroševič in der Nähe der Grenze zwischen dem Kosovo und Mazedonien. Es beauftragte die Firma Halliburton, deren Vorstandsvorsitzender damals Dick Cheney war, dort das Camp Bondsteel, die größte europäische US-Militärbasis mit dem Spitznamen »Little Guantanamo« zu bauen, in der heute über 7000 US-Soldaten stationiert sind. Das Camp Bondsteel dient als Ausgangspunkt für Militäraktionen nach Osten und Süden. Die Aufnahme des Kosovo in die EU und in die NATO würde diese US-Militärbasis als Vorposten gegen Russland und zur Kontrolle der Ölströme vom Kaspischen Meer und vom Mittleren Osten nach Westeuropa dauerhaft sichern.

Mit dem unabhängigen Kosovo hat Washington also einen schwachen Staat geschaffen, der völlig von Washington abhängig ist. Wäre der Kosovo ein Teil Serbiens geblieben, hätte es die NATO viel schwerer gehabt, es militärisch unter Kontrolle zu halten. Heute ist der Kosovo eine Militärkolonie der NATO, und seine noch nicht einmal 2 Millionen Einwohner werden von 16000 KFOR-Soldaten überwacht.

Serbien soll ebenfalls in den Westen eingegliedert werden. Seit dem NATO-Beitritt seines kleinen westlichen Nachbarn Montenegro – es ist fast so groß wie Schleswig-Holstein und zählt etwas über 600000 Einwohner – hat das Land keinen Zugang mehr zum Mittelmeer und ist von NATO-Staaten umgeben. Zwar nimmt Serbien am NATO-Programm »Partnerschaft für den Frieden« teil, aber über den endgültigen Beitritt zum Militärbündnis sind sich die serbischen Parteien nicht einig. Denn nach wie vor ist der Einfluss Moskaus auf Belgrad besonders in wirtschaftlicher Hinsicht stark. Russland hat den bis dahin staatlichen serbischen Erdölkonzern NIS übernommen, will die Erdgaspipeline South Stream über Serbien führen und durch einen Milliardenkredit die Infrastruktur Serbiens ausbauen.

Besonders kritisch sieht die NATO die serbisch-russische Zusammenarbeit im militärischen Bereich. Beide Länder halten nämlich regelmäßig gemeinsame Manöver ab, und es geht das Gerücht, dass Russland, eine Militärbasis auf serbischem Territorium einrichten will. Das Zentrum für Katastrophensituationen am Flughafen Niš beherbergt bereits eine russische Flugbereitschafts- und eine russische Einsatzstaffel in Fällen von Naturgefahren und Ausnahmesituationen. Die russischen Offiziere in diesem Zentrum in Niš genießen Immunität.

Die neue Osterweiterung der NATO

Neben Serbien will die NATO besonders im Südkaukasus weitere Mitglieder rekrutieren. Dort, an der Südgrenze Russlands, kann jederzeit Unruhe gestiftet werden, denn Russlands direkter Nachbar Georgien, das südlich davon gelegene Armenien und das ölreiche Aserbaidschan werden seit Jahren vom Westen angelockt. Hinzu kommt Moldawien, der Nachbar von Rumänien und der Ukraine.

Der Partnerschaftsausschuss der NATO kündigte bereits Ende März 2014 an, Armeeübungen mit Staaten wie Moldawien, Aserbaidschan und Armenien durchzuführen. Damit sollen die Länder die Fähigkeit ihrer Armeen steigern, mit denen der Allianz zusammenzuarbeiten. Außerdem sollen die drei osteuropäischen Staaten dazu angeregt werden, sich an sogenannten »Smart-Defence-Projekten« der NATO zu beteiligen. »Dabei geht es um die Beschaffung von Rüstungsgütern und die Zusammenlegung und Spezialisierung militärischer Fähigkeiten mit dem Ziel, diese effizienter zu nutzen. Ein Beispiel für erfolgreiche Smart Defence ist die von den NATO-Staaten gemeinsam organisierte Überwachung des baltischen Luftraums.«[115]

Alle drei Länder sollen individuell auf sie zugeschnittene Hilfsmaßnahmen erhalten. In Moldawien soll die Präsenz der NATO sichtbarer werden, und es wird diskutiert, auch die Republik Moldau an der sogenannten NATO Response Force, der schnellen Eingriffstruppe der Allianz, teilnehmen zu lassen. Mit Aserbaidschan ist eine stärkere Kooperation hinsichtlich der Cyber- und Energiesicherheit und in Armenien die Ausbildung der Armee geplant.

Der damalige NATO-Generalsekretär Anders Fogh Rasmussen sagte, der bisherige Beitritt osteuropäischer Staaten vom Baltikum über Polen bis hin zu Rumänien und Bulgarien sei »eine der großen Erfolgsgeschichten unserer Zeit«. Jeder europäische Staat, der fähig sei, die Grundsätze der Allianz zu fördern und zur Sicherheit des Bündnisgebietes beizutragen, »kann sich für eine Mitgliedschaft bewerben«, fügte er hinzu.[116]

Am 2. März 2018 schlossen die Ukraine, Moldawien und Georgien ein Verteidigungsbündnis gegen Russland, und mittlerweile befindet sich die Ukraine im Krieg mit Russland. Georgien hat einen solchen bereits (2008) hinter sich. Und Moldawien?

Das südosteuropäische Land kündigte trotz größter Not größere Waffenkäufe bei der NATO an und räumt den U.S. Marines bereits den Stützpunkt Bulboaca ein. Von dort sind es nur etwa 10 Kilometer bis zur Grenze zu Transnistrien, jener kleinen abgespaltenen Teilrepublik, die unter dem Schutz Moskaus steht. Sollte es von anderen NATO-Mitgliedsstaaten Bedenken gegen den Beitritt dieses von Korruption gebeutelten Landes geben, könnte Moldawien dennoch – sozusagen durch die Hintertür – beitreten, indem es sein Militär in das Rumäniens integriert. Ich komme gleich darauf zurück.

Transnistrien ist etwa so groß wie Luxemburg, hat aber eine ganz andere geografische Lage, denn es erstreckt sich über einen 200 Kilometer langen, schmalen Küstenstreifen am Ostufer des Flusses Dnister. Es ging zwischen 1990 und 1992 im Zuge des Zerfalls der Sowjetunion durch Trennung von Moldawien hervor.

Das Land verfügt über rund eine halbe Million Einwohner, stellt ein bedeutendes Zentrum der Schwerindustrie dar und steht unter entscheidendem russischem Einfluss. Die Region ist aus völkerrechtlicher Sicht nach wie vor Teil Moldawiens und wird bisher von keinem anderen Staat und keiner internationalen Organisation als souveräner Staat anerkannt.

Seit 1990 von der Zentralregierung in Chişinău de facto unabhängig, hat Transnistrien eine eigene Regierung mit eigenem Militär, eigener Währung und Verwaltung und ist Gründungsmitglied der Gemeinschaft nicht anerkannter Staaten. 1200–1400 russische Soldaten sind im Land stationiert.

Die Republik Moldawien – auch verkürzt Moldau – zählt etwa 3,5 Millionen Einwohner und befindet sich zwischen der Ukraine und Rumänien. Geopolitisch betrachtet ist dieses kleine Land mit der Größe Nordrhein-Westfalens insofern von Bedeutung, als es einen wichtigen Durchgangsweg zwischen den Ausläufern der Karpaten und dem Schwarzen Meer darstellt. Aus militärstrategischer Sicht blockiert Moldawien eine direkte militärische Unterstützung der Ukraine durch das NATO-Mitglied Rumänien. Selbst wenn Moldawien der NATO beitritt, was durchaus wahrscheinlich ist, weil es 2022 einen Aufnahmeantrag an die EU gestellt hat, bleibt immer noch das schmale Transnistrien als Sperrgürtel zur Ukraine.

Mit ihrer neoliberalen, nach außen sehr konfrontativen Politik hat die Regierung in Chişinău Moldaus Bevölkerung weitgehend gegen sich aufgebracht. Die Regierungspartei PAS (»Partei Aktion und Solidarität«) und Präsidentin Maia Sandu, eine frühere Weltbankmitarbeiterin und Young Global Leader des Weltwirtschaftsforums, lehnen Verhandlungen zur Lösung des Konflikts um Transnistrien ab. »Die am 7. Februar 2023 vom Parlament mit der PAS-Mehrheit neugewählte Regierung von Dorin Recean will einem ›glatten Bruch‹ mit der Politik aller bisherigen moldauischen Regierungen«,[117] die für Transnistrien einen Sonderstatus (Autonomie oder Föderalismus) anstrebten. Oder um es anders auszudrücken: Sie will Streit mit Moskau.

Armenien im Südkaukasus mit seinen nur etwa 3 Millionen Einwohnern und einer Fläche, die der Belgiens entspricht, ist seit ungefähr 6 Jahren in die Phase der »Ukrainisierung« eingetreten. Denn im Jahr 2018 kam es zur »Samtenen Revolution«, die den Journalisten Nikol Paschinjan zum Premierminister machte. Er versucht seitdem, Armenien aus dem russischen Orbit zu lösen und an EU und NATO zu binden.

Da dies in Armenien vor einigen Jahren noch sehr unpopulär gewesen wäre, ließ Paschinjan seine antirussische Strategie aber nicht gleich nach seiner Machtübernahme sichtbar werden, sondern verkündete sogar, für bessere Beziehungen zu Russland sorgen zu wollen. Viele seiner Minister waren allerdings zuvor Leiter oder Mitglieder prowestlicher NGOs gewesen, und diese vom Westen bezahlten Organisationen wirkten mit antirussischen Kampagnen auf die öffentliche Meinung ein.

Nach dem verlorenen Krieg um die armenische Exklave Bergkarabach gegen Aserbaidschan im Jahr 2020 kam es zu einer innenpolitischen Krise, die Paschinjan zwang, am 25. April 2021 zurückzutreten, damit Neuwahlen stattfinden konnten. Diese wurden im Juni 2021 abgehalten und führten erneut zu einer absoluten Mehrheit seiner Partei. Folglich konnte Paschinjan eine weitere Amtszeit antreten.

Paschinjan machte sich den Konflikt um Bergkarabach zunutze, um Russland nun offen zu konfrontieren, und brachte alle russischen Vermittlungsversuche, auf die sich der Kriegsgegner Aserbaidschan sogar eingelassen hatte, zum Scheitern.

Alsdann forderte er den Bruch mit Moskau heraus, indem er das Römische Statut ratifizierte und damit dem sogenannten »Internationalen Strafgerichtshof« (IStGH) beitrat. Das Gericht hatte einen Haftbefehl gegen den russischen Präsidenten Wladimir Putin erlassen, der aber illegal war, weil dieses Gericht nur für Mitgliedsstaaten des Römischen Statuts zuständig ist, doch weder Russland noch die Ukraine dazugehören. Mit einem solchen Haftbefehl »wäre Armenien verpflichtet, Putin zu verhaften, sollte er das Land besuchen. Da beide Länder Mitglieder des Militärbündnisses OVKS sind, dem auch Weißrussland, Kasachstan, Kirgisistan und Tadschikistan angehören, war dieser Schritt eine offene Provokation gegen ein Land, mit dem Armenien formell verbündet ist. Aber da Paschinjan die OVKS verlassen und zur NATO will, war das natürlich eine gewollte und kalkulierte Provokation.«[118] Was aber wollen USA und NATO von diesem kleinen Gebirgsland?

Die Antwort liegt darin, dass Armenien als NATO-Basis die dominante Position Russlands in der Region schwächt und eine weitere Chance für militärische Eskalation bietet. Es gibt drei Fakten, die die Bedeutsamkeit Armeniens zeigen. »Erstens ist die US-Botschaft in Armenien mit über 90 000 Quadratmetern die zweitgrößte US-Botschaft der Welt, größer ist nur die US-Botschaft in Bagdad.«[119] Zum Zweiten scheint es kein anderes Land zu geben, »in dem so viele amerikanische NGOs und Stiftungen aktiv sind, um die öffentliche Meinung in Armenien in die gewollte Richtung zu lenken und die Regierung auf einen proamerikanischen Kurs zu bringen«.

Und im Unterschied zu seinem Nachbarn Georgien ist Armenien auch nicht annähernd um eine Eindämmung des Einflusses der westlichen NGOs bemüht, sondern diese mehren sich in Armenien von Jahr zu Jahr. Ihre Anzahl ist inzwischen auf über 9000 angewachsen, mithin kommt auf 300 Einwohner eine (vom Ausland finanzierte) NGO – eine Dichte, die es so bisher nicht gab und zeigt, welches Gewicht der Westen Armenien beimisst. Zu den in Armenien aktiven Nichtregierungsorganisationen zählen auch die Friedrich-Ebert-Stiftung (SPD), die Konrad-Adenauer-Stiftung (CDU), die Friedrich-Naumann-Stiftung (FDP) und die Heinrich-Böll-Stiftung (Grüne). Womit sich diese westlichen NGOs in Armenien hauptsächlich befassen, »sind die Förderung von LGBT- und Frauenrechten, die Schaffung einer Spaltung der armenischen Gesellschaft durch die

Unterstützung bestimmter Gruppen der politischen Elite gegen andere, die Propagierung einer prowestlichen Politik für Armenien und vor allem die Diskreditierung des Bündnisses mit Russland«.[120]

Doch es gibt noch einen dritten Grund, warum die USA unbedingt in Armenien Fuß fassen wollen, und dieser Grund ist ein Verbündeter, ein NATO-Mitglied: die Türkei. Diesem Freund misstraut Washington schon lange, und ein US-Stützpunkt signalisiert: »Wir beobachten dich, wir sind in Kontrolle.«

Denn die Organisation der Turkstaaten (OTS), die von der Türkei angeführt wird, entwickelt sich immer mehr zu einem militärischen Block an den Südgrenzen Russlands. Ziel der OTS ist es, einen einheitlichen Energie- und Wirtschaftsraum zu bilden und vereinte Streitkräfte aufzubauen. »Die aserbaidschanische Armee wurde bereits nach NATO-Standards umgerüstet und ist mit israelischen und türkischen Waffen bewaffnet.« Und Kirgisistan und Kasachstan orientieren sich zunehmend an der »türkischen NATO«. In den postsowjetischen Republiken Zentralasiens – nominell noch Verbündete der OVKS – »arbeiten die Türken sehr hart daran, sie unter Kontrolle zu bringen, ihre kulturelle Dominanz zu pflanzen, die lokalen Eliten zu beeinflussen und auszubilden«.[121]

Russlands Furcht ist, dass türkische Basen im kaspischen Raum eingerichtet werden, und zwar auf offiziell »aserbaidschanischen« oder »kasachischen« Stützpunkten. Daneben gibt es russische Ängste, dass früher oder später die türkischsprachigen Regionen der Russischen Föderation in die OTS drängen könnten.

Welche ehrgeizigen Ziele die OTS verfolgt, verrät der Präsident von Aserbaidschan, Ilham Aliyev: »Indem wir die Einheit weiter stärken, müssen wir die Organisation der türkischen Staaten zu einem Zentrum der Macht auf globaler Ebene machen. Heute gibt es mehrere internationale Organisationen, einige durchlaufen eine Krise, andere eine Rezession, und die Organisation der türkischen Staaten schreitet voran.«[122]

Joseph Retinger, einer der Organisatoren des Bilderberg-Clubs, hat diese Entwicklung schon vor 70 Jahren gefordert und schrieb 1954 in einem Strategiepapier, »die Zerstörung Russlands [sei] eine Voraussetzung für den Sieg der ›angelsächsischen Rasse‹. Und das Werkzeug dafür sollte die Schaffung eines riesigen, mächtigen, Russland-feindlichen [– islamischen –] Staates im Süden sein, der bis zum Kaspischen Meer reicht.«[123]

Im Augenblick entsteht dieser mächtige Quasistaat namens OTS an den südlichen Grenzen Russlands. Soll er eine zweite Front gegen Russland schaffen, wenn die Ukraine zu verlieren droht?

Deutschland im Zentrum

Die Stoßrichtung der NATO war bereits vor Maidan und den hier aufgezeigten Vorgängen klar. Dazu brauchen wir uns nur das strategische Konzept der NATO anzusehen, das am 19. und 20. November 2010 in Lissabon der Öffentlichkeit vorgestellt wurde. Plötzlich standen nämlich nicht mehr die »Out of Area«-Einsätze im Mittelpunkt der NATO-Strategen, sondern überraschender- und – wie wir heute erkennen – vorausschauenderweise die Landesverteidigung. Die Lissabonner Erklärung betont ausdrücklich: »Das Bündnis sieht den Inhalt des Artikels 5 zur Landesverteidigung (Bündnisfall) immer noch als seine Hauptaufgabe.«[124]

In diesem fünften Artikel des Nordatlantikvertrags vom 4. April 1949 heißt es: »Die Parteien vereinbaren, dass ein bewaffneter Angriff gegen eine oder mehrere von ihnen in Europa oder Nordamerika als ein Angriff gegen sie alle angesehen wird; sie vereinbaren daher, dass im Falle eines solchen bewaffneten Angriffs jede von ihnen in Ausübung des in Artikel 51 der Satzung der Vereinten Nationen anerkannten Rechts der individuellen oder kollektiven Selbstverteidigung der Partei oder den Parteien, die angegriffen werden,

Beistand leistet, indem jede von ihnen unverzüglich für sich und im Zusammenwirken mit den anderen Parteien die Maßnahmen, einschließlich der Anwendung von Waffengewalt, trifft, die sie für erforderlich erachtet, um die Sicherheit des nordatlantischen Gebiets wiederherzustellen und zu erhalten.«[125]

Seit Lissabon 2010 war auch klar, wer das Bündnis an vorderster Front verteidigen soll, nämlich Deutschland. 2016 beschloss die NATO die Einrichtung von »vier verstärkten Bataillonen an der Nordostflanke der Allianz, die enhanced Forward Presence (eFP)«. Das sind insgesamt etwa 16000 Mann, 750 Panzer und 5000 Fahrzeuge. Alle 9 Monate tauschte man Truppen im Umfang einer Brigade aus und brachte neues militärisches Gerät nach Europa, das in einer Versorgungsbrigade in Deutschland, Belgien und den Niederlanden gelagert wird. »In den baltischen Staaten Estland, Lettland und Litauen sowie in Polen sollen die rotierend von anderen Staaten der Allianz beschickten Battlegroups [...] faktisch als Stolperdraht ein vor allem von den Balten befürchtetes russisches Übergreifen auf diese Länder verhindern.«[126]

Seit Februar 2017 hat die Bundeswehr – mit wechselnden Einheiten – die Führung der NATO-Battlegroup in Litauen übernommen. »Als sogenannte einsatzgleiche Verpflichtung auf NATO-Gebiet muss dieser Einsatz nicht vom Bundestag mandatiert werden.«[127] In diesem Einsatz sind im litauischen Rukla momentan rund 560 deutsche Soldaten stationiert, die zeitweise, aber manchmal auch dauerhaft, durch weitere deutsche Truppen sowie belgische, französische, kroatische, luxemburgische, niederländische, norwegische und tschechische Soldaten verstärkt werden.

Doch wie Verteidigungsminister Boris Pistorius Ende 2023 verkündete, wird bald eine »robuste« deutsche Brigade von gut 4000 Militärs permanent in Litauen stationiert werden.[128] Es ist das erste Mal in der Geschichte der Bundeswehr, dass deutsche Soldaten – ähnlich wie US-Militärs in Deutschland – dauerhaft im Ausland stationiert sind. Für die notwendige Infrastruktur für die Soldaten und ihre Familien soll Vilnius aufkommen. Die deutsche Brigade in Litauen sei ein »Leuchtturmprojekt der Zeitenwende«,[129] heißt es im neuen Grundsatzdokument der deutschen Militärpolitik, den »Verteidigungspolitischen Richtlinien« von 2023.[130] Nach Aussage von Verteidigungsminister Boris Pistorius beweist Deutschland mit dieser Brigade »echte und sehr konkrete Führung in Europa und in der NATO«.[131]

»Die Deutsche Frage ist wieder da.«[132] Das behauptet jedenfalls *Foreign Affairs,* die hauseigene Zeitschrift des Council on Foreign Relations (CFR). Die sogenannte »deutsche Frage« habe sich erstmals 1871 mit der deutschen Reichsgründung gestellt, schreibt der Taktgeber der US-Außenpolitik, als plötzlich eine viel zu große und bevölkerungsreiche Macht im Herzen Europas entstanden sei. Demgemäß sei es bei der Gründung der NATO darum gegangen, die »Sowjetunion draußen, die Amerikaner drinnen und Deutschland unten« zu halten. Verfasst hat den Artikel der uns bereits bekannte Robert Kagan (German Marshall Fund, Project for the New American Century und Carnegie Endowment for International Peace).

Bemerkenswert ist, dass überhaupt – und ausgerechnet im einflussreichen Council on Foreign Relations – diese alte Bezeichnung »Deutsche Frage« wiederauftaucht. Das letzte Mal nämlich, als die USA die »Deutsche Frage« aufwarfen und zu einer Lösung in ihrem Sinne ansetzten, führten sie mit Deutschland Krieg. Eine derartige »Frage« wirft nur jemand auf, dem Deutschland, das Land in der Mitte Europas, bei dem Vorhaben im Wege steht, die Vorherrschaft über Europa zu erlangen. Vor dem Ersten Weltkrieg und vor dem Zweiten Weltkrieg war das sicherlich der Fall. Doch heute? Steht Deutschland den USA in ihrer Auseinandersetzung mit China und Russland im Wege?

Hören wir dazu den ehemaligen Bundesminister für Forschung und Technologie (1980–1982) Andreas von Bülow: »Es gibt eine Destabilisierung Deutschlands. Es gibt eine Destabilisierung Europas, gar kein Zweifel. Es gibt ein Treiben zum Krieg. Wir haben Flüchtlinge in hellen Scharen, die wundersamerweise den Weg durch die deutschen Wälder gefunden haben. Es gibt eine beispiellose Medienkampagne auf Mitleid. Die Frage ist, was steckt eigentlich dahinter? Das Problem ist, dass die USA als einzige Supermacht vor der Frage stehen, ob sie jetzt die Weltherrschaft in Angriff nehmen beziehungsweise durchsetzen oder sich in ein multipolares System eingliedern sollen. Und ungefähr 70 Prozent der amerikanischen Machtelite sind dafür, das jetzt durchzusetzen.«[133]

Wir müssen also davon ausgehen, dass der Angriff der USA auf China und Russland fester Bestandteil der US-Planungen ist. Wenn Deutschland wieder zur »Frage« geworden ist, dann könnte es nicht nur, wie bisher angenommen, als Schlachtfeld vorgesehen sein, sondern sogar als Kollateralschaden vernichtet werden. Dass dieser Gedanke leider nicht weit hergeholt ist, sagte schon 2015 Sergej Arutonow, der Chefredakteur der russischen Wochenzeitung *Novy Den,* in einem Interview:

»Wir könnten bald einen heißen Krieg sehen, wenn sich eine große Anzahl von US-Soldaten und Waffen in der Ukraine befindet. Wenn die US-Soldaten auf Russen schießen oder Russen durch amerikanische Waffen getötet werden, was bedeutet das? Es könnte die Ausweitung der Operationen bis zu einem richtigen Krieg zwischen Russland und Amerika bedeuten.«[134]

Ob es sich um reguläre US-Soldaten handle, verdeckte US-Sondereinheiten oder um angeheuerte Blackwater-Söldner, spiele dabei keine Rolle. Jeder Kämpfer, der nicht Ukrainer sei, werde als Mitglied der »NATO-Fremdenlegion« angesehen, wie Präsident Putin sagte. Strategisch gesehen sei, so der erfahrene Kriegsberichterstatter, jede Einmischung durch die Vereinigten Staaten vor der Haustür Russlands ein Kriegsakt. Die Streitkräfte Russlands stünden voll mobilisiert an der Grenze. Und dann wird Arutonow deutlich: »Wenn die Amerikaner nicht schleunigst aus der Ukraine verschwinden und ihre militärische Unterstützung des Fascho-Regimes sofort aufgeben, dann steht die Welt vor einem großen Krieg, einem mit Atomwaffen! […] Was die Deutschen nicht realisieren: Ihr Land ist primäres Ziel bei einem Krieg mit Russland. Alleine wegen der vielen amerikanischen Hauptquartiere, Spionagezentren, Militärbasen, Flugplätze und auch Atomwaffenlager, die sich auf deutschem Territorium befinden. Die werden als Erste getroffen, wenn es losgeht.«

Arutonow antwortet auch auf die Frage, was die Menschen im Westen gegen einen drohenden Krieg tun könnten:

»Mir kommt es so vor, als wenn die Menschen in Europa und den USA entweder gleichgültig zuschauen oder sich sogar darauf freuen, wie die Apokalypse aufzieht. Für viele ist es eher ein Schauspiel, das im Fernsehen abläuft und nicht echt ist. Erst wenn die Realität sie aufschreckt, ein Atompilz über ihrer Stadt aufsteigt, ihre Häuser wegfliegen, es Hunderttausende Tote gibt, werden sie die Frage stellen: ›Wie konnte das nur passieren?‹ Dann ist es aber zu spät.«[135]

Amerikanische Besatzungszone

Die USA kontrollieren und beherrschen Deutschland – über ein weiterhin gültiges Besatzungsrecht, über stationierte Truppen und Geheimdienstagenten, über transatlantische Netzwerke und Denkfabriken, durch Beeinflussung der Medien und der Politik, durch wirtschaftliche Übernahme und geförderte Migration. Das habe ich in meinem Buch *Besatzungszone: Wie und warum die USA noch immer Deutschland kontrollieren*[136] dokumentiert.

In der Bundesrepublik Deutschland sind heute 64 703 US-amerikanische Soldaten aus Armee (49 127), Luftwaffe (14 831) und Eingreiftruppen (Marines) stationiert, darunter das europäische Hauptquartier des Marine Corps.[137] Das größte Armeekontingent ist das V. Corps in Heidelberg (circa 33 000 Soldaten) unter dem Kommando von Generalleutnant Ricardo S. Sánchez. Wegen seiner Verwicklung in die Folter im Abu-Ghraib-Gefängnis wurde Sánchez als Oberbefehlshaber der US-Truppen im Irak abgelöst,[138] er dient aber weiterhin als Kommandeur des V. Corps in Deutschland. Nur um einen Eindruck der Größe des V. Corps zu vermitteln: Diesem Corps untersteht unter anderem die 1. Panzerdivision in Wiesbaden. Sie besteht aus 16 500 Soldaten, 159 M1A1 Abrams Panzern, 173 Panzern M2 Bradley IFV, 36 Haubitzen M109A6 Paladin, 18 Raketenwerfern M270 MLRS und 18 Hubschraubern AH-64 Apache.[139]

Aktuell nutzt das US-Militär in Deutschland 65 Orte, während die britischen Truppen 18 nutzen und 23 000 Soldaten in Deutschland haben. Die Standorte der U.S. Air Force und der U.S. Marines in Deutschland in Ramstein, Spangdahlem und Landstuhl werden weiter ausgebaut – dazu gleich mehr. Doch »auch neue Kampfverbände wurden aufgestellt, so zum Beispiel in Vilseck bei Grafenwöhr das 2nd Stryker Cavalry Regiment (Eingreif-Regiment). Weil der Transport von schweren Panzern schwierig ist, entwickelte das Pentagon einen kleineren Panzer, der einfacher per Flugzeug transportiert werden kann. Das ist der ›Stryker‹. Der Ausbau der US-Garnison Kaiserslautern zum zentralen europäischen Logistik-Standort der US-Army wird konsequent fortgesetzt.«[140] Wenn man die derzeitigen US-Militärstützpunkte außerhalb der USA miteinander vergleicht, stellt man fest, dass sich in Deutschland mehr US-Militärstützpunkte und mehr US-Soldaten befinden als in jedem anderen Land der Welt.

Der Base Structure Report (BSR) des US-Verteidigungsministeriums (DoD) listet alle eigenen und gepachteten Liegenschaften und ihren Wert auf. Darin heißt es: »Der Bestand an Grundeigentum, der vom DoD verwaltet wird, umfasst eine weltweite Fußspur [*footprint*], der alle 50 [Bundes]Staaten umfasst, sieben US-Territorien und 39 fremde Länder, wovon die Mehrzahl aller Standorte in Deutschland (287), Japan (130) und Südkorea (106) sind.«[141] Mehr als 60 Prozent der US-Truppen in Europa sind in Deutschland stationiert. Ramstein ist der größte US-Luftwaffen-Stützpunkt und Grafenwöhr der größte US-Truppenübungsplatz außerhalb der USA.

Der Truppenübungsplatz in der Nähe des Ortes Grafenwöhr im Landkreis Neustadt a. d. Waldnaab (Oberpfalz) hat eine Fläche von 226 Quadratkilometern und ist damit der größte Truppenübungsplatz Europas, auf dem scharf geschossen wird. Nur Bergen-Hohne ist mit seinen 284 Quadratkilometern noch größer.

In Grafenwöhr wird seit 1907 scharf geschossen. Nach dem Zweiten Weltkrieg übernahm das US-Militär den Truppenübungsplatz, Seit dem Jahr 2006 heißt er offiziell Joint Multinational Command Training Center.

Dort üben – neben dem fest stationiertem 2nd Stryker Cavalry Regiment – Einheiten der U.S. Army Europe, der U.S. Air Force in Europe und anderer NATO-Streitkräfte.

Zum Truppenübungsplatz Grafenwöhr gehört ein eigener Militärflughafen der U.S. Army und ein direkter Gleisanschluss, hauptsächlich zur Verladung der Panzer.

Der wichtigste US-Luftwaffenstützpunkt außerhalb der USA liegt in Ramstein.

Dort stehen den größten Transportflugzeugen der U.S. Air Force – der C-130, der C-17 und der C-5 – zwei Start- und Landebahnen, die größte Wartungshalle der amerikanischen Luftwaffe sowie ein Passagierterminal für monatlich etwa 30 000 Abfertigungen zur Verfügung. »Über Ramstein läuft der Nachschub für die US-Streitkräfte in Europa, Afrika und dem mittleren Osten. Ramstein ist als Befehlszentrale Verbindungsstelle zwischen Boden- und Luftstreitkräften.«[142] Verwundete aus Kriegsgebieten landen zunächst in Ramstein und werden von dort in die USA geflogen oder ins Militärkrankenhaus Landstuhl eingewiesen. Ramstein diente auch der CIA als Zwischenstation für entführte Terrorverdächtige.

Ramstein »war entscheidend am Erfolg in Afghanistan und im Irak beteiligt«, äußerte sich lobend Air-Force-General Charles F. Wald im Jahr 2003.[143] Da die Satellitensignale der Drohnen von Ramstein aus über ein Glasfaserkabel in die USA übertragen werden, wurden hier auch die Befehlszentrale für den NATO-Raketenschirm und die Schaltzentrale für den Drohnenkrieg eingerichtet.

In Miesau unweit von Ramstein befindet sich auf 2400 Hektar Fläche das größte Munitionslager der Welt. In mehr als 1500 Bunkern – dem »Miesau Army Depot« – sind 500 000 (!) Tonnen Munition jeglicher Art gelagert. 90 Prozent der im Irak und in Afghanistan verfeuerten Munition stammen aus diesen Lagern.

Ebenfalls in Rheinland-Pfalz, nämlich in Kaiserslautern, ist das »21st Theater Sustainment Command« (TSC) stationiert, das die Versorgung aller US-Truppen in Europa und Afrika mit Waffen, Munition, Fahrzeugen, Ausrüstung und Verpflegung organisiert. Kein Wunder also, dass die sogenannte Kaiserslautern Military Community, zu der Ramstein ja gehört, die größte US-Militärgemeinde außerhalb der USA ist. Sie zählt zwischen 40 000 bis 50 000 US-Staatsbürger, von denen knapp die Hälfte US-Soldaten sind. Genaue Zahlen geben die Amerikaner nicht preis, aber das müssen sie auch nicht, denn – wie in meinem Buch *Besatzungszone* nachzulesen ist – in Deutschland gelten einige entscheidende Besatzungsrechte weiterhin.

Als das Befehlszentrum auf die US-amerikanische Ramstein Air Base (kurz Ramstein AB) im August 2005 installiert wurde, hieß sie noch Warfighting Headquarters (Kriegsführungshauptquartier). In diesem Hauptquartier stellt eine Kerngruppe von etwa 650 Leuten für Truppen, die gerade im Einsatz sind, von Deutschland aus rund um die Uhr Kommando- und Kontrollunterstützung bereit.

Nicht weit davon entfernt versteckt sich beim US-Krankenhaus auf dem Landstuhler Kirchberg in Richtung der Autobahn Kaiserslautern/Saarbrücken eine abseits liegende Satelliten-Kommunikationsstation mit mehreren überdimensionierten Satellitenschirmen. Über sie »erhalten die Kommandozentralen der U.S. Air Force und der U.S. Army in der Westpfalz ihre Befehle aus Washington und geben sie dann mit ihren Anordnungen an US-Basen in Europa oder an Feldflugplätze im Mittleren Osten weiter. Auch alle von dort ausgehenden Informationen und Anforderungen werden via Landstuhl den jeweiligen Adressaten zugestellt.«[144]

Das Regional Medical Center in Landstuhl beschäftigt rund 2200 Mitarbeiter und ist damit »das größte Lazarett der US-Armee außerhalb der Vereinigten Staaten. Es verfügt über einen Hubschrauber-Landeplatz für den direkten Transport der Schwerverletzten aus Ramstein. Alle schwer Verwundeten und Leichen des Irakkriegs landeten hier«.[145]

Während von Ramstein aus Transportflugzeuge starten, ist das rheinland-pfälzische Spangdahlem für Kampfflugzeuge zuständig. Auf der Spangdahlem Air Base, die genauso wie Ramstein amerikanisches Hoheitsgebiet ist, »ist das 52nd Fighter Wing (52. Kampfgeschwader) stationiert. Es hat die Aufgabe, in Konfliktfällen unter anderem die gegnerische Luftverteidigung auszuschalten.«[146] Dafür stehen in Spangdahlem Kampfflugzeuge vom Typ F-16 und andere Jets bereit. Während des Irakkriegs 2003 warteten hier unter anderem Stealth-Bomber auf ihren Einatz. Auf der Basis arbeiten ungefähr 5000 Amerikaner (die mit 7000 Familienangehörigen dort wohnen) sowie 800 deutsche Angestellte.

Nach Grafenwöhr, Ramstein und Spangdahlem ist der rheinland-pfälzische Fliegerhorst Büchel in der Eifel (in der Nähe von Cochem an der Mosel) die viertwichtigste Militäreinrichtung in Deutschland. Hier halten die USA in unterirdischen Bunkern rund zwanzig atomare Sprengköpfe einsatzbereit, über die keine genauen Angaben verfügbar sind. Sie haben eine Sprengkraft von 45 bis 170 Kilotonnen und sind damit bis zu 13-mal zerstörerischer als die Atombombe von Hiroshima. »Eine kleine US-Spezialeinheit, etwa 50 Mann stark, wacht über die atomaren Sprengköpfe. Diese würde auf Befehl aus Washington die Waffen scharfmachen und sie an die von deutschen Piloten geflogenen Tornadojets klinken, die die Bomben in die vorgegebenen Ziele fliegen müssten.«[147]

Weitere US-Atombomben sind in Belgien am Militärflugplatz (»Vliegbasis«) Kleine-Brogel, in Volkel (Niederlande), in Ghedi und Aviano (beide Italien) und in İncirlik (Türkei) eingelagert. Wegen der aktuell problematischen Sonderrolle der Türkei in der NATO ist der Standort İncirlik seit geraumer Zeit allerdings umstritten.

Über die von der NATO und den USA kontrollierten Bomben hinaus haben Frankreich und Großbritannien eigene Atomwaffen. Frankreich verfügt derzeit über etwa 300 Atombomben an drei Standorten. Die rund 160 britischen Atomwaffen lagern im schottischen Faslane. Beide Streitkräfte haben Flugzeuge und U-Boote als Bombenträger.

Aber es gibt noch weitere Standorte in Deutschland, die für die NATO von hoher Bedeutung und damit natürlich auch Angriffsziel sind: die Befehlszentrale für die US-Gesamtstreitkräfte in Europa (USEUCOM) und für die US-Spezialkräfte (Special Operations Command Europe) in Stuttgart-Vaihingen; die Kommandozentrale für die US-Heeresstreitkräfte in Europa (U.S. Army Europe, USAREUR) in Heidelberg; das Headquarter für das U.S. Marine Corps Forces Europe (USMARFOREUR) in Böblingen; die Zentrale für die US-Luftwaffe Europa in Ramstein und das Headquarter für die US-Gesamtstreitkräfte für den Aufgabenbereich Afrika (USAFRICOM) in Stuttgart-Möhringen.

Ebenfalls auf deutschem Boden befinden sich wichtige NATO-Kommandozentralen wie das Allied Command Europe Rapid Reaction Corps in Rheindahlen bei Mönchengladbach, das die schnelle Einsatztruppe der NATO befehligt. Im nordrhein-westfälischen Geilenkirchen nahe der holländischen Grenze sind die NATO-AWACS-Flugzeuge und auch deutsche Flugzeuge stationiert. »Das Airborne

Warning and Control System (AWACS) ist ein Flugzeug-gestütztes Radarsystem der USA und anderer NATO-Staaten, das zur Luftraumaufklärung und als Einsatzleitzentrale eingesetzt wird. Das AWACS ist eine zentrale Komponente in jedem Luftkrieg. Ohne ein solches System wären die Kriegsflugzeuge auf bodengestützte Systeme angewiesen.«[148]

In Wiesbaden-Erbenheim haben die Vereinigten Staaten im Jahre 2023 ein neues Kommando eingerichtet, das die Aktivitäten zur Aufrüstung und Ausbildung der ukrainischen Streitkräfte bündelt. Es nennt sich seit 2024 NATO Security Assistance and Training for Ukraine (NSATU), untersteht also nicht mehr ausschließlich den USA, sondern der NATO. Diese Einrichtung dient auch der langfristigen militärischen Bindung der Ukraine an die NATO und deren Rüstungsindustrien. Vor allem aber ist sie die Kommandozentrale für die militärischen Aktivitäten sämtlicher NATO-Mitglieder in Ost- und Südosteuropa – und damit ein primäres Ziel etwaiger russischer Raketenangriffe.

2023 veranstalteten US-Generäle in Wiesbaden sogenannte *war games*, um mit ukrainischen Stellen die »nächsten Etappen der Gebietsrückeroberungen festzulegen«.[149] Auf großen Tischen mit Karten und Spielsteinen »probten« die US-Generäle mit den Ukrainern »Optionen für eine Offensive« und erörterten die Risiken und Vorteile »einer Vielzahl an Schachzügen, die die Ukraine in den kommenden Monaten gegen russische Stellungen« unternehmen könnte.[150] Die Wiesbadener Planungen wurden dann auf deutschen Truppenübungsplätzen geprobt. Dort trainierten ukrainische Soldaten unter US-Anleitung, russische Stellungen zu durchbrechen.[151]

Ebenfalls auf deutschem Boden stationiert sind britische Besatzungstruppen, und zwar in den Garnisonen Hohne, Gütersloh und Paderborn. Sie betreiben auch zwei große Truppenübungsplätze: den Truppenübungsplatz Bergen (auch Bergen-Hohne) im Südteil der Lüneburger Heide, der mit 284 Quadratkilometern der größte Truppenübungsplatz in Deutschland ist, und den Truppenübungsplatz

Senne bei Paderborn (116 Quadratkilometer). Die 1st (UK) Armoured Division (1. britische Panzerdivision), die die in Deutschland stationierten britischen Einsatztruppen befehligt, ist in Herford stationiert.

Außerdem dürfen wir die militärische Benutzung ziviler Flughäfen nicht vergessen, und zwar Hahn bei Frankfurt, Nürnberg für den Stützpunkt in Grafenwöhr und Leipzig. In Hahn benutzt das US-Militär Flugzeuge, die zivil zu sein scheinen und Namen haben wie Omni Air Express, Evergreen Airlines oder World Airways. Sie stammen meistens von den US-Basen in Dover (Delaware) und Hartsfield-Jackson in Atlanta. Die Abfertigung vollzieht sich abseits der normalen Flugsteige. Seit 2006 haben Hunderttausende US-Soldaten in Leipzig Zwischenstation gemacht – meistens nachts, denn hier gibt es kein Flugverbot.

Weitere Militärstandorte in Deutschland habe ich im Kapitel »Gefährdete Orte in Deutschland« aufgelistet.

Deutsche an vorderster Front

Nicht nur der Standort Deutschland wäre als Aufmarschzone und Verteiler im Kriegsfall gefährdet, auch deutsche Soldaten begäben sich in größtmögliche Gefahr. Da die Bundeswehr die sogenannte »NATO-Speerspitze« (Very High Readiness Joint Task Force, VJTF) führt, würden sie nämlich als Erste in die Schlacht geschickt. Diese VJTF soll innerhalb von weniger als 72 Stunden schnell und schlagkräftig intervenieren können. Weitere NATO-Truppen würden ihr in hohem Tempo folgen.

Für verschiedene Einheiten der VJTF stehen Truppen der Land-, Luft- und Seestreitkräfte bereit. Die Landkomponente besteht aus einer einsatzbereiten und autark einsatzfähigen Kampftruppenbrigade mit etwa 11 500 Soldaten, von denen rund 8000 deutsche Panzergrenadiere, Pioniere und Artilleristen sind. Im Rahmen der VJTF operieren auch mehrere deutsche Kriegsschiffe. Das Flaggschiff gehört der Brandenburg-Klasse an, die für die U-Boot-Jagd konzipiert ist – eine Schlüsselfähigkeit im Kampf um die transatlantischen Nachschubrouten über den Atlantik.

Die VJTF-Bundeswehreinheiten haben in den letzten Monaten wiederholt und intensiv Szenarien geprobt, die in einem etwaigen Krieg gegen Russland zur Anwendung kommen könnten. Schwerpunkt der Übungen war laut Bundeswehr »die Befähigung zu hochintensiven Kampfhandlungen«.

Offenbar sind Manöver ohnehin in den letzten Jahren das Gebot der Stunde. Von den zahlreichen NATO-Manövern in Europa möchte ich ein paar hervorheben, weil sie für die Kriegsvorbereitungen gegen Russland entscheidend sind.

Zum Beispiel das Luftwaffenmanöver Air Defender im Jahr 2023: Hierbei verlegten die USA etwa 100 Luftfahrzeuge nach Deutschland und trainierten mit ihren Verbündeten Luftkriegsoperationen im europäischen Luftraum. Beteiligt waren 10000 Soldaten aus 18 Nationen mit über 200 Luftfahrzeugen, darunter Kampfflugzeuge. Geprobt wurden auch die Unterbringung und Versorgung der Soldaten verbündeter Staaten. Räumlicher Schwerpunkt der Übung war der deutsche Luftraum. In den Augen der Bundeswehr positionierte sich die Bundesrepublik mit Air Defender als »kollektiver Verteidigungsknotenpunkt innerhalb Europas« und militärische Drehscheibe der NATO in Europa.

Eine andere wichtige Kriegsübung war Defender Europe 23 in Südosteuropa. Dabei probten die NATO-Staaten das Zusammenziehen und gemeinsame Operieren von US-amerikanischen und europäischen Armeen über den Atlantik hinweg in Richtung Osteuropa.[152]

Beim Manöver Rapid Viking 2023 zeigten deutsche Piloten, dass sie in der Lage sind, ihre Rolle als sogenannte »First Responder« zu erfüllen. »›First Responder‹ (›Ersthelfer‹) sind diejenigen Kräfte, die im Konfliktfall als erste vor Ort sind und Maßnahmen ergreifen, bevor dann die Hauptkräfte eintreffen. Käme es zu einem offenen Krieg zwischen der NATO und Russland, wäre Deutschland in seiner ›First Responder‹-Funktion eines der ersten Länder, das ganz real in die Kämpfe eintreten würde. Es befände sich demnach im direkten Krieg mit Russland, noch bevor die transatlantischen Nachschubtruppen Europa erreichten.«[153]

Aber auch deutsche Bodentruppen würden im Kriegsfall an vorderster Front kämpfen, nämlich in Litauen, dem Land mit der schwierigsten geostrategischen Lage. »Sein südlicher Landesteil trennt gemeinsam mit dem äußersten Nordosten Polens die russische Exklave Kaliningrad von Belarus. Dieser litauisch-polnische Landstreifen, der nach einer in ihm gelegenen polnischen Stadt ›Suwałki-Korridor‹ genannt wird, ist an seiner engsten Stelle weniger als 100 Kilometer breit. NATO-Strategen operieren seit Jahren mit einem Szenario« – dem »Suwałki gap«, der »Lücke von Suwałki«. Nach dieser Theorie werde »Russland einen Angriff auf die baltischen Staaten einleiten, indem russische Truppen von Belarus und Kaliningrad in den Suwałki-Korridor einmarschierten und damit Litauen, Lettland und Estland von allen anderen NATO-Staaten abschnitten. Diese seien dann faktisch nicht mehr zu verteidigen.«[154]

Auch deutsche Matrosen sind ganz vorne im Einsatz: Sie sollen die sogenannte GIUK-Lücke sichern, was sie ebenfalls in zahlreichen Manövern übten. Mit GIUK-Lücke ist das Gebiet zwischen Grönland (G), Island (I) und Großbritannien (UK) gemeint. Sie stellt eine Art Nadelöhr dar, durch das die russische Nordflotte hindurchkommen müsste, wenn sie aus ihren Heimathäfen im russischen Nordmeer in den Atlantik fahren wollen. »Würde dieses Seegebiet abgeriegelt, wäre ihr Zugang zum Atlantik gekappt – und damit wären die NATO-Verbindungslinien aus Nordamerika nach Europa abgesichert.«[155] Außerdem würde die deutsche Marine im Rahmen der NATO eine Führungsrolle in der Ostsee übernehmen. Ihr Gegner ist die Baltische Flotte Russlands mit Hauptquartier in Kaliningrad.

Ökonomische Mobilmachung

Um die Ukraine langfristig mit Kriegsgerät aller Art ausstatten und zugleich die geschrumpften eigenen Waffenlager auffüllen zu können, fordern deutsche Rüstungsindustrielle, Berliner Militärpolitiker und NATO-Emissäre eine massive Aufrüstung und den Bau neuer Waffenfabriken. Ja, sogar eine Erhöhung des »Sondervermögens« für die Bundeswehr ist im Gespräch.

Dieser Goldrausch der Rüstungsindustrie ist für uns Bürger natürlich gefährlich. Denn wenn Deutschland der Ukraine nicht nur Waffen liefert, sondern auch ihre Soldaten ausbildet, bedeutet dies rechtlich eine Positionierung als Kriegspartei im Ukrainekrieg. Zu diesem Schluss kommt ein Gutachten des Wissenschaftlichen Dienstes des Bundestags. Es trägt den Titel »Rechtsfragen der militärischen Unterstützung der Ukraine durch NATO-Staaten zwischen Neutralität und Konfliktteilnahme« und warnt, sobald man Waffen nicht nur liefere, sondern zugleich Soldaten in ihren Gebrauch einweise, verlasse man »den gesicherten Bereich der Nichtkriegsführung«.[156]

Noch vor den Wissenschaftlern des Bundestages war der Bochumer Völkerrechtler Pierre Thielbörger zu einem ähnlichen Ergebnis gekommen, als er am 13. Februar 2023 in einem Interview sagte: »Bei Waffenlieferungen ist es etwas komplexer als bei Wirtschaftssanktionen. Bei Waffenlieferungen spielen Art und Umfang eine Rolle. Waffenlieferungen sind an und für sich noch keine Kriegshandlung. Es gibt keine Staatenpraxis, die das annimmt. Anders könnte es sein, wenn es eine Beratungsleistung gibt, wie Waffen zu gebrauchen sind.«[157] Auf die Nachfrage, ob es sich so verhalte, dass Deutschland den Ukrainern zwar Panzerabwehrwaffen liefern, aber ihren Gebrauch nicht erklären dürfe, antwortete Thielbörger: »Jedenfalls würde man sich damit der roten Linie, ab der man Kriegspartei ist, einen Riesenschritt nähern.«

Die Waffenschmiede stört das wie gesagt nicht. Durch den Ukrainekrieg gerechtfertigt, steigen die Militärausgaben der europäischen

Länder rasant an. Und trotzdem dringen Berlin und Brüssel auf weitere Schritte zur Erhöhung der nationalen Wehretats in der EU.

Der offizielle deutsche Militärhaushalt kletterte jährlich um rund 1,7 Milliarden Euro auf 51,8 Milliarden Euro. Rechnet man die 19,2 Milliarden Euro aus den Sonderschulden hinzu, die in Berlin trotz einer Rüge des Bundesrechnungshofs immer noch verschleiernd »Sondervermögen« genannt werden, dann erreichen die deutschen Wehrausgaben rund 2 Prozent des Bruttoinlandsprodukts.

Für den Zeitpunkt, zu dem die Sonderschulden aufgebraucht sein werden, verlangt Verteidigungsminister Boris Pistorius bereits heute eine beispiellose Erhöhung des deutschen Militäretats. Dieser müsse dann, erklärte Pistorius im Bundestag, um bis zu 23 Milliarden Euro pro Jahr aufgestockt werden. Als im Parlament Kritik an Pistorius' Forderung nach einer »kriegstüchtigen« Bundeswehr laut wurde, man solle lieber wie bisher von »Verteidigungsfähigkeit« sprechen, beharrte er auf seiner Wortwahl.[158]

Doch die Wehrbeauftragte des Bundestages Eva Högl geht noch viel weiter und fordert, damit die Rüstungspläne eingehalten werden könnten, eine Aufstockung der Militärkredite, genannt »Sondervermögen«, von 100 auf 300 Milliarden Euro. Sara Nanni, die Obfrau von Bündnis 90/Die Grünen im Verteidigungsausschuss, pflichtet ihr bei: »In den nächsten Jahren müssen wir die Produktion hochfahren.«[159] Achtung: Sie werden diesen Satz gleich noch mal lesen, was natürlich reiner Zufall ist.

Die Aufrüstung soll massiv beschleunigt werden. Das ist ein Befehl aus Washington, übermittelt durch Brüssel: Um einerseits »sicherzustellen, dass wir die Ukraine lange weiter [mit Waffen, Anm. d. Verf.] versorgen können«, andererseits die durch Lieferungen an Kiew dezimierten »Vorräte der Alliierten […] aufzufüllen«, müssten die Rüstungskonzerne der NATO-Mitgliedstaaten »die Produktion hochfahren«. So will es jedenfalls NATO-Generalsekretär Jens Stoltenberg. In der Zentrale des Militärbündnisses in Brüssel werde »eine

Parallele zum Zweiten Weltkrieg [!] gezogen«, heißt es, die USA seien damals »mit weniger als 2000 Flugzeugen in den Krieg hineingegangen«, hätten aber »bis zu seinem Ende 300 000 gebaut«.[160]

Das dringendste Problem der NATO in ihrem Krieg gegen Russland ist derzeit, dass bei den Artilleriegeschossen ein Engpass droht. Angesichts der aktuellen Feuerrate der ukrainischen Truppen – die NATO schätzt bis zu 10 000 Artilleriegeschosse pro Tag – geht der NATO die Munition aus. Folglich stockt Rheinmetall seine Munitionsproduktion in hohem Tempo auf, errichtet ein neues Werk im niedersächsischen Unterlüß sowie eine Sprengstofffabrik im ungarischen Várpalota.

Doch nicht nur der deutsche Militäretat wurde in letzter Zeit erhöht, sondern auch der zahlreicher weiterer EU-Länder. 2022 mobilisierten die Mitgliedstaaten der Union für ihre Streitkräfte ganze 240 Milliarden Euro, das sind 6 Prozent mehr als 2021, wobei sechs EU-Staaten ihre Wehretats um über 10 Prozent aufstockten, Schweden sogar um über 30 Prozent. Und 2023 lag den Angaben von Ratspräsident Charles Michel zufolge das Militärbudget der EU-Staaten dann bereits bei 270 Milliarden Euro. Für die Entwicklung und Herstellung von Kriegsgerät seien in den nächsten 10 Jahren aber Investitionen in Höhe von mindestens 600 Milliarden Euro zu erwarten. Doch auch dies scheint Michel noch nicht zu genügen, denn zur Stärkung der technologischen und industriellen Basis des Rüstungsindustriesektors hält er die Einführung von »europäischen Verteidigungsbonds« für nötig.[161]

Michels Vorschlag kommt aber nicht von ungefähr, sondern »knüpft an einen Vorstoß von Estlands Ministerpräsidentin Kaja Kallas an. Kallas hatte dafür plädiert, eigens einen EU-Aufrüstungsfonds aufzulegen – und zwar nach dem Vorbild des Covid-19-Wiederaufbauprogramms ›Next Generation EU‹.«[162] Dies »Vorbild« für die gigantische Rüstungsinitiative belief sich auf 750 Milliarden Euro. Das sind offenbar die Größenordnungen, in denen in Brüssel gerechnet wird.

Auch das schwedische Forschungsinstitut SIPRI rechnet in den kommenden Jahren mit einem massiven Rüstungswachstum.[163] »Dann schlügen die Aufträge, die seit Beginn des Ukrainekriegs eingegangen sind und jetzt abgearbeitet werden müssen, in Form steigender Umsätze und Profite zu Buche. Lockheed Martin hat unter anderem wegen der Bestellung neuer Lenkflugkörper bereits heute einen Auftragsbestand im Wert von 150 Milliarden US-Dollar.« Die gestiegenen Umsätze der europäischen Rüstungskonzerne in der SIPRI-Übersicht werden nach Erwartungen des schwedischen Instituts in den nächsten Jahren noch höher ausfallen. Airbus beispielsweise »verzeichnete für seine militärischen Flugzeuge eine Umsatzsteigerung um 17 Prozent. KNDS, der Konzern aus dem deutschen Panzerbauer Krauss-Maffei Wegman und dem französischen Landsystemhersteller Nexter, konnte den Umsatz um 11 Prozent steigern. Das deutsche Unternehmen Diehl, Hersteller des Flugabwehrsystems Iris-T SLM, um 13 Prozent. Als einziger großer deutscher Rüstungshersteller musste Thyssenkrupp einen Umsatzrückgang um 16 Prozent hinnehmen, weil weniger Kriegsschiffe ausgeliefert werden – was sich allerdings von Jahr zu Jahr ändert.«[164]

Einen neuen Vorschlag hat die Deutsche Gesellschaft für Auswärtige Politik (DGAP), der deutsche Ableger des Council on Foreign Relations, gemacht, um den deutschen Militärhaushalt aufzustocken. Guntram Wolff, der von 2022 bis 2024 deren Direktor gewesen ist, schrieb im *Handelsblatt*, die Bundesrepublik werde »zwingend wesentlich mehr für ihre eigene Verteidigungsfähigkeit und die Unterstützung der Ukraine ausgeben müssen«. Die »damit einhergehende Erhöhung der Staatsausgaben« sei »strukturell, das heißt wahrscheinlich über Jahrzehnte notwendig«. Wolff veranschlagt einen Betrag in Höhe von 0,5 Prozent des Bruttoinlandsprodukts, außerdem seien weitere 0,5 Prozent »für die grüne Transformation« einzuplanen. Um »diesen langfristig notwendigen zusätzlichen Belastungen von fast einem Prozentpunkt« des Bruttoinlandsprodukts standhalten zu können, könne man ja einfach zwei Feiertage abschaffen. Da sei Dänemark mit gutem Beispiel vorangegangen, als es den seit 1686 existierenden *Store Bededag* strich, um das 2-Prozent-Ziel der NATO zu erreichen. Dies sei ohnehin angebracht, denn Deutschland liege laut den Daten der OECD »bei der effektiv geleisteten Jahresarbeitszeit« im EU-Vergleich »eher im unteren Bereich«:. »So arbeiten Deutsche mit 1341 Arbeitsstunden pro Jahr 150 Stunden weniger als Franzosen und sogar 353 Stunden weniger als Italiener.«[165] Arbeiten für den Endsieg?

Atomwaffen für Europa

Wenn aber schon alle aufrüsten, dann will man auch gleich die nukleare Komponente miteinbeziehen. So fordert Ex-Außenminister Joschka Fischer den Aufbau einer »atomaren Abschreckung«, und aus Paris hört man, ein nuklearer Erstschlag sei möglich.

Der bereits zitierte und in Berlin recht einflussreiche Politikwissenschaftler Herfried Münkler fordert, Europa müsse »atomare Fähigkeiten aufbauen«. Zwar besitze Großbritannien »Atom-U-Boote, Frankreich die Bombe«, es gebe aber keine Garantie dafür, dass eines der beiden Länder oder sogar beide sie einsetzen würden, um beispielsweise »Litauen oder Polen zu schützen«. Münkler forderte explizit: »Wir brauchen einen gemeinsamen Koffer mit rotem Knopf, der zwischen großen EU-Ländern wandert.«[166]

Dass sich dieser Ansicht auch der ehemalige deutsche Außenminister Joschka Fischer (Bündnis 90/Die Grünen) angeschlossen hat, ließ er jüngst in einem Interview wissen: »Wir müssen unsere Abschreckungsfähigkeit wiederherstellen.« Zwar gefalle ihm dieser Gedanke »›überhaupt nicht‹, aber es führe kein Weg daran vorbei: ›Solange wir einen Nachbarn Russland haben, der der imperialen Ideologie Putins folgt, können wir nicht darauf verzichten, dieses Russland abzuschrecken.‹« Dies bekäme man nicht mit einer konventionellen Aufrüstung hin, sondern es bedürfe auch einer nuklearen Bewaffnung, was allerdings »nicht mit Schuldenbremse und ausgeglichenem Haushalten« möglich sei. Auf die Frage einer nuklearen Bewaffnung der Bundesrepublik antwortete Fischer: »Das ist in der Tat die schwierigste Frage. Sollte die Bundesrepublik Atomwaffen besitzen? Nein. Europa? Ja. [...] Die EU braucht eine eigene atomare Abschreckung.«[167]

In Frankreich drängt nicht nur Präsident Emmanuel Macron dazu, das geplante europäische Flugabwehrsystem (European Sky Shield Initiative, ESSI) um eine nukleare Abschreckungskomponente zu erweitern, sondern auch andere französische Politiker sprechen sich grundsätzlich für einen Ersteinsatz von Atomwaffen aus. So geben die Äußerungen von Thomas Gassilloud, Vorsitzender im Verteidigungsausschuss der Nationalversammlung Anlass zur Sorge: »Frankreich sagt nicht, dass es nur einen Zweitschlag in Erwägung zieht« – und: Paris behalte es sich vor, »auch auf konventionelle Angriffe mit einem Erstschlag zu reagieren«.[168]

Die NATO sieht das genauso. Das zeigt ein »als geheim eingestuftes Dokument«, das die NATO-Staats- und Regierungschefs im Juli 2018 zur Kenntnis genommen haben und in dem »erstmals« die Worte fielen, man könne »konventionelle Verteidigung und nukleare Abschreckung« heute nicht mehr »wie bisher in der NATO üblich« voneinander trennen, sondern müsse »beides gemeinsam« bedenken.[169]

Auch hier ist ein kurzer Blick in die Vorgeschichte erhellend. Bereits 2014 behauptete Paul Craig Roberts, Ökonom und ehemals Staatssekretär im US-Finanzministerium, in Washington würden einige durchaus für einen Atomschlag plädieren: »Wir haben hier Leute, die durch Washington laufen und sagen: Wozu nützen uns Nuklearwaffen, wenn wir sie nicht einsetzen?« Überdies gebe es Pläne für einen präventiven Nuklearschlag gegen Russland.

Denn die Neokonservativen glauben, ein atomarer Erstschlag vonseiten Washingtons würde die russischen und chinesischen Vergeltungsfähigkeiten so stark beeinträchtigen, dass beide Regierungen eher auf eine Reaktion verzichten würden, mutmaßt derselbe Paul Craig Roberts im Mai 2017. Die russischen und chinesischen Führer würden zu dem Schluss gelangen, dass nur wenige ihrer ICBMs in der Lage sein würden, an Washingtons ABM-Schild vorbeizukommen, womit die USA weitgehend intakt bliebe. Eine schwache Vergeltung durch Russland und China würde lediglich zu einer zweiten Welle von US-Atomangriffen führen, die die russischen und chinesischen Städte auslöschen, Millionen töten und beide Länder in Trümmern hinterlassen würde.[170]

In einem Bericht der amerikanischen Militär-Denkfabrik Center for Strategic and International Studies (CSIS) wird den USA empfohlen, ihr Atomarsenal »für einen Krieg gegen Russland, China oder eine andere Macht« leichter einsetzbar zu machen. Es müsse eine Nuklearstrategie entwickelt werden, die den Realitäten des 21. Jahrhunderts und dessen neuer Generation von taktischen Gefechtsköpfen und Trägersystemen angemessen sei. Hochentwickelte taktische Atomwaffen gäben Washington die Möglichkeit, kleinere Atomkriege anzudrohen und zu führen, ohne sich von der Gefahr eines nuklearen Holocausts abschrecken zu lassen. Dies würde die Sicherheitslage der USA und der Welt verbessern und für Abschreckung sorgen.[171]

Würde sich die CSIS-Idee von der »angemessenen Reaktion« durchsetzen, so bedeutete das: Atomschlagfähige Einheiten lancieren »kontrollierte nukleare Angriffe« und feuern Bomben »mit geringen Nebenwirkungen, genauer Zielführung und Spezialeffekten« auf feindliche Ziele ab, ohne dass dies in einem globalen Nuklearkrieg resultieren müsste. Durch die »Stationierung robuster, zielgenauer nuklearer Reaktionsoptionen« nahe am »Ort der Bedrohung« könnten die USA taktische Atomschläge »auf allen Stufen der nuklearen Eskalationsleiter führen«, schreibt die Militär-Denkfabrik. Das Staatsgebiet der USA bliebe von den Folgen eines regionalen Atomkriegs verschont, denn Washingtons riesiges strategisches Atomraketenarsenal habe genug Abschreckungspotenzial. Außerdem würden sich solche von den USA initiierten »kontrollierten« Atomkonflikte weder gegen Nordamerika richten noch von dort aus gestartet werden. Auf jeden Fall wäre »die amerikanische Heimat [...] von einer Reaktion der USA auf einen atomaren Angriff auf einen regionalen Verbündeten nicht betroffen«.[172]

Im Aufsichtsrat des CSIS sitzen beziehungsweise saßen übrigens Investmentbanker, Vertreter von Wirtschaftsunternehmen, Angehörige des Verteidigungsministeriums, ehemalige Regierungsangehörige wie Henry Kissinger, James R. Schlesinger, William Cohen und Brent Scowcroft sowie Wissenschaftler und Vertreter von Non-Profit-Organisationen – und last, but not least, auch ein Herr aus Deutschland namens Freiherr von und zu Guttenberg.

Der ukrainische Präsident Wolodymyr Selenskyj war völlig unmissverständlich in seiner Forderung, die NATO müsse »die Möglichkeit eines Atomwaffeneinsatzes durch Russland ausschließen«. Und »wichtig« sei, dass dies mit »Präventivschlägen« geschehe.[173] Dadurch hat Selenskyj – zusammen mit Militärexperten und US-Generälen – die Öffentlichkeit des Westens mit dem Gedanken vertraut gemacht, dass ein Atomkrieg tatsächlich denkbar geworden ist. Natürlich wird dabei stets versichert, dieser sei mit den Gräueln von Hiroshima und Nagasaki keineswegs vergleichbar. Doch auch das ist wieder eine eklatante Lüge, wenn wir uns vor Augen führen, dass die angeblich so harmlosen Gefechtsfeldwaffen, zu denen die taktischen Atomwaffen gerne verniedlicht werden, mit einer Sprengkraft zwischen 0,5 und 50 Kilotonnen eine weitaus höhere Zerstörungskraft erreichen können als die Hiroshima- und Nagasaki-Bomben mit ihren »nur« 15 Kilotonnen.

Ein Beispiel für diese Verharmlosung liefert die Bemerkung der *Tagesschau,* »Ziele beim Einsatz taktischer Atomwaffen könnten feindliche Soldaten oder Infrastruktur in der Nähe der Front sein, um zum Beispiel eine Offensive zu stoppen«.[174] Nur ist bei bis zu 50 Kilotonnen Sprengkraft die »Nähe zur Front« mit 100-prozentiger Garantie auch für die eigenen Soldaten tödlich. Auf dieselbe verharmlosende Weise geht es dann weiter: »Taktische Nuklearsprengköpfe lassen sich vergleichsweise flexibel einsetzen und können auf verschiedene Weise ihr Ziel erreichen. Sie können auf Raketen angebracht werden, die sonst für den Transport konventioneller Sprengstoffe eingesetzt werden. Möglich ist aber ebenso ein Abschuss von Schiffen aus oder ein Abwurf durch Militärflugzeuge.«[175]

Am Beispiel einer 20-Kilotonnen-Bombe können wir erkennen, welche Zerstörungskraft diese Waffe entfaltet. Dort, wo sie aufschlägt, verdampft im Umkreis von 260 Metern einfach alles. Innerhalb eines 600-Meter-Radius kommt es zu schweren Explosionsschäden, und bis in eine Entfernung von 1,5 Kilometern sind alle Lebewesen, die sich im Freien aufhalten, einer tödlichen radioaktiven Strahlung ausgesetzt. Der Radius für die Auslösung von Brandverletzungen dritten Grades beträgt knapp 2 Kilometer und jener für das Zerbrechen von Glas über 6 Kilometer.[176] Die radioaktive Wolke, die sich nach der Detonation ausbreitet, wird vom Wind kilometerweit getragen.

Ich kann in diesen Auswirkungen nichts Harmloses entdecken, aber ich habe die Hoffnung, dass sich die Kriegsparteien auf konventionelle Waffen beschränken, weil sie die jeweilige militärische Antwort des Gegners fürchten. Diese Furcht mag sich freilich in Luft auflösen, sobald sich eine Seite ernsthaft bedroht fühlt.

Aber auch ohne Nuklearwaffen und stattdessen mit gegenseitigen Raketenangriffen wäre die Zerstörung innerhalb Deutschlands katastrophal. Denn Deutschland als Nachschubbasis und Transitland für NATO-Waffen und -Soldaten wäre Kriegsziel Nummer eins. Sehen wir uns die gefährdeten Standorte genauer an.

III. Gefährdete Orte in Deutschland

★★★

Bevor ich in die Details gehe, muss ich eine Tatsache erwähnen, die jegliches falsche Sicherheitsgefühl, das wir in Deutschland haben könnten, ad absurdum führt: Rein juristisch gesehen leben wir nicht im Frieden, sondern können jederzeit angegriffen werden.

Denn noch immer haben die früheren Alliierten das Recht, ohne Kriegserklärung in Deutschland militärisch einzugreifen. Die Artikel 53, 77 und 107 der Charta der Vereinten Nationen – die sogenannte Feindstaatenklausel – erlaubt ihnen den Einsatz von Militär (»Zwangsmaßnahmen«), wenn Deutschland eine gegen sie gerichtete »Angriffspolitik« aufnehmen sollte.[177]

Was »Angriffspolitik« genau bedeutet, ist nicht militärisch definiert. Als Angriff könnte also auch eine Kooperation mit einem Staat gewertet werden. Sollte Deutschland also auf die Idee kommen, mit Russland, Iran, Syrien, Nordkorea, Venezuela, Kuba oder Nicaragua zu kooperieren, könnten die USA dies als Angriffspolitik interpretieren und ohne Befragung der Vereinten Nationen gegen die Bundesrepublik Krieg führen. Andersherum könnte auch die deutsche Beteiligung am Krieg gegen Russland von Moskau als feindlicher Akt interpretiert werden, der einen russischen Einmarsch in Deutschland rechtfertigt. Denn unter in die Kategorie »Angriffspolitik« fällt es sicherlich, wenn Deutschland der Ukraine nicht nur Waffen liefert, sondern auch dessen Soldaten ausbildet, um russisches Territorium zu beschießen und eine der früheren Siegermächte zu bekämpfen.

Die Feindstaatenklausel stellt eine Ausnahme zum völkerrechtlichen Grundsatz des Gewaltverbots dar, wie er in Artikel 2 Nr. 4 UN-Charta für alle Staaten verpflichtend festgelegt ist. Die beiden anderen Ausnahmen sind das Recht auf Selbstverteidigung (Artikel 51 UN-Charta) und die Ermächtigung durch den UN-Sicherheitsrat (Artikel 42 UN-Charta).[178]

Im Klartext heißt das: Die Siegermächte entscheiden, ob und wann Deutschland eine Angriffspolitik (nicht etwa einen Angriffskrieg) initiiert. Ein eventueller militärischer Einsatz kann sich sowohl gegen die politische Unabhängigkeit als auch gegen die territoriale Unversehrtheit eines sogenannten Feindstaates wie zum Beispiel Deutschland richten.

Artikel 107 erlaubt den Siegermächten Eingriffe weit über das Kriegsende 1945 hinaus: »Maßnahmen, welche (die Siegermächte) in Bezug auf einen Feindstaat ergreifen oder genehmigen, der während dieses Krieges Feind eines Unterzeichnerstaates dieser Charta war, werden durch diese Charta weder außer Kraft gesetzt noch untersagt.«[179]

Auch nach der deutschen Wiedervereinigung blieben die Feindstaatenklauseln bestehen. Weder gibt es bis heute einen Friedensvertrag, der sie aufheben könnte, noch hat die UN bisher in einer ausdrücklichen, rechtlich bindenden Erklärung die beiden Artikel gestrichen.

Um alle Zweifel zu beseitigen: Die Alliierten haben das Recht, jederzeit und ohne Kriegserklärung in Deutschland einzumarschieren. Nun sind die westlichen Alliierten mit ihren Truppen bereits hier beziehungsweise hiergeblieben, während die Russen nach der Wiedervereinigung abgezogen sind. Dieser angebliche »Schutz« Deutschlands durch die hier stationierten NATO-Soldaten kann allerdings bei einem Schlagabtausch zwischen den NATO-Staaten und Russland zum Bumerang werden, denn dann werden diese Orte auf deutschem Boden zu militärisch wichtigen Angriffszielen – allen voran die in einem früheren Kapitel erwähnten NATO-Standorte und Kommandozentralen. Ich werde sie gleich im Einzelnen aufzählen.

Überdies ist damit zu rechnen, dass die Nachschub- und Transportwege von West nach Ost angegriffen werden. Auch sie werden wir uns genauer ansehen. Schließlich dürften die Waffenschmieden im Zielradar russischer Raketen sein, weil sie ja für die Fortdauer eines Krieges entscheidend sind.

Sollten auch Kraftwerke und andere Energieversorgungs- und -verteilungsstellen bombardiert werden, befinden wir uns in einem totalen Krieg, und dann ist davon auszugehen, dass die gesamte Infrastruktur in Deutschland zusammenbricht. In diesem allerschlimmsten Fall hilft nur noch größtmöglicher Selbstschutz und Selbstversorgung. Darauf komme ich im sechsten Kapitel zurück.

Militärstandorte im Zielradar

Sehen wir uns als Erstes die am meisten gefährdeten NATO-Standorte und Kommandozentralen in Deutschland an. »Eine Liste aller Bundeswehrstandorte in Deutschland« findet man übrigens bei *Wikipedia*[180] und auf der Website *www.deutsche-militaerstandorte-nach1945.de*[181]. Es ist jedoch unwahrscheinlich, dass jede Kaserne in Deutschland ins Visier russischer Raketen geriete, denn dies würde weder aus taktischer noch aus strategischer Sicht Sinn machen. Daher beschränke ich mich hier auf Kriegsziele in Deutschland, die den Krieg maßgeblich beeinflussen.

Der größte Truppenübungsplatz Europas, **Grafenwöhr** im Landkreis Neustadt an der Waldnaab in der Oberpfalz (Bayern), den ich bereits ausführlich beschrieben habe, beherbergt ständig wechselnde US- und NATO-Kampftruppen; außerdem werden hier ukrainische Soldaten ausgebildet.

Der zweitwichtigste Truppenübungsplatz – auch er im Besitz der U.S. Army – befindet sich nordwestlich von Regensburg bei **Hohenfels** in der Oberpfalz (Bayern) im Landkreis Neumarkt. Er beherbergt das Combat Maneuver Training Center (CMTC), das komplexe Übungen mit zivilen Komparsen durchführt.

Der wichtigste – ebenfalls bereits erwähnte – US-Luftwaffenstützpunkt außerhalb der USA im rheinland-pfälzischen **Ramstein** ist die Verteilungszentrale für die militärischen Aktivitäten der USA in Europa. Die Ramstein Air Base beherbergt aber auch »spezielle Lagerstätten für insgesamt 216 nukleare Bomben der Typen B-61-3 und

B-61-4. In den Boden der Flugzeugschutzbauten sind 54 sogenannte Nuklearwaffengrüfte (Weapons Storage Vaults) eingelassen, die je vier Atomwaffen aufnehmen können«.[182]

Unweit davon in **Miesau** befindet sich das größte Munitionslager der Welt.

Ebenfalls in Rheinland-Pfalz, nämlich in **Kaiserslautern**, ist das 21st Theater Sustainment Command (TSC) stationiert, das die Versorgung mit Waffen, Munition, Fahrzeugen, Ausrüstung und Verpflegung aller US-Truppen in Europa und Afrika organisiert.

Nicht weit davon entfernt am US-Krankenhaus in **Landstuhl** auf dem Landstuhler Kirchberg in Richtung Autobahn Kaiserslautern/Saarbrücken stehen (wie bereits erwähnt) mehrere überdimensionierte Satellitenschirme von mehreren Metern Durchmesser. Diese empfangen Befehle aus Washington, leiten sie an die Kommandozentralen der U.S. Air Force und der U.S. Army in der Westpfalz weiter und geben sie dann mitsamt ihren Anordnungen an US-Basen in Europa oder an Feldflugplätze im Mittleren Osten weiter.

Ebenfalls in Rheinland-Pfalz, aber mehr im Norden des Bundeslandes, nämlich in der Eifel, liegt **Spangdahlem**. Die dortige U.S. Airbase beherbergt ein US-Kampfgeschwader, das im Kriegsfall die gegnerische Luftverteidigung auszuschalten hat. Der Fliegerhorst **Büchel** in der Eifel (nahe Cochem an der Mosel) ist aufgrund seiner Atomwaffen und Bunker wie gesagt die viertwichtigste Militäreinrichtung in Deutschland (siehe Seite 98).

Diese US-Basen sind wie die meisten der größeren US-Militärstandorte in Deutschland jeweils mit Patriot-Raketenabwehrsystemen ausgestattet.

Weitere Fliegerhorste – das ist die militärische Bezeichnung für Flugplätze der Bundesluftwaffe – bergen ebenfalls ein Sicherheitsrisiko, wenngleich ein etwas geringeres als Ramstein, Büchel oder Spangdahlem. Dazu gehört der Heeresflugplatz im bayerischen **Altenstadt**, auf dem sich die Luftlande- und Lufttransportschule befindet.

In die gleiche Kategorie als Ausbildungszentrum gehören die beiden Heeresflugplätze **Bückeburg** und **Celle** in Niedersachsen. Auf den Heeresflugplätzen **Faßberg** (nahe Celle), im nordhessischen **Fritzlar**, in **Niederstetten** im fränkischen Nordosten von Baden-Württemberg und auf den Fliegerhorsten **Schönewalde/Holzdorf** an der Landesgrenze zwischen Brandenburg und Sachsen-Anhalt sowie im baden-württembergischen **Laupheim** sind Hubschrauberregimenter beheimatet.

Noch wichtiger als die bisher genannten Fliegerhorste sind jene im schleswig-holsteinischen **Hohn** (nahe Rendsburg), in **Laage** südlich von Rostock in Mecklenburg-Vorpommern, im bayerischen **Neuburg an der Donau** oder dessen Ausweichfliegerhost in **Lechfeld** (zwischen Augsburg und Landsberg), in **Nörvenich** im Kreis Düren in Nordrhein-Westfalen, in **Schleswig** in Schleswig-Holstein und in **Wittmundhafen** in Ostfriesland, auf denen taktische Luftwaffengeschwader stationiert sind. Ebenso von militärischer Bedeutung sind die Fliegerhorste in **Nordholz** im niedersächsischen Landkreis Cuxhaven, Heimat zweier Marinefliegergeschwader, sowie in **Wunstorf** in Niedersachsen östlich des Steinhuder Meers, auf dem sich das Lufttransportgeschwader 62 befindet.

Ein ähnlich großes Gefährdungspotenzial weisen die Marinehäfen Deutschlands auf – allen voran natürlich **Wilhelmshaven**. Doch es gibt noch weitere. An der Ostsee sind **Eckernförde** und **Rostock** und an der Nordsee **Kiel-Tirpitzhafen** zu nennen. Die Marineausbildungszentren in **Flensburg-Mürwick** und in **Neustadt** in Holstein dürften dagegen weniger zu befürchten haben.

Kommen wir zu den Kommandoeinrichtungen. Es fällt auf, dass diese auf den **Raum Stuttgart** konzentriert sind. Die wichtigsten und damit am meisten gefährdeten sind: Die Befehlszentrale für die US-Gesamtstreitkräfte für den Aufgabenbereich Europa (USEUCOM) und die für die US-Spezialkräfte (Special Operations Command Europe) in

Stuttgart-Vaihingen; die Kommandozentrale für die US-Heeresstreitkräfte in Europa (U.S. Army Europe, USAREUR) in **Heidelberg**; das Headquarter für das U.S. Marine Corps Forces Europe (USMARFOREUR) in **Böblingen**, 20 Kilometer südwestlich von Stuttgart; das Headquarter für die US-Gesamtstreitkräfte für den Aufgabenbereich Afrika (USAFRICOM) in **Stuttgart-Möhringen**.

Des Weiteren befinden sich auf deutschem Boden bedeutsame NATO-Kommandozentralen wie das Allied Command Europe Rapid Reaction Corps in **Rheindahlen bei Mönchengladbach**, das die schnelle Einsatztruppe der NATO befehligt. Im nordrhein-westfälischen **Geilenkirchen** nahe der holländischen Grenze sind die NATO-AWACS-Flugzeuge stationiert, darunter auch deutsche. In **Wiesbaden-Erbenheim** hat die NATO 2023 ein neues Kommando eingerichtet, das die Aktivitäten zur Aufrüstung und Ausbildung der ukrainischen Streitkräfte bündeln soll. Ich hatte darüber berichtet. Wenn dort in der Region Wiesbaden – wie im Juli 2024 angekündigt – Mittelstreckenraketen und später sogar Hyperschallraketen der USA aufgestellt werden, dann wird dieser Standort noch vor Ramstein oder Wilhelmshaven Ziel Nummer eins in Deutschland.

Im baden-württembergischen **Ulm** befindet sich mit dem NATO-Kommandozentrum für schnelle Truppen und Materialtransporte (JSEC, Joint Support and Enabling Command) eine entscheidende Schaltstelle für einen NATO-Krieg in Europa und damit ebenfalls ein entscheidendes Kriegsziel.

Zu den gefährdeten Orten gehören auch die britischen Garnisonen **Hohne** in Niedersachsen sowie **Gütersloh** und **Paderborn** in Nordrhein-Westfalen.

Auch Bundeswehrstandorte liegen im Zielradar russischer Raketen. Auch hier möchte ich die wichtigsten aufführen.[183]

Der größte Marinestandort der Bundeswehr liegt an der niedersächsischen Küste in **Wilhelmshaven**. Diese Stadt ist aber »nicht nur der größte Standort der Marine und der Bundeswehr in Deutschland, sondern sogar einer der größten Marinestützpunkte in Westeuropa. Neben dem Marineunterstützungskommando, der Einsatzflottille 2 und dem Trossgeschwader sind in Wilhelmshaven weitere Dienststellen wie zum Beispiel das Marinearsenal und das Logistikzentrum der Bundeswehr beheimatet.« Die Bundeswehr erklärt, das Logistikzentrum der Bundeswehr habe »die Aufgabe, die gesamte Bundeswehr logistisch zu unterstützen. Dies erfolgt nicht nur im regulären Grundbetrieb im Inland, sondern gilt auch für Übungen, im Zusammenhang mit dem Host Nation Support, also die Unterstützung, die die Bundeswehr befreundeten Streitkräften gegenüber anbietet, sowie für Einsätze und einsatzähnliche Verpflichtungen.«[184]

Alsdann kommt die Garnisonsstadt **Munster** mit einer ganzen Reihe an Kasernen – der Hindenburg-, der Freiherr-von-Boeselager-, der Peter-Bamm- und der Oertzetal-Kaserne. »Mit dem Ausbildungszentrum Munster und dem umschließenden Truppenübungsplatz ist die in der Lüneburger Heide gelegene Stadt Munster der größte Heeresstandort der Bundeswehr. In Munster sind unter anderem Teile der Panzerlehrbrigade 9 und das Wehrwissenschaftliche Institut für Schutztechnologien – ABC [Atomar, Biologisch, Chemisch]-Schutz beheimatet.

Luftwaffentruppenkommando, Teile des Kommandos Luftwaffe und die Flugbereitschaft des Verteidigungsministeriums in der Luftwaffenkaserne Wahn sind nur einige von vielen Dienststellen am Standort **Köln**.« Weitere Kommandostellen »an einem der größten Standorte der Bundeswehr sind das Amt für Heeresentwicklung sowie das Bundesamt für den Militärischen Abschirmdienst«.[185]

Ebenfalls zum Angriffsziel könnten die Bundeswehrdepots werden. Hier sind anzuführen das Depot Nord im bereits genannten **Wilhelmshaven** und das Depot West in **Mechernich**, einer Kleinstadt am Rand der nordöstlichen Eifel, 36 Kilometer südwestlich von Bonn und 45 Kilometer südwestlich von Köln (Entfernung Luftlinie). Die

Bundeswehr beschreibt es so: »Ein wahrer Irrgarten bietet sich auf den ersten Blick: Bahnschienen, Straßen und Stollen in 130 Metern Tiefe – das ist das unterirdische Materiallager der Bundeswehr in Mechernich. Hier unten lagern die Möglichmacher der ortsfesten Logistik der Streitkräftebasis Material von der Unterlegscheibe bis zum Rotorblatt für Hubschrauber. Wie ein Versandhaus beliefern sie die Truppe 24/7 mit allem, was sie für ihren Auftrag in der Landes- und Bündnisverteidigung braucht.«[186]

In der Nähe von **Utzedel**, einer Gemeinde im Norden des Landkreises Mecklenburgische Seenplatte, trifft man auf die Kaserne Demminer Land mit dem einzigen Betriebsstofflager der Bundeswehr. Dieses Bundeswehrdepot Ost hat die Aufgabe, die Truppe mit Betriebs-, Schmier- und Hilfsstoffen zu versorgen. »In zwei großen Erdtanks«, liest man bei der Bundeswehr, »lagern hier jeweils rund 5000 Liter Flugzeugkraftstoff und Diesel. Die Treibstoffe werden überwiegend per Bahn transportiert. Hinzu kommen mehr als 3300 Quadratmeter Freilager, unter anderem mit dem einzigen Kanister-Lager der Bundeswehr. Auf Vorrat gehalten werden hier ständig 20 000 aufgefüllte 20-Liter-Kanister mit Diesel und mehr als 1400 Kanister mit Petroleum.«[187]

Die Nachbarn des Bundeswehrdepots Süd im hessischen **Pfungstadt** müssen sich wahrscheinlich weniger Sorgen machen, denn hier lagert hauptsächlich ausrangiertes Material. Da es hier genug Platz gibt, könnte es im Kriegsfall auch als Lager für moderneres Gerät genutzt werden.

Das Munitionsversorgungszentrum Nord im schleswig-holsteinischen **Laboe** hingegen befindet sich zweifellos im Zielradar russischer Raketen, denn es ist für die regionale Versorgung von Bundeswehrdienststellen im ganzen norddeutschen Raum zuständig, mithin also für die Schlagkräftigkeit der gesamten Marine.

Das größte Munitionsdepot Deutschlands und eines der größten in Westeuropa ist das Munitionsversorgungszentrum West in Wulfen, einem Stadtteil der nordrhein-westfälischen Stadt **Dorsten**. »In

381 Lagerhäusern kann Munition bis zu einer Kapazität von 62 000 Tonnen gelagert werden. Das 210 Hektar große Gelände wird von 15 Kilometern Bahngleisen und 25 Kilometer Straßennetz durchzogen.«[188]

Verwundbare Nachschubwege

Da Deutschland aus geostrategischer Sicht in der Mitte Europas liegt, »führen nahezu alle Transportrouten an die NATO-Ost- und Südostflanke über deutschen Boden. Insbesondere für transatlantische Verstärkungskräfte aus den USA und Kanada, aber auch für britische Truppen fungiert Deutschland daher als erster Anlaufpunkt und Drehscheibe.«[189]

Container und Fahrzeuge werden zunächst aus den USA an vierzehn See- und Flughäfen in den Niederlanden, in Belgien, Frankreich und Deutschland versandt. Größtenteils per Schienen- und Straßentransport, teilweise aber auch über die Binnenschifffahrt, wird dann Mensch und Material in Richtung Polen und Baltikum transportiert.

Der wichtigste NATO-Nachschubhafen in Deutschland ist **Bremerhaven** an der Wesermündung in die Nordsee. Die dortige Marineoperationsschule ist mit ihren circa 1500 Soldaten und zivilen Mitarbeitern die zentrale Ausbildungsstätte der Deutschen Marine für Taktik und Operation. Viel wichtiger jedoch sind die riesigen Hafenanlagen, in denen die meisten Waffen, Ausrüstungsgegenstände und Fahrzeuge einschließlich Panzer, die aus Übersee nach Europa geschickt werden, lagern. Keine Frage also, dass dieser Hafen im Kriegsfall auf höchster Gefahrenstufe steht.

Von Bremerhaven werden schwere Geräte wie Panzer häufig per Schienentransport in den Osten gekarrt, während die Truppen meist über die **Autobahnen** in Richtung Polen und Baltikum verlegt werden. Diese Routen sind im Krieg natürlich Ziel von Sabotage und Raketen- oder Drohnenangriffen. Die Sachtransporte werden in der

Regel von Bremerhaven aus in südlicher Richtung – auf der Autobahn A27 an Bremen vorbei – bis nach Hannover gefahren, dann weiter in östlicher Richtung auf der A2, die südlich von Berlin in die A10 und dann in die A12 mündet. Auf der gesamten Strecke dürften die **Brücken** besonders gefährdet sein.

Einen anderen Verlauf nehmen die Konvois für die NATO-Truppen, die in den holländischen Häfen gelandet sind. Sie folgen der A40 bis zum Ruhrgebiet und fahren dann auf der A2 weiter bis Hannover und auf dem oben beschriebenen Weg auf die A12.

Interessant ist in diesem Zusammenhang, dass Deutschland sich gerade daranmacht, die A20 – die sogenannte Küstenautobahn in Schleswig-Holstein – zu bauen. Sie wird nicht nur für Militärtransporte an die NATO-Ostflanke, sondern auch als Bindeglied zwischen militärisch bedeutsamen Häfen an Nord- und Ostsee benötigt.[190]

Auf jeden Fall nimmt die Autobahn A2, die vom westlich gelegenen Oberhausen zum Berliner Ring führt, eine Schlüsselrolle ein. Ein gefährliches Nadelöhr ist die beinahe 1,2 Kilometer lange Elbbrücke Hohenwarthe bei Magdeburg. Sollte sie Saboteuren oder Raketen zum Opfer fallen, wäre die A2 völlig lahmgelegt.

Eisenbahnbrücken sind im Kriegsfall ebenfalls besonders gefährdet, weil hier mit wenig Einsatz großer Schaden angerichtet werden kann. Die Transportkapazitäten der Bahn lassen sich weder durch Straßen noch durch Wasserwege oder Lufttransporte kompensieren. Gleise sind bei einem Aufmarsch gegen Russland der Hauptkanal, um große Mengen an Truppen und schwerem Gerät von Bundeswehr und verbündeten Streitkräften zu verlegen. Die Bundesregierung hat ein Projekt mit dem Titel »Gezielter Ausbau der Ost-West-Schieneninfrastruktur« angestoßen, wobei vor allem die Strecken zwischen Bremen und Osnabrück beziehungsweise Osnabrück und Münster ausgebaut werden sollen.[191]

Hingegen ist ein Angriff auf zivile Einrichtungen oder gar Bombardements von Städten in der Einschätzung der heutigen Militärs nicht zielführend. Anders sieht es natürlich mit zivilen Flughäfen aus, die militärisch genutzt werden. Das betrifft **Hahn** bei **Frankfurt**, **Nürnberg** (für den Stützpunkt in Grafenwöhr) und **Leipzig**. Da alle drei als Umschlagplätze für Truppentransporte zur Verfügung stehen, ist mit einem Luftangriff auf sie durchaus zu rechnen.

Bedrohte Rüstungsfirmen

Deutschland zählt zu den größten Rüstungsherstellern in der Welt, und durch den Ukrainekrieg gibt es einen regelrechten Boom in der Waffen-, Fahrzeug-, Kampfjet- und sonstigen Rüstungsproduktion. Doch nicht nur die großen Rüstungsunternehmen profitieren davon, sondern auch die Zulieferer von Elektronik- und anderen Bauteilen. Man sollte das 100-Milliarden-Sondervermögen der Bundeswehr nicht vergessen. So zählen sieben Firmen mit deutscher Beteiligung zu den größten Rüstungskonzernen weltweit.[192]

Im Kriegsfall sind Waffenproduktionsstätten natürlich besonders hoher Gefährdung ausgesetzt. Daher müssen wir auch sie in unsere Liste aufnehmen. Allerdings ist es unmöglich, alle kleineren Zulieferfirmen aufzuführen. Doch sie kommen als Kriegsziele ohnehin kaum infrage, denn kein Land, auch nicht Russland, hat eine unbegrenzte Anzahl an Raketen oder Marschflugkörpern. Beschränken wir uns also auf die kriegswichtigen Waffenschmieden.

Beginnen wir mit **Diehl Defence**. Der Umsatz dieser Firma mit Rüstungsgütern und -dienstleistungen liegt bei nicht ganz einer Milliarde US-Dollar. Diehl »liefert nach eigenen Angaben Hightechausrüstung in den Bereichen bodengebundene Luftverteidigung, Lenkflugkörper, Trainings- und Schutzsysteme sowie Munition«.[193]

Genauer betrachtet beschäftigt sich das Unternehmen »hauptsächlich mit der Konzeption von Flugkörpersensorik sowie der Programmleitung gelenkter Flugkörpersysteme« für Land, See und Luft sowie mit »Munition und Raketensysteme[n]« und »Sensor- und Sicherheitssysteme[n]«.[194]

Diehl Defence stellt »an den Standorten **Nonnweiler** im saarländischen Landkreis St. Wendel und **Röthenbach an der Pegnitz** im mittelfränkischen Landkreis Nürnberg Anzündmittel, Mittel-, Großkaliber- und Pioniermunition sowie pyrotechnische Nebelmunition« her und am Standort **Überlingen** am Bodensee »Flugkörperkomponenten wie Suchköpfe und Steuereinheiten«.[195]

Der Rüstungskonzern **Hensoldt AG** aus **Taufkirchen bei München** ging 2017 aus der Elektroniksparte des Rüstungsgeschäfts von Airbus hervor. Seinen Umsatz von mehr als 1,5 Milliarden US-Dollar pro Jahr erwirtschaftet das Unternehmen hauptsächlich mit Radar, optoelektronischen Systemen, elektronischer Kampfführung sowie Avionik – allen elektrischen und elektronischen Geräten, die sich an Bord eines Fluggeräts befinden. Weitere Unternehmensstandorte in Deutschland sind **Ulm** an der Grenze von Bayern und Baden-Württemberg, **Oberkochen** in der Region Ostwürttemberg, das mittelhessische **Wetzlar**, **Immenstaad am Bodensee**, **Pforzheim** im Nordwesten Baden-Württembergs sowie die schleswig-holsteinische Landeshauptstadt **Kiel**.

Thyssenkrupp erwirtschaftet mit seinem Zweig Marine Systems einen Umsatz von fast 2,5 Milliarden US-Dollar und ist damit der führende Hersteller von U-Booten, Kriegsschiffen und Marinekommunikationsmitteln in Europa.[196] Die U-Boote werden in **Kiel**, die anderen Kriegsschiffe in **Hamburg** beziehungsweise **Emden in Ostfriesland** gebaut, und die Schiffselektronik wird in **Bremen**, in **Wedel** im schleswig-holsteinischen Kreis Pinneberg sowie in **Flintbek** im schleswig-holsteinischen Kreis Rendsburg-Eckernförde hergestellt.

Das frühere Unternehmen Krauss-Maffei Wegmann – **KMW** – läuft nach einer Umstrukturierung unter **KNDS** (KMW + Nexter Defense Systems) weiter. »Dieses deutsch-französische Gemeinschaftsunternehmen mit Sitz in Amsterdam war durch den Zusammenschluss von KMW mit dem staatlichen französischen Rüstungskonzern Nexter entstanden. Produkte von KMW spielen im Ukrainekrieg bei deutschen Waffenlieferungen eine große Rolle, darunter die Panzerhaubitze 2000 oder Panzer vom Typ Leopard.«[197] KNDS erwirtschaftet einen Umsatz von 3 Milliarden US-Dollar.

Der größte und bedeutsamste Produzent im Segment der militärischen Ketten- und Radfahrzeuge ist die am nordwestlichen Stadtrand von **München** ansässige Rüstungsfirma Krauss-Maffei Wegmann & Co. KG (KMW), die zu KNDS gehört. Hier werden der Leopard und die anderen Panzer gebaut, die im Ukrainekrieg zum Einsatz kommen. Ein weiterer Standort, an dem KMW »Kampfpanzer und Artilleriesysteme, Schützenpanzer, Flugabwehr-, Aufklärungs- und Brückenlegesysteme sowie luftverladbare und hochgeschützte Radfahrzeuge«[198] herstellt, ist das hessische **Kassel**. Dort werden zum Beispiel die Türme für den Kampfpanzer Leopard 2 gebaut, die dann am Standort München fertigmontiert werden.

Das nächste Rüstungsschwergewicht ist **MBDA** (Matra BAe Dynamics Aérospatiale), ein Joint Venture von Airbus mit anderen europäischen Partnern und Standorten in Frankreich, Deutschland, Italien, Spanien und im Vereinigten Königreich. »Das Unternehmen entwickelt, produziert und wartet Luftverteidigungs- und Lenkflugkörpersysteme« sowie Laserwaffen und erwirtschaftet damit 4 Milliarden US-Dollar Umsatz im Jahr. »Die beiden Tochterfirmen von MBDA Deutschland, TDW und Bayern-Chemie, gelten als weltweit führend bei der Herstellung von Gefechtsköpfen und Antrieben für Lenkflugkörper.«[199]

Hergestellt werden die Flugkörper von der Taurus Systems GmbH, die ihren Sitz im bayerischen **Schrobenhausen** hat. Hier soll demnächst in einem Joint Venture mit dem US-Raketenbauer Raytheon auch ein bedeutender Teil der Patriot-Raketenabwehrsysteme produziert werden. Zurück zu Taurus – einem Marschflugkörper, der dadurch berühmt wurde, dass deutsche Generäle im Frühjahr 2024 in einer Konferenz dabei abgehört wurden, wie sie einen Einsatz der Raketen gegen die russische Krimbrücke besprachen. Taurus ist ein Akronym und steht für »Target Adaptive Unitary and Dispenser Robotic Ubiquity System«. Er hat eine Länge von 5 Metern, eine Breite von 1 Meter, eine Höhe von 80 Zentimetern und ein Gewicht von 1,35 Tonnen. Der Stückpreis beläuft sich auf 950 000 Euro.

Von **Rheinmetall** – nach eigener Darstellung der größte Hersteller von Artilleriemunition in der westlichen Welt – war im bisherigen Krieg viel zu hören. Und das nicht nur wegen seines Umsatzes von 4,5 Milliarden US-Dollar, sondern auch weil der Konzern in der Ukraine Rüstungsfabriken bauen will und Teile des Kampfjetrumpfs F-35 fertigen soll. 35 Exemplare dieses Tarnkappenflugzeugs sollen die Tornadoflotte der Bundeswehr ersetzen.

Von den zahlreichen Standorten, die das Unternehmen in Deutschland unterhält, sind drei hervorzuheben: In **Unterlüß** – auf halber Strecke zwischen Hannover und Lüneburg – produziert Rheinmetall großkalibrige Waffen sowie Panzer- und Artilleriemunition. Die Fahrzeuge selbst werden von MAN am Stadtrand von **München** gebaut. In **Aschau am Inn** stellt Rheinmetall Explosivstoffe her. Weitere Munitionsproduktionsstätten befinden sich in **Neuenburg am Rhein**, in **Oberndorf** im baden-württembergischen Landkreis Rottweil, in **Harzgerode** in Sachsen-Anhalt, in **Schneizlreuth** im oberbayerischen Landkreis Berchtesgadener Land sowie in **Trittau** im schleswig-holsteinischen Kreis Stormarn.

Airbus ist hinter dem britischen BAE Systems mit 12 Milliarden US-Dollar Militärumsatz Europas größter Luft- und Raumfahrtkonzern. »Der Konzern (ehemals EADS) entstand im Jahr 2000 aus der Fusion der deutschen DaimlerChrysler Aerospace, der französischen Aérospatiale Matra und der spanischen CASA.«[200] In Deutschland hat der Konzern fünfzehn Standorte. Darunter dürfte die Division Airbus Defence and Space mit Sitz in **Ottobrunn/Taufkirchen bei München** für unsere Untersuchung die wichtigste sein, denn sie baut militärische Flugzeuge (zum Beispiel Eurofighter, Airbus A400M), Orbitalsysteme und Satelliten, Lenkflugkörper, kommerzielle Trägerraketen, Verteidigungssysteme, Sicherheitslösungen und Kommunikationstechnologie. Die anderen Standorte von Airbus Defense and Space sind das baden-württembergische **Backnang**, **Bremen**, **Immenstaad am Bodensee**, **Jena**, **Kiel**, **Koblenz**, **Köln**, **Lampolshausen** im nördlichen Baden-Württemberg, **Manching** bei Ingolstadt, **Potsdam**, **Sulzbach im Taunus**, **Munster** in der Lüneburger Heide und **Ulm**.

Natürlich sind die meisten der hier aufgelisteten Standorte nur bei einem offenen Schlagabtausch zwischen der NATO und Russland gefährdet. Doch der Nachschubhafen Bremerhaven, die Elbbrücke Hohenwarthe auf der A2 bei Magdeburg, die Fliegerhorste Spangdahlem und Büchel sowie die Taurus-Fabrik in Schrobenhausen dürften zu den ersten Zielen gehören.

Vorerst sind die gefährdeten Standorte in Deutschland nur im Zielradar russischer Raketen. Die Gefahr, dass sie tatsächlich bombardiert werden, rückt jedoch immer näher, wenn wir die Kriegsentwicklung im Jahr 2024 betrachten.

IV. Das Kriegsjahr 2024

★★★

Ob Historiker das Jahr 2024 einmal als das Jahr der Ausweitung des Kriegs auf Europa beschreiben werden oder als das Jahr der Manöver, wissen wir nicht. Aber dass in diesem 10. Jahr des Ukrainekriegs besonders viele Militärübungen der NATO stattfanden, wissen wir bereits zur Jahreshälfte.

Den Ernstfall üben

Es ging gleich zu Jahresbeginn los: Mit einer Reihe von »vernetzten« Manövern probte die NATO ab Frühjahr 2024 den Ernstfall. Und auch in Deutschland rasselten im Großmanöver Quadriga 2024 die Panzerketten.

Nein, das waren nicht irgendwelche Feldübungen, die Deutschland und seine NATO-Verbündeten da durchzogen, sondern die NATO probte tatsächlich 4 Monate lang einen umfassenden Krieg gegen Russland. Dazu vernetzte das Militärbündnis »mehrere Großmanöver, Übungen und Teilübungen zu einem simulierten ›Schlachtfeldnetzwerk‹ an einer künftigen Ostfront. Laut Angaben der Bundeswehr [war] das Großmanöver Quadriga 2024, bei dem Deutschland im Mittelpunkt [stand], der deutsche Beitrag zu der parallel laufenden übergeordneten NATO-Kriegsübung Steadfast Defender.«[201]

Und die war gewaltig: Man verlegte mehrere Zehntausend Soldaten aller NATO-Staaten nach Nord- und Osteuropa und trainierte unter anderem in Norwegen, Litauen, Polen, Deutschland (als zentraler »Drehscheibe«), Ungarn und Rumänien den Landkrieg gegen Russland. Anders als bei Kriegsübungen sonst üblich wurde der simulierte Feind diesmal ganz offen als eine von Russland geführte Koalition benannt. Mehr Provokation geht eigentlich nicht.

Der Name Quadriga, heißt es auf der Internetseite der Bundeswehr, weise auf den Streitwagen, »die Quadriga auf dem Brandenburger Tor hin, die symbolisch für Freiheit, Einigung und Stärke« steht.[202]

Und so stand die Bundesrepublik auch im Mittelpunkt dieses von der NATO durchgeführten Großmanövers. Auf deutschem Boden trainierten insgesamt 12 000 Soldaten die Verlegung von nationalen und multinationalen Landstreitkräften. Quadriga 2024 sollte laut Bundeswehr für alle Bürgerinnen und Bürger öffentlich sichtbar sein. Als mentale Vorbereitung auf den Ernstfall?

Die Bundeswehr beteiligte sich an der Kriegsübung nicht nur mit dem Heer, sondern auch mit allen anderen Teilstreitkräften, und übte von Februar bis Ende Mai 2024 Truppeneinsatz und -führung. Das Ziel war, eigene Kräfte schnell an die NATO-Ostflanke nach Norwegen, Litauen, Rumänien oder Ungarn zu verlegen, wobei ein besonderes Augenmerk auf dem Absichern der Marschwege durch die Bundesrepublik für den Transfer von Partnerstreitkräften und -waffen lag.

Mit Quadriga 2024 präsentierte sich Deutschland als »Drehscheibe für die Truppenaufmärsche des NATO-Blocks an seiner Ostflanke. [Dieses Manöver] war in ein sogenanntes Übungscluster eingeflochten – ein Netz ineinandergreifender Manöver, das sich zeitlich über 5 Monate und räumlich von Norwegen bis nach Rumänien entlang der gesamten russischen Westgrenze erstreckte. Quadriga selbst setzte sich zusammen aus vier Teilübungen: In dem Grand Center genannten ersten Teil der Kriegsübung«[203] trainierte die 1. Panzerdivision der Bundeswehr in Deutschland, Polen und Litauen. In der zweiten Teilübung namens Grand North, die in Norwegen stattfand, testeten die Division Schnelle Kräfte und die Gebirgsjägerbrigade 23 die Kriegsführung unter extremen Wetterbedingungen, und in der dritten Teilübung probten deutsche Fallschirmjäger der Division Schnelle Kräfte die schnelle Verlegung und den Einsatz in Ungarn und Rumänien. Quadriga 2024 gipfelte dann in der vierten Teilübung Grand Quadriga im Mai, in der die 10. Panzerdivision die Verlegung und den Einsatz mit Kampf- und Schützenpanzern in Litauen trainierte.

Die Teilübungen von Quadriga 2024 mündeten jeweils in Manövern anderer NATO-Staaten: in das polnische Manöver Dragon, in die US-amerikanische Übung Saber Strike, in das Manöver Nordic Response, in Swift Response. Kurzum, die NATO erschuf ein »›Schlachtfeldnetzwerk‹ entlang der russischen Westgrenze«.[204]

Interessant ist, dass die Bundeswehr zugibt, im Rahmen von Quadriga auch »Offensivoperationen« trainiert zu haben, und meldet, nach »drei Tagen intensiven Gefechts in der Oberpfalz« und einer »vorübergehenden Verteidigung« wurde der Feind »im Gegenangriff endgültig geschlagen«.[205]

Die Bundeswehr nutzte also das Großmanöver, um vom Aufmarsch bis zum »hochintensiven Gefecht [...] Mängel und Lücken« ihrer Kriegsvorbereitungen ausfindig zu machen. Dafür überprüften deutsche Soldaten ihre »logistischen Konzepte« im »ganzen Bündnisgebiet« und trainierten den »Landmarsch« unter anderem über Polen durch die Suwałki-Lücke bis nach Litauen, die Überquerung der Weichsel, »einwöchiges Gefechtsschießen« mit deutschen Soldaten an Maschinengewehren in Schützengräben in Polen, den »Kampf am Boden« inklusive »bodengestützte Luftverteidigung«, den »Kampf im urbanen Raum«, die multinationale Kriegsführung im Verbund mit anderen NATO-Staaten, insbesondere den Niederlanden, den »Kampf gegen einen gleichwertigen Gegner am Polarkreis« oder das Abspringen Tausender Fallschirmjäger in Rumänien. »Wir müssen üben wie im Krieg«, hatte der Generalinspekteur der Bundeswehr als Parole ausgegeben.[206]

Was bei diesen Kriegsübungen stutzig macht, ist die beabsichtigte »Verschachtelung der Truppenbewegungen in teilweise nahtlos ineinander übergehende oder sich überlappende Einzelmanöver«.[207] Damit wird sich Russland, das ja nun auch offen als Kriegsgegner genannt wird, schwertun, das tatsächliche Ausmaß des NATO-Aufmarsches realistisch einzuschätzen.

Das nächste Beispiel ist das Großmanöver Steadfast Defender, für das die USA Truppen nach Europa verlegten und dann »gemeinsam mit sämtlichen NATO-Mitgliedern an der Ostflanke den Einsatz von Landstreitkräften in einem Krieg gegen Russland probten«. Mehr als 41 000 NATO-Soldaten trainierten hier zum ersten Mal mit echten geografischen »Daten aus Osteuropa, um ihren Truppen ein realistischeres Szenario vom potenziellen zukünftigen Einsatzgebiet zu bieten«.[208] Während dieser NATO-Kriegsspiele ordnete der russische Präsident Manöver seiner taktischen Atomstreitkräfte an.

Will der Westen einen Atomkrieg?

Die ukrainischen Streitkräfte haben im Mai 2024 »zwei Radaranlagen weit entfernt auf russischem Territorium angegriffen, die Teil des russischen Frühwarnsystems gegen Atomangriffe sind. Ein Angriff auf solche Anlagen kann nach einem russischen Präsidialdekret eine nukleare Reaktion der russischen Streitkräfte auslösen.«[209]

Bei den am 23. und am 26. Mai angegriffenen »Voronezh-DM-Radaren handelt es sich um sogenannte ›Over-The-Horizon‹ (OTH) – ›Ultra High Frequency‹ (UHF)-Radare«, die genutzt werden, um anfliegende ballistische Raketen bereits in großer Entfernung »von horizontal 6000 und vertikal 8000 Kilometern« zu entdecken.[210] Eine der zwei Anlagen befindet sich in Armawir in der südwestrussischen Region Krasnodar, die zweite bei Orsk an der Grenze zu Kasachstan. Kiew behauptet, Moskau nutze beide Anlagen, um Operationen der ukrainischen Streitkräfte aufzuklären. Experten halten dies im Fall der Anlage bei Orsk für eindeutig falsch. Laut der *Washington Post* wird diese verwendet, um mögliche Angriffe aus dem Mittleren Osten oder aus Richtung China aufzuspüren.[211]

Mit Blick auf die Anlage in Armawir sind sich Spezialisten weithin einig, dass sie nicht dazu taugt, Angriffe mit Drohnen zu entdecken. Ukrainische Quellen behaupteten zunächst, dass es sich bei den »Drohnen des Armawir-Angriffs um Systeme des Typs HUR handelte,

[sie] also ukrainischer Bauart waren. Die Russen geben aber an, teilweise zerstörte Drohnen sichergestellt zu haben, bei denen es sich nicht um einheimische ukrainische Produkte handelt.« Hingegen soll es sich »bei den sichergestellten Drohnen [...] um portugiesische Drohnen des Typs Tekever AR3 handeln. Portugal hatte diese Drohnen im Juni 2023 zugesagt, nachdem Großbritannien sich bereit erklärt hatte, dafür zu bezahlen. Die Tatsache, dass bei dem Angriff NATO-Ausrüstung verwendet wurde, ist äußerst beunruhigend; die Russen könnten Vergeltung dafür üben.«[212]

Dazu muss man wissen, dass Armawir aus zwei weitreichenden Phased-Array-Radaren besteht, »die vor nuklearen Angriffen warnen sollen. Die Anlage befindet sich im Süden Russlands in der Region Krasnodar auf dem Gelände des dortigen Luftwaffenstützpunktes Baranowski. Eine der Radaranlagen deckt den Südwesten ab, die andere ist nach Südosten ausgerichtet.«

Im Übrigen besitzt Russland »zehn strategische Radaranlagen zur Landesverteidigung. Diese Radaranlagen stammen aus dem Jahr 2017, haben eine Reichweite von rund 6000 Kilometer und sind unter der Bezeichnung Woronesch-DM bekannt.«[213] Sie befinden sich an Standorten in Murmansk, bei St. Petersburg, in Kaliningrad, in Barnaul, in Omsk, bei Irkutsk, bei Workuta, in Krasnogorsk sowie im bereits genannten Armawir – sind also über ganz Russland verteilt. »Letztere aus zwei Radaren bestehende Anlage wurde gebaut, um ähnliche, ursprünglich in der Westukraine und auf der Krim installierte sowjetische Systeme zu kompensieren.«[214]

Diese Radargeräte »sollen Marschflugkörper, ballistische Raketen und Angriffe aus dem Weltraum erkennen. Die Radaranlagen sind mit dem neuen Flugabwehrsystem S-500 und anderen Flugabwehrsystemen vernetzt.«[215]

Die offenkundig vorgeschobene Kiewer Behauptung, man habe mit dem Angriff auf die beiden Radaranlagen lediglich russische Operationen im

Ukrainekrieg verhindern wollen, ist schlichtweg eine Lüge, denn bei den Anlagen handelt es sich um Teile des russischen Frühwarnsystems gegen Angriffe mit Nuklearwaffen. Werden sie beschädigt und in ihrer Funktion eingeschränkt, könnte Russland auf einen etwaigen Atomangriff unter Umständen nicht rechtzeitig reagieren. Das ist der Grund dafür, dass es in einem Moskauer Präsidialerlass vom 2. Juni 2020 ausdrücklich heißt, eine »feindliche Einwirkung auf wesentliche staatliche oder militärische Einrichtungen der Russischen Föderation, deren Ausschaltung die Antwortmaßnahmen der Nuklearstreitkräfte vereiteln würde«, könne eine Reaktion mit russischen Atomwaffen auslösen.[216] »Der Angriff auf Armawir«, stellt der österreichische Militärexperte Oberst Reisner fest, könne diese »Bedingungen erfüllen«.[217]

Dieser Angriff löste Spekulationen aus, ob Kiew mit dem Gedanken spiele, einen russischen Militärschlag zu provozieren, auf den die NATO antworten müsse. In einer Situation wie der gegenwärtigen, in der die Ukraine vor einer militärischen Niederlage stehe, könne sich das als ein letztes Mittel erweisen, um das Ruder noch herumzureißen.[218]

Ähnliche Erwägungen waren bereits im April 2024 laut geworden, als das Kernkraftwerk Saporischschja, das von Russland kontrolliert wird, mit Drohnen attackiert wurde. Damals wurde für den Fall einer absichtsvoll hervorgerufenen nuklearen Verseuchung der Ukraine durch Russland über ein Eingreifen der NATO in den Krieg diskutiert.[219]

Deutschland: Kriegsziel Nummer eins

Während die Eskalation des Krieges von allen Seiten eifrig befeuert wird, schafft man auf militärischer Ebene Fakten, und das Territoriale Führungskommando der Bundeswehr stellte im Frühjahr 2024 einen konkreten Operationsplan für Kampfhandlungen auf deutschem Boden auf.

In diesem »Operationsplan Deutschland«[220] heißt es, die »wesentliche Aufgabe« sei es, den »vorgesehenen Aufmarsch« gegen Russland und die »Versorgung verbündeter und eigener Streitkräfte in der Drehscheibe Deutschland sicherzustellen«. Die »Forderungen der NATO an Deutschland« als Drehscheibe eines transatlantischen Vorstoßes in Richtung Osten seien die »zentrale Einflussgröße bei der Erstellung« des Operationsplans.

Den Plan für »den operativen Einsatz der Bundeswehr in Deutschland in Frieden, Krise und Krieg« hat das Territoriale Führungskommando der Bundeswehr entworfen, es ist der erste seit dem Kalten Krieg. Das Kommando war im Oktober 2022 aufgestellt worden und soll alle Aktivitäten der Bundeswehr im Inland koordinieren und anordnen. »In Zusammenarbeit mit den beiden Kommandostrukturen in Ulm, dem Multinationalen Kommando Operative Führung und dem Joint Support and Enabling Command (JSEC) [dazu gleich mehr] nimmt es die Funktion eines ›Aufmarsch führenden Kommandos‹ wahr. Darüber hinaus ist es zuständig für ›Auf- und Ausbau der Territorialen Reserve einschließlich der Heimatschutzkräfte‹.«[221]

In diesem Plan steht, es sei damit zu rechnen, dass ein größerer Teil der Bundeswehr an der Ostflanke der NATO gebraucht werde. Deshalb stützt sich der Operationsplan maßgeblich auf die Einbindung ziviler Kräfte und Reservisten.

André Bodemann, Befehlshaber des Territorialen Führungskommandos der Bundeswehr, betrachtet es als grundlegend für den NATO-Verteidigungsplan, dass alliierte Streitkräfte schnell und sicher über und durch Deutschland an die NATO-Ostflanke gebracht werden können. Durch das Planungspapier sei dieser Aufmarsch sichergestellt worden.[222]

Weil es zu weit führen würde, die rund 1000 Seiten des »Operationsplans Deutschland« hier zu analysieren, greife ich auf ein Interview zurück, in dem der Oberbefehlshaber den Plan erklärt.[223]

Darin gesteht der General völlig überraschend ein, dass die Ampelregierung der Bundesrepublik den »Vertrag über die abschließende Regelung in Bezug auf Deutschland« – besser bekannt als »Zwei-plus-Vier-Vertrag« – bereits gebrochen hat. Denn in Artikel 2 heißt es: »Die Regierungen der Bundesrepublik Deutschland und der Deutschen Demokratischen Republik bekräftigen ihre Erklärungen, dass von deutschem Boden nur Frieden ausgehen wird. Nach der Verfassung des vereinten Deutschlands sind Handlungen, die geeignet sind und in der Absicht vorgenommen werden, das friedliche Zusammenleben der Völker zu stören, insbesondere die Führung eines Angriffskrieges vorzubereiten, verfassungswidrig und strafbar. Die Regierungen der Bundesrepublik Deutschland und der Deutschen Demokratischen Republik erklären, dass das vereinte Deutschland keine seiner Waffen jemals einsetzen wird, es sei denn in Übereinstimmung mit seiner Verfassung und der Charta der Vereinten Nationen.«

André Bodemann gibt offen zu, dass Deutschland nur »formaljuristisch« nicht im Krieg ist, doch auch »schon lange nicht mehr im Frieden«. Der Operationsplan beschreibe »sehr deutlich, was zu tun ist, wer das tun soll und wie man es tut, wenn es erforderlich ist, und zwar aus Ableitung der aktuellen sicherheitspolitischen Lage. Was muss in Deutschland getan werden, um Deutschland zu schützen? In Frieden, Krise und Krieg?«

Dann liefert der General ein konkretes Beispiel: »Truppen der Amerikaner landen in Vlissingen in den Niederlanden; marschieren durch die Niederlande auf verschiedenen Wegen über die Bahn, über Straße, über Autobahnen oder Luftverladung, über Flugplätze. Und dann müssen sie auch durch Deutschland und sie müssen versorgt werden. Jeder von uns macht auf der Autobahn eine Rast. Das machen eben auch die amerikanischen Konvois in diesem Fall. Wir nennen das Konvoi Support Center. Und dort, während der Rast, werden sie versorgt mit Betriebsstoff, mit Verpflegung, mit Frischwasser und vielleicht auch mit der Notwendigkeit zur sanitätsdienstlichen Betreuung.« Dafür stünden allerdings nicht genügend Soldaten zur Verfügung, weil »die wesentlichen Teile der Bundeswehr, der aktiven Teile der Bundeswehr, sich dann entweder schon an der NATO-Ostflanke befindet oder auf dem Weg dorthin ist. Und das bedeutet, wir arbeiten mit dem Prinzip der maximalen zivilen Leistungserbringung.«

Vom Grundsatz her sei der Plan geheim, aber es gehe ja darum, die sogenannte Drehscheibe Deutschland zu bedienen: »Also die Scheibe Deutschland als den zentralen Punkt, wo die alliierten Kräfte durchmarschieren müssen.«

Und dann malt Bodemann ein düsteres Bild: »Russland konstituiert seine Streitkräfte. Wir rechnen etwa damit, dass in fünf bis acht Jahren Russland seine Streitkräfte so wiederhergestellt hat während des Krieges in der Ukraine, dass sie durchaus in der Lage sind, auch mit klassischen militärischen Mitteln das NATO-Bündnisgebiet anzugreifen. Und Russland hat viel in der Vergangenheit – Putin hat viel in der Vergangenheit angesprochen, was er tatsächlich dann auch umgesetzt hat. Und immerhin hat er gesagt, dass er das alte Gebiet der Sowjetunion wiederherstellen möchte, und dazu zählen eben auch die baltischen Staaten.« Hier lügt der General übrigens, denn es gibt kein Zitat von Putin, das diesen Vorwurf, er wolle die Sowjetunion wiederherstellen, belegen könnte.

Damit wir uns auf keinen Fall zurücklehnen, schiebt der General nach: »Die Bedrohungslage sehen wir jetzt schon. Durchaus wäre Russland jetzt schon in der Lage, das eine oder andere zu tun. Insbesondere ist Russland im Bereich der hybriden Bedrohung sehr stark unterwegs. Mit klassischen militärischen Mitteln sehe ich die Bedrohung in einigen Jahren sehr wohl konkret auf uns zukommen.«[224]

Konkret geht es im Operationsplan also »um die Verkehrsleitung bei Truppenmärschen, um das Betanken der Militärfahrzeuge, um Unterstützung bei technischen Problemen und um die Unterbringung und Verpflegung der NATO-Soldaten auf ihrem Weg nach

Osten«. Als Aufgabe und Zielvorgabe wird für die deutschen Streitkräfte festgeschrieben, »Aufmarschwege für Verbündete freizuhalten und Konvois zu versorgen«.[225]

Um Ausrüstung, Material und Munition zu lagern und für Transporte vorzubereiten, wird ein europäisches Logistiknetzwerk aufgebaut. Außerdem wird eine Modernisierung der Verkehrsinfrastruktur – insbesondere in Richtung NATO-Ostflanke – in Angriff genommen.

Zur Förderung dieses Bereichs haben die Niederlande, Deutschland und Polen eine Absichtserklärung unterzeichnet, in der sie sich zum Aufbau eines »grenzüberschreitenden Musterkorridor[s] für den militärischen Verkehr von Westen nach Osten« verpflichten. Verantwortlich für die Umsetzung dieses Musterkorridors »von den Tiefseehäfen an der Nordsee an die besonders exponierte NATO-Ostflanke« ist die im deutschen Ulm angesiedelte NATO-Kommandostruktur JSEC, die laut dem deutschen Verteidigungsministerium »sämtliche Truppenbewegungen der NATO im europäischen Bündnisgebiet« koordiniert.[226]

Dieses Kommando ist fest in deutscher Hand, denn die Bundeswehr betreibt in Ulm eigentlich zwei Führungskommandos: Das Multinationale Kommando Operative Führung soll die militärischen Fähigkeiten der EU verbessern. Im NATO-Kommando JSEC (Joint Support and Enabling Command) wiederum koordiniert ein deutscher General sämtliche Truppenbewegungen des Militärbündnisses in Europa. Wegen seiner Drehscheibenfunktion für den NATO-Aufmarsch in Richtung Osten ist das JSEC besonders gefährdet, gesteht sogar das Bundesverteidigungsministerium.

»Aufgrund Deutschlands geostrategischer Lage als militärisches Transitland«, sagt Generalleutnant Bodemann, sei von Angriffen auf die »kritische Infrastruktur« auszugehen. Wahrscheinlich seien Sabotageaktionen mit dem Ziel, den Aufmarsch zu behindern oder zu verhindern, aber auch Angriffe mit ballistischen Raketen. Insbesondere Häfen, Brücken und Energieunternehmen seien bedroht.[227]

Wer den Kalten Krieg miterlebt hat, wird sich angesichts solcher Entwicklungen die Augen reiben. Noch nie in den letzten 35 Jahren ist so unverblümt von Krieg gesprochen worden. Noch nie sind wir aufgefordert worden, uns auf einen Krieg einzustellen. Und noch nie seit 1989 hat die Bundeswehr einen konkreten Operationsplan für einen Krieg auf deutschem Boden erstellt.

Die Stunde der Reservisten

Da die Bundeswehr im Fall eines Krieges den Großteil ihrer regulären Soldaten an der Front – etwa in Osteuropa gegen Russland – einsetzen will, sollen in Zukunft Reservisten das Landesinnere, besonders die Nachschubwege der NATO, sichern. Aber warum wurde darüber bereits vor 5 Jahren nachgedacht?

Im Oktober 2019 hatte das Verteidigungsministerium eine »Neue Strategie der Reserve« in Kraft gesetzt. Darin heißt es, die Einsatzbereitschaft der Reserve solle durch gezieltere Ausbildung, bessere Ausrüstung und moderne Infrastruktur »umfassend verbessert« werden.[228]

Warum beschloss man schon 2019, die Reserve – also Soldaten, die nach Ablauf ihrer Bundeswehrdienstzeit der Truppe für Übungen und Manöver und natürlich auch im Kriegsfall zur Verfügung stehen – neu aufzustellen? Natürlich hatte die Öffentlichkeit diesen Vorgang damals nicht registriert, denn niemand dachte 3 Jahre vor Russlands Angriff auf die Ukraine über die Bundeswehr nach, geschweige denn über die Reserve. Doch auf der Hardthöhe wusste man offenbar mehr.

Heute wird dies plötzlich offen als dringendes Thema aufgetischt. Es heißt, die Bundeswehr suche »händeringend« verlässliche Reservisten für den Dienst in sogenannten Heimatschutzregimentern zur Sicherung der »Heimatfront« im Krisen- und Kriegsfall.[229] Warum das so ist, geht aus dem »Operationsplan Deutschland« hervor, über den ich weiter oben bereits berichtet habe. Der Hauptteil der deutschen

Armee, so heißt es darin, werde »im Fall eines Krieges gegen Russland nicht für Verteidigungsaufgaben im Landesinneren zur Verfügung stehen, sondern im Osten kämpfen. Deshalb [sollten] auf deutschem Territorium vor allem Reservisten die Stellung halten.«[230]

Daraufhin forderte der Reservistenverband sofort, das verfügbare Personal mit einer »Dienstpflicht« noch einmal auszuweiten.[231] Unterstützung erhält der Verband von höchster Stelle, denn der oben erwähnte Generalleutnant André Bodemann erklärte, er setze auf die »neu aufzustellenden Heimatschutzkräfte«.[232]

Bisher sind drei Heimatschutzregimenter bereits aktiv. Sie sollen die Bundeswehr personell »entlasten«. Sind alle sechs Regimenter einsatzfähig, dann könnten mehrere Tausend Berufssoldaten stattdessen an der NATO-Ostflanke kämpfen. Doch wie wir aus den »Verteidigungspolitischen Richtlinien 2023«, dem aktuellen Grundsatzdokument der deutschen Militärpolitik, erfahren, geht es noch viel weiter: Um »unmittelbaren personellen Aufwuchs, die Einsatzbereitschaft und die Durchhaltefähigkeit« der Bundeswehr zu erreichen, sollen die Soldaten »im gesamten Aufgabenspektrum durch die Reserve verstärkt« werden.[233]

Bereits jetzt übernehmen die Reservisten militärische Tätigkeiten der Militärs. Zum Beispiel bewachen Reservisten der Heimatschutzregimenter als Teil des sogenannten Host Nation Support die Versorgung verbündeter Truppen auf deutschem Territorium. Bei den weiter oben beschriebenen Manövern im Jahr 2024 zum Beispiel sicherten Reservisten die Rastpunkte von Militärtransporten und die Routen der US-Streitkräfte auf dem Weg durch Deutschland.

Laut Bundeswehr sollen in Zeiten von Konflikt und Krieg die Heimatschutzkräfte militärische und »verteidigungswichtige« Infrastruktur wie »Häfen, Güterumschlagplätze, Bahnanlagen und Brücken, aber auch digitale Netze und Energienetze« sichern.[234]

Auch sogenannte Ungediente, also Menschen, die noch nicht bei der Truppe waren, sollen in die Heimatschutzregimenter aufgenommen werden – etwa durch eine Grundausbildung im Rahmen des Freiwilligen Wehrdienstes im Heimatschutz oder »über einen Zeitraum von knapp 2 Jahren in Ausbildungsblöcken meist am Wochenende«. Der Schwerpunkt der Ausbildung zum »Heimatschützer« liegt der Bundeswehr zufolge auf »Wach- und Sicherungsaufgaben«, wozu auch »Waffenausbildung an Pistole, Maschinengewehr und Panzerfaust«, »Häuserkampf«, »Flieger- und Drohnenabwehr« und »politische Bildung« gehören.[235]

Sollte diese neue Reservestrategie nicht funktionieren, dann bleibt als Alternative die Wiedereinführung der Wehrpflicht, die als Plan und Szenario bereits in den Schubladen des Verteidigungsministeriums wartet.[236]

Wie das Verteidigungsministerium bestätigt, würden »Wehrerfassungs- und Musterungsprozesse [...] strukturell vorbereitet, um einen verpflichtenden Wehrdienst« umsetzen zu können.[237] Und laut Bundesverteidigungsminister Boris Pistorius wägt man gerade »verschiedene Wehrpflichtmodelle« ab, wozu eventuell auch eine »Grundgesetzänderung« erforderlich wäre. Im »Kriegsfall« gebe es ja »ohnehin« eine »sofortige Wehrpflicht«.[238]

Der neue Notfallplan für Deutschland

Ich muss noch einmal auf den Operationsplan Deutschland zurückkommen.[239] Denn neben militärischen gibt es darin auch politische und zivile Anweisungen: Im Ernstfall werden dem Bundeskanzler die Richtlinien- und Verteidigungsbefugnisse übertragen. Der Verteidigungsminister ist dann nur noch Chef der Bundeswehrverwaltung. Die Politik soll Energie und Lebensmittel bevorraten und Schutzräume einrichten. Große öffentliche Bunker sind indes nicht geplant, da keine Bombenangriffe auf Städte erwartet werden. Stattdessen sollen sogenannte »häusliche Schutzräume«, also Keller, Räume oder

Flächen unter der Erde oder innerhalb von Gebäuden genutzt und durch die Abschirmung von Wänden oder die vorübergehende Abdeckung von Fenstern und Öffnungen in Kellern stabiler gemacht werden.

Im Urbanen sollen Räume in öffentlichen Gebäuden, Kaufhäuser, Tiefgaragen, U-Bahnhöfe, Tunnel als Schutzmöglichkeiten dienen.

Der Bericht räumt ein, dass die Präzision und Wirksamkeit heutiger Waffensysteme »so groß sind, dass ein Volltreffer jede Art von Schutzraum zerstören könnte«. Absoluten Schutz vor feindlichen Angriffen gibt es also nicht.

Um die etwa 85 Millionen in Deutschland lebenden Menschen zu schützen, müssten laut Experten etwa 210 100 größere Schutzräume gebaut werden, für die mit Gesamtkosten von 150 Milliarden Euro zu rechnen wären.

Auch die sogenannte »Rahmenrichtlinie Gesamtverteidigung« (RRGV) von 1989 wurde an die aktuellen Herausforderungen angepasst.[240] Hierin ist klar festgehalten, dass die zivile Verteidigung und die Gesundheitsversorgung der Zivilbevölkerung in den Händen der Bundesländer liegen. Das Papier legt auch fest, dass im Bedarfsfall »regulierende Eingriffe in die Lebensmittelkette« vorgenommen werden, um die Versorgung der Zivilbevölkerung und der Soldaten sicherzustellen. Was hier als regulierender Eingriff verharmlost wird, ist die Erlaubnis, dass der Staat knapp werdende Lebensmittel beschlagnahmen darf. Die Bundesregierung verfügt auch über eine Notfallvorsorge mit Getreide, Hülsenfrüchte, Kondensmilch und anderen Lebensmitteln.

Dann wird gewarnt, die Bürger könnten sich im Ernstfall nicht darauf verlassen, dass staatlich organisierte Hilfe überall und schnell zur Verfügung stehe. »Deshalb müssen sie darauf vorbereitet sein, sich zunächst selbst zu helfen und im Rahmen ihrer Möglichkeiten und Fähigkeiten auch Nachbarschaftshilfe zu leisten.«

Das Bundeskabinett hatte bereits Ende August 2016 eine neue »Konzeption Zivile Verteidigung« beschlossen, in der es heißt: »Die

Bevölkerung wird angehalten, einen individuellen Vorrat an Lebensmitteln von zehn Tagen vorzuhalten.« Damit ist auch Trinkwasser gemeint: »Die Bevölkerung soll durch geeignete Maßnahmen angehalten werden, zur Eigen-/Erstversorgung bis zur Installation staatlicher Einzelmaßnahmen für einen Zeitraum von fünf Tagen je zwei Liter Wasser pro Person und Tag in nicht gesundheitsschädlicher Qualität vorzuhalten.«[241] Inzwischen wird übrigens, wie wir am Schluss des Buches sehen werden, ein Vorrat für 10 Tage empfohlen. Angeblich sichert staatliche Notvorsorge »die Minimalversorgung für die Bevölkerung mit Trinkwasser für mindestens 14 Tage, heißt es weiter. Als Mindestbedarf werden 15 Liter pro Person und Tag, 75 Liter pro Bett und Tag in Krankenhäusern und Pflegeeinrichtungen sowie 150 Liter in der Intensivmedizin angegeben. Auch an Nutztiere ist gedacht: Für jede ›Großvieheinheit‹ liege der Mindestbedarf bei 40 Litern Wasser am Tag.«[242]

Vor Krankenhäusern sollen im Fall von sogenannten ABC-Angriffen (atomar, biologisch, chemisch) »Dekontaminationsstellen« eingerichtet werden, damit Verletzte außerhalb der Krankenhäuser notversorgt werden können.

Im Falle einer Gefahr solle die Bevölkerung über verschiedene Kanäle wie Radio, TV, Sirenen, Lautsprecherdurchsagen, per SMS und über das Internet sowie in der Deutschen Bahn gewarnt werden.

Die Versorgung der Bevölkerung mit Nahrungsmitteln soll »so lange wie möglich durch die private Lebensmittelwirtschaft über den freien Markt abgewickelt werden. Ist eine solche Grundversorgung nicht mehr gewährleistet, kann die Regierung […] per Rechtsverordnung in die Lebensmittelerzeugung und bei deren Verteilung einschreiten. Es könnte Erlasse zu Anbau, Verarbeitung, Verteilung und Verkauf von Lebensmitteln geben. Sprich: Es würde eine Rationierung geben.«[243]

Das Landwirtschaftsministerium darf im Kriegs- oder Katastrophenfall anordnen, dass nur noch große Einzelhandelsfilialen geöffnet werden und die Abgabe von Lebensmitteln unter staatlicher Aufsicht erfolgt. Zudem sollen Wucherpreise durch feste Abgabemengen oder Festpreise vermieden werden.

Im Falle einer wochenlangen Versorgungskrise könnte es zu einer Verpflichtung entsprechender Betriebe kommen, Mehl oder Brot herzustellen. Auch bei der Fleisch- und Wurstfabrikation hätte der Staat die Befugnis, einzugreifen. Sollten Enteignungen erforderlich sein, sind gesetzliche Entschädigungen vorgesehen.

Als »Zivile Notfallreserve« gibt es schon seit den 1960er-Jahren riesige geheime Lebensmittellager – insgesamt 800 000 Tonnen Grundnahrungsmittel im Wert von 200 Millionen Euro. Sie befinden sich überall in Deutschland verteilt, in der Regel weit weg von den Großstädten an sensiblen Punkten wie Tankstellen oder Atomkraftwerken. Um diese Standorte vor Plünderungen zu schützen, werden sie geheim gehalten.

Im Übrigen hat das Bundesamt für Bevölkerungsschutz und Katastrophenhilfe bereits einen *Ratgeber für Notfallvorsorge und richtiges Handeln in Notsituationen* herausgegeben, der neben empfohlenen Lebensmitteln auch eine Checkliste für weitere Gegenstände wie Hausapotheke, Hygieneartikel, Notgepäck und Notfallnummern umfasst.[244] Ich habe die wichtigsten Empfehlungen im letzten Kapitel dieses Buches zusammengefasst.

Angriffe auf russisches Gebiet

Seitdem die westlichen Länder der Ukraine im Frühsommer 2024 die Erlaubnis gegeben haben, Ziele in Russland mit von ihnen gelieferten Waffen anzugreifen, spitzte sich die Lage weiter zu. Thomas Röper, der die Website *antispiegel.ru* betreibt, sprach von einer »Kriegserklärung der NATO an Russland«.[245] Schon seit Beginn der Eskalation liefere der Westen der Ukraine nicht nur Waffen und bilde deren Soldaten aus, sondern wie die USA immer wieder offen zugegeben hätten, seien NATO-Generäle sogar an der Planung der ukrainischen Militäroperationen beteiligt und lieferten Kiew auch Daten der Militäraufklärung.[246]

Röper belegt seine Behauptung mit dem bereits zitierten Gutachten des Wissenschaftlichen Dienstes des Bundestags, das bereits die Einweisung der Konfliktpartei in NATO-Waffensysteme als kritisch wertet. Die Übermittlung von Geheimdienstinformationen aber mache Deutschland aus völkerrechtlicher Sicht auf jeden Fall zur Kriegspartei.

Auch die USA würden die Ukraine nicht nur mit Geheimdienstinformationen in Echtzeit versorgen und bei der Auswahl von Angriffszielen helfen, sondern seien sogar aktiv in die militärischen Planungen der Ukraine eingebunden, argumentiert der in St. Petersburg lebende Deutsche und folgert: »Die USA sind damit aus völkerrechtlicher Sicht in jedem Fall schon lange Kriegspartei gegen Russland.«

Der Westen habe jetzt alle russischen Warnungen ignoriert, und die meisten Länder, die Waffen an die Ukraine geliefert haben, hätten Kiew die Erlaubnis gegeben, diese Waffen gegen Ziele auf unbestreitbar russischem Gebiet einzusetzen.

Bereits im Sommer 2022 hatte Russland gemeldet, in der Ukraine seien auch Spezialeinheiten der USA und Großbritanniens aktiv, was Letztere bestritten und als »russische Propaganda« bezeichnet hatten.[247] Im Dezember 2022 räumte ein hochrangiger britischer General dann die Entsendung von Truppen in die Ukraine ein.[248] Im April 2023 wurden Unterlagen aus dem Pentagon geleakt, aus denen hervorging, dass die NATO mit mindestens 97 Soldaten aus Spezialeinheiten in der Ukraine aktiv gewesen ist.[249] Von den 97 Mitgliedern dieses US/NATO-Kontingents stammten 50 Spezialkräfte aus Großbritannien, 17 aus Lettland, 15 aus Frankreich, 14 aus den USA und eine aus den Niederlanden.

Das war nur eine kleine Auswahl von Beispielen dafür, dass Soldaten aus NATO-Ländern längst in der Ukraine kämpfen. Hinzu kommt das Eingeständnis Großbritanniens, dass britische Soldaten die britischen Storm-Shadow-Marschflugkörper programmieren, die die Ukraine gegen Russland einsetzt. Und auch die deutschen Luftwaffengeneräle haben sich ganz offen über die Bombardierung der Krimbrücke unterhalten.[250]

Orbáns Alarm

Der ungarische Ministerpräsident Viktor Orbán erklärte ebenfalls im Juni 2024, dass Europa von der Phase der Diskussion über einen Krieg mit Russland in die Vorbereitungsphase eines Krieges mit Russland eingetreten sei.[251] Denn es gebe Woche für Woche mehr Anzeichen für eine Vorbereitung von EU und NATO auf ein militärisches Vorgehen. Orbán merkte an, dass »man nicht in einem Schritt in einen Krieg eintritt. [… Sondern] es gibt drei Phasen: Diskussion, Vorbereitung und Zerstörung. Jetzt sind wir dabei, die Diskussion abzuschließen und sind in der Vorbereitungsphase. Wir sind ein paar Zentimeter von der Vernichtung entfernt.«[252]

Der ungarische Regierungschef ist der Ansicht, dass es mindestens zwei Entwicklungen gebe, die darauf hindeuten, dass sich Europa immer mehr in den Ukrainekonflikt verstrickt und »auf einen Krieg zusteuert«. Erstens gebe es Gespräche zwischen Frankreich und der Ukraine über die Möglichkeit, dass französische Militärausbilder in die Ukraine gehen, um ukrainische Soldaten auszubilden. »Sollten sich die Franzosen darauf einlassen, wäre das ein neues Niveau« der Beteiligung von EU- und NATO-Ländern an dem Konflikt. Zweitens, so erinnerte er, werde die Möglichkeit diskutiert, westliche Waffen einzusetzen, um Ziele tief im russischen Territorium anzugreifen: »Immer mehr Leute sagen, dass die Waffen, die der Westen liefert, nicht nur zur Verteidigung, sondern auch zum Angriff eingesetzt werden sollten. […] Ohne die NATO wäre die Ukraine nicht in der Lage, auf russisches Territorium zu schießen, aber sie kann es, und so machen wir einen weiteren Schritt auf dem Weg, in den Krieg verwickelt zu werden.«

Seiner Meinung nach eskaliere der Konflikt nur deshalb, weil die Ukraine und der Westen immer noch gewinnen wollen. »Die Ukraine glaubt, Russland besiegen zu können«, und die westlichen Länder fühlen sich sicherer als die Frontstaaten in Mittel- und Osteuropa. »Das ist der wichtigste Grund, warum sie sich anders verhalten als wir. Sie wollen Russland besiegen, sie wollen um jeden Preis einen militärischen Erfolg erzielen.«[253]

Seine Regierung werde alles tun, um zu verhindern, dass Ungarn in den bewaffneten Konflikt in der Ukraine hineingezogen werde, bekräftigte Orbán und erklärte: »Dies ist nicht unser Krieg, und die Ungarn dürfen nicht darunter leiden.« Und sein starkes Argument, um diese Position zu rechtfertigen, lautet: »Die NATO ist ein starkes Verteidigungsbündnis, das geschaffen wurde, um seine Mitgliedstaaten zu schützen, nicht um in einen weiteren Krieg einzugreifen.«

Putins Friedensangebot

Ende Mai 2024 gab der russische Präsident Wladimir Putin ein Statement zur Entscheidung des Westens ab, Ziele in Russland mit aus dem Westen gelieferten Waffen zu beschießen und europäische Soldaten in die Ukraine zu entsenden. Nach seinem Staatsbesuch in Usbekistan erklärte er vor der Presse, die Langstreckenpräzisionswaffen, die der Westen der Ukraine zur Verfügung stelle, könnten nicht ohne Weltraumaufklärung eingesetzt werden. Weiter sagte er wörtlich: »Zweitens: Die endgültige Zielauswahl und der sogenannte Flugauftrag können nur von hochqualifizierten Spezialisten auf Grundlage dieser Aufklärung, der technischen Aufklärung, erfolgen. Bei einigen Angriffssystemen wie beispielsweise Storm Shadow können diese

Zuweisungen, die Flugaufträge, automatisch erfolgen, ohne dass ukrainische Soldaten dabei sind. Wer macht das? Diejenigen, die diese Systeme herstellen, und diejenigen, die sie angeblich der Ukraine zur Verfügung stellen. Das kann ohne jegliche Beteiligung geschehen, und es geschieht auch ohne die Beteiligung ukrainischer Soldaten. Und andere Systeme, wie ATACMS, werden auch auf der Grundlage von Weltraumaufklärung vorbereitet, [die Ziele] werden festgelegt und automatisch an die entsprechenden Einheiten übermittelt – die wissen vielleicht nicht einmal, was sie eingeben –, und die Einheit, vielleicht sogar eine ukrainische Einheit, gibt die entsprechende Flugaufgabe ein. Aber diese Aufgabe wird nicht von ukrainischen Soldaten vorbereitet, sondern von Vertretern der NATO-Länder.«[254]

Und im nächsten Satz sprach Putin eine Warnung aus: »Diese Vertreter der NATO-Länder, vor allem in Europa, vor allem in kleinen Ländern, sollten sich also bewusst sein, womit sie spielen. Sie sollten bedenken, dass es sich in der Regel um Länder mit kleinem Gebiet und einer sehr dichten Bevölkerung handelt. Das ist ein Faktor, den sie bedenken sollten, bevor sie darüber sprechen, tief in russisches Territorium einzudringen. Das ist eine ernste Sache, und wir beobachten das natürlich sehr genau.«

Auf eine Frage nach den Erklärungen westlicher Politiker, Soldaten in die Ukraine zu schicken, antwortete Putin:

»Was die Tatsache betrifft, dass es in der Ukraine Söldner geben kann oder gibt, so wissen wir das sehr gut, das ist nichts Neues. Wenn die Militärs in der Ukraine jetzt sagen, dass sie in der Ukraine auftauchen könnten: Sie sind doch schon lange dort. Wir hören im Funkverkehr Englisch, Französisch und Polnisch sprechen. Wir wissen, dass sie dort sind, diese sogenannten Söldner. Aber unter dem Söldner-Deckmantel sind auch Spezialisten.

Es wurde eine Frage zu den Präzisionswaffen mit großer Reichweite gestellt. Wer kontrolliert diese Waffen, wer hält sie instand?

Natürlich sind diese Ausbilder als Söldner getarnt, das ist alles. Sie sind dort, und sie erleiden Verluste. Vielleicht ist die Aussage der Tatsache geschuldet, dass es ihnen offenbar immer schwerer fällt, diese Verluste zu verbergen. Darum ist es vielleicht an der Zeit, zu zeigen, dass sie offiziell dort sind, damit sie diese Verluste auf eine echte, legale Art und Weise zeigen können. Ich weiß es nicht, vielleicht.

Was die verschiedenen Kontingente betrifft, so habe ich bereits darüber gesprochen. Die polnische Regierung sagt, dass sie bereit ist, ihre Kontingente zu entsenden. Wir hören Polnisch sprechen, es gibt viele Söldner aus Polen. Wenn einige Kontingente aus europäischen Ländern zusammen mit den Polen kommen, werden andere gehen, aber die Polen werden niemals gehen. Das ist eine offensichtliche Sache, zumindest für mich ist das ganz sicher. Vielleicht liege ich da falsch, aber das ist unwahrscheinlich.

Darum ist der Vorwand, ›einige ukrainische Einheiten, die an der Grenze stehen, freizustellen, um sie auf das Schlachtfeld zu schicken, und dann werden NATO-Soldaten die Sicherheit der Grenzen gewährleisten‹ Quatsch und Verdummung, das ist alles. Und wenn sie dort sind, werden sie auch in der Todeszone unserer Streitkräfte sein. Ich glaube nicht, dass das eine gute, richtige Entscheidung und ein guter Ausweg ist. Das ist ein Aufschaukeln und ein weiterer Schritt in Richtung eines ernsthaften Konflikts in Europa und eines globalen Konflikts. Wollen die das? Dann bitte sehr. Wir werden weiterhin tun, was wir für richtig halten, unabhängig davon, wer sich auf ukrainischem Gebiet befindet. Und das müssen sie wissen.«[255]

Am 14. Juni 2024 hat Putin in seiner Rede vor der Führung des Außenministeriums noch einmal nachgelegt und eine Botschaft an die Welt gerichtet: »Es geht darum, in absehbarer Zeit einen Rahmen für gleiche und unteilbare Sicherheit, für eine für alle Seiten vorteilhafte und gerechte Zusammenarbeit und Entwicklung auf dem eurasischen Kontinent zu formulieren. Was muss dazu auf welchen Grundlagen getan werden? Erstens: Es muss ein Dialog mit allen potenziellen Teilnehmern an diesem künftigen Sicherheitssystem aufgenommen werden.«[256]

Als Putin dann zu diesen »Grundlagen« kam, entwickelte er seine Idee weiter und wandte sich direkt an Europa und die dortigen NATO-Staaten: »Zweitens ist es wichtig, von der Prämisse auszugehen, dass die künftige Sicherheitsarchitektur allen eurasischen Ländern offensteht, die sich an ihrem Aufbau beteiligen wollen. Mit ›für alle‹ sind natürlich auch die europäischen und die NATO-Länder gemeint. Wir leben auf einem Kontinent, egal was passiert, wir können die Geografie nicht ändern, wir werden auf die eine oder andere Weise koexistieren und zusammenarbeiten müssen.«

Dann streckte Putin seine Hand aus und benannte das eigentliche Problem beim Namen: »Die Hauptbedrohung für die Europäer ist die kritische und ständig wachsende, fast totale Abhängigkeit von den USA: im militärischen, politischen, technologischen, ideologischen und medialen Bereich. Europa wird zunehmend an den Rand der globalen wirtschaftlichen Entwicklung gedrängt, in das Chaos der Migration und anderer akuter Probleme gestürzt und seiner internationalen Subjektivität und kulturellen Identität beraubt. Wenn Europa eines der unabhängigen Zentren der Entwicklung der Welt und kultureller und zivilisatorischer Pol des Planeten bleiben will, braucht es auf jeden Fall gute und freundliche Beziehungen zu Russland, und das Wichtigste ist, dass es dazu bereit ist.«

Als drittes Prinzip fordert Putin eine Intensivierung des Dialogs zwischen den bestehenden multilateralen Organisationen in Eurasien. Das sind der Unionsstaat, die OVKS, die Eurasische Wirtschaftsunion, die GUS und die Shanghaier Organisation für Zusammenarbeit. Und viertens sei es an der Zeit, über ein neues System kollektiver Sicherheitsgarantien in Eurasien ohne Beteiligung äußerer Kräfte zu diskutieren.

»Fünftens: Ein wichtiger Teil des eurasischen Sicherheits- und Entwicklungssystems sollten zweifellos wirtschaftliche Fragen, soziales

Wohlergehen, Integration und eine für alle Seiten vorteilhafte Zusammenarbeit sein, die sich mit gemeinsamen Problemen wie der Überwindung von Armut, Ungleichheit, dem Klima, der Umwelt, der Entwicklung von Mechanismen zur Reaktion auf die Bedrohung durch Pandemien und Krisen in der Weltwirtschaft befasst – alles ist wichtig.«

Dann nannte Putin zwei Bedingungen für eine sofortige Einstellung der Feindseligkeiten und die Aufnahme von Verhandlungen. Die erste: »Die ukrainischen Truppen müssen vollständig aus den Volksrepubliken Donezk und Luhansk sowie aus den Regionen Cherson und Saporischschja abgezogen werden. Und ich mache Sie darauf aufmerksam, dass es um das gesamte Gebiet dieser Regionen innerhalb ihrer Verwaltungsgrenzen geht, die zum Zeitpunkt ihres Beitritts zur Ukraine bestanden.« Und die zweite Bedingung: »Sobald Kiew erklärt, dass es zu dieser Entscheidung bereit ist und mit dem tatsächlichen Abzug der Truppen aus diesen Regionen beginnt sowie offiziell mitteilt, dass es seine Pläne, der NATO beizutreten, aufgegeben hat, wird von unserer Seite aus sofort, buchstäblich in derselben Minute, der Befehl zur Einstellung des Feuers und zur Aufnahme von Verhandlungen folgen. Ich wiederhole: Wir werden das sofort tun. Natürlich werden wir gleichzeitig den ungehinderten und sicheren Rückzug der ukrainischen Einheiten und Verbände garantieren.«

Aber Putin geht noch weiter: »Heute machen wir einen weiteren konkreten, echten Friedensvorschlag. Wenn Kiew und die westlichen Hauptstädte ihn wie bisher ablehnen, dann ist es letztlich ihre Sache und ihre politische und moralische Verantwortung für die Fortsetzung des Blutvergießens. Es ist offensichtlich, dass sich die Realitäten vor Ort und an der Kontaktlinie weiterhin zuungunsten des Kiewer Regimes verändern werden. Und die Bedingungen für die Aufnahme von Verhandlungen werden andere sein. Ich betone das Wichtigste: Der Kern unseres Vorschlags ist nicht eine vorübergehende Waffenruhe oder ein Waffenstillstand, wie es der Westen will, um die Verluste wieder auszugleichen, das Kiewer Regime wieder aufzurüsten und es auf eine neue Offensive vorzubereiten. Ich wiederhole: Es geht nicht um ein Einfrieren des Konflikts, sondern um seine endgültige Beendigung.«

Und zwar nach prinzipiellen Bedingungen, die Putin so formulierte:

»Ich wiederhole, unsere prinzipielle Position ist folgende: der neutrale, blockfreie, nicht nukleare Status der Ukraine, ihre Entmilitarisierung und Entnazifizierung, zumal diese Parameter bei den Istanbuler Gesprächen im Jahr 2022 insgesamt vereinbart wurden. In Bezug auf die Entmilitarisierung war dort alles klar, alles wurde genau festgelegt: die Anzahl von diesem, jenem sowie der Panzer. Es war alles vereinbart. Natürlich müssen die Rechte, Freiheiten und Interessen der russischsprachigen Bürger in der Ukraine in vollem Umfang gewährleistet werden, und die neuen territorialen Gegebenheiten und der Status der Krim, Sewastopols, der Volksrepubliken Donezk und Luhansk sowie der Regionen Cherson und Saporischschja als Teilgebiete der Russischen Föderation müssen anerkannt werden. Alle diese grundlegenden und fundamentalen Bestimmungen sollten in Zukunft in Form von grundlegenden internationalen Abkommen festgelegt werden. Das impliziert natürlich auch die Aufhebung aller westlichen Sanktionen gegen Russland.«[257]

Kurz zuvor, Ende Mai 2024, veröffentlichte die Nachrichtenagentur Reuters einen Bericht, der sich auf vier Quellen stützte, die »mit (dem russischen Präsidenten Wladimir) Putin auf hoher politischer und wirtschaftlicher Ebene zusammenarbeiten oder zusammengearbeitet haben« und »mit den Gesprächen in Putins Umfeld vertraut sind«. Darin hieß es, er sei bereit, über ein Ende der Kampfhandlungen zu verhandeln. Und was noch beachtlicher ist, ist Putins Bestätigung auf einer Pressekonferenz, als er zu dem Bericht befragt wurde, man könne »sie wieder aufnehmen« – er meinte mögliche Friedensgespräche.[258]

Putin agiert auf jeden Fall aus einer Position der Stärke heraus, denn er weiß, dass China im Falle eines Konflikts an seiner Seite ist.

Wu Qian, der Sprecher des Verteidigungsministeriums der Volksrepublik China, unterstrich dies in der unmissverständlichen Botschaft an die NATO-Mitglieder, es sei kein Zufall, dass diese Erklärung zu einem Zeitpunkt abgegeben werde, zu dem der Westen einen Angriff auf das Territorium der Russischen Föderation plane.[259]

»Die chinesische Volksbefreiungsarmee (PLA) ist bereit, ihre strategischen Beziehungen zu den russischen Streitkräften zu stärken und mit ihnen zusammenzuarbeiten, um das Völkerrecht zu verteidigen«, sagte Wu Qian und fügte hinzu: »Die chinesischen Streitkräfte sind bereit, mit der russischen Armee zusammenzuarbeiten, um die wichtige Konvergenz, auf die sich die Führer beider Länder geeinigt haben, in vollem Umfang umzusetzen, die strategische Kommunikation und Koordination weiter zu verbessern, das gegenseitige Vertrauen im militärischen Bereich zu vertiefen und die Globale Sicherheitsinitiative gemeinsam umzusetzen.«

Die Militärs der PLA seien bereit, »gemeinsam mit ihren russischen Kollegen die internationale Gerechtigkeit und Unparteilichkeit zu unterstützen und alle Anstrengungen zu unternehmen, um die internationale und regionale Sicherheit zu gewährleisten«.[260]

Die Streubomben-Attacke

Ende Juni 2024 beschossen die ukrainischen Streitkräfte die Stadt Sewastopol auf der Krim mit ATACMS-Raketen, die aus den USA geliefert worden waren. Der russischen Flugabwehr gelang es, vier Raketen abzuschießen. Eine fünfte entlud ihre Streumunition über einem Strand, tötete fünf Zivilisten, darunter drei Kinder, und verletzte mehr als 124 Menschen, unter ihnen 27 Kinder. Laut russischen Angaben war diese Rakete durch die Abwehrmaßnahmen vom Kurs abgekommen, was darauf hindeutet, dass der Strand nicht ihr eigentliches Ziel war.[261]

Doch eine Frage ist bis heute unbeantwortet: Warum gab es keinen Aufschrei im Westen darüber, dass die ukrainischen Streitkräfte Raketen mit international verbotener Streumunition auf eine Stadt abfeuern, obwohl dies bekanntlich zwangsläufig zu vielen Opfern unter der Zivilbevölkerung führt? Und für die Russen stellt sich noch eine ganz andere Frage: Was tun mit dem Wissen, dass die aus den USA gelieferten ATACMS-Raketen, die aus US-amerikanischen HIMARS-Mehrfachraketenwerfern abgefeuert werden, nur von US-Spezialisten programmiert werden können? Was tun mit dem Wissen, dass die Ukrainer für derlei Raketenangriffe Aufklärungsdaten von Satelliten und Drohnen (wie etwa die Global Hawk, die sich während dieses Angriffs über dem Schwarzen Meer befand) braucht, die nur die USA zur Verfügung stellen können?

Der Einsatz von Streubomben ist durch eine UN-Konvention von 2008 verboten. Dennoch setzt die Ukraine sie bei ihren Angriffen häufig ein. Washington hat mit dem Argument, sowohl den USA als auch Kiew mangle es an konventionellen Geschossen, im Jahr 2023 mit der Lieferung der international geächteten Munition an Kiew begonnen. Aber warum wurden diese geächteten Bomben in Sewastopol eingesetzt? Für effektive Angriffe etwa auf die Marineanlagen, Schiffe oder Flugzeuge braucht man schwere Munition. Die kleinen Sprengkörper von Streumunition sind dafür ungeeignet.

Streubomben öffnen im Flug einen Behälter, aus dem sie Hunderte kleiner Sprengkörper großflächig verteilen. Daher sind Streubomben für den wahllosen Einsatz gegen »weiche Ziele«, also Menschen, konzipiert. Das können Soldaten auf dem Schlachtfeld sein oder auch Zivilisten in besiedelten Gebieten. Daher war der ukrainische Angriff auf Sewastopol in jedem Fall ein gezielter Terrorangriff auf die Zivilbevölkerung.

Weil die US-Beteiligung an diesem Terrorakt offensichtlich ist, bestellte das russische Außenministerium die US-Botschafterin in

Moskau ein und überreichte ihr eine Protestnote. Darin wurde betont, dass die USA faktisch zu einer Konfliktpartei geworden seien, indem sie die Streitkräfte mit den modernsten Waffen beliefern, darunter die ATACMS-Raketen mit Streusprengköpfen, die gegen die Einwohner von Sewastopol eingesetzt wurden und deren Ziele und Flugpläne von amerikanischen Militärspezialisten programmiert werden. Damit trügen sie ebenso Verantwortung für diese Gräueltat wie das Kiewer Regime. Vergeltungsmaßnahmen würden mit Sicherheit folgen.

Der ehemalige UN-Waffeninspektor Scott Ritter kommentierte den Terrorangriff der Ukraine auf Sewastopol folgendermaßen: »Die Ukrainer haben die Entscheidung getroffen, ATACMS-Raketen mit Streumunition gegen eine Stadt, eine zivile Stadt, einzusetzen. Das ist ein Akt des Terrorismus. […] Die Ukraine bombardiert seit 2014 russische zivile Einrichtungen, Städte, Dörfer, Ortschaften mit dem einzigen Ziel, Tod und Zerstörung über russische Zivilisten zu bringen. Dies ist ein terroristischer Akt, und angesichts der Tatsache, dass die ATACMS-Raketen von den Ukrainern nicht ohne umfangreiche nachrichtendienstliche Unterstützung durch die Vereinigten Staaten eingesetzt werden können, ist dies ein terroristischer Akt der Vereinigten Staaten gegen Russland.«

Zu den gleichzeitig verübten Terroranschlägen im russischen Dagestan sagte Ritter, sie seien »absichtlich geplant, um das zivile Leben der Russischen Föderation zu stören«. Er wies darauf hin, dass die CIA in der Vergangenheit versucht habe, »eine Spaltung zwischen den muslimischen und den nicht muslimischen Teilen der russischen Gesellschaft herbeizuführen«, und dabei gescheitert sei. »Dieser Versuch ist gescheitert, und der Versuch in Dagestan wird auch scheitern, aber das entbindet die beteiligten Parteien nicht von ihrer Schuld, einen direkten Angriff auf die Russische Föderation gestartet zu haben«, betonte Ritter.[262]

Marschflugkörper und Nordkoreas Divisionen

Anfang Juli 2024 kommt es zu einer weiteren Eskalation, als die USA beschließen, auf europäischem Boden wieder Mittel- (Reichweite bis 1000 Kilometer) und Langstreckenraketen (Reichweite bis 5500 Kilometer) zu stationieren. Das Problem für Russland dabei ist, dass die Flugkörper atomar bestückt werden und einen Aktionsradius haben können, der alle wichtigen strategischen Ziele in Russland erreicht. Die Gefahr, die von diesen Raketen ausgeht, ist ihre Unberechenbarkeit. Denn sie erreichen ihre Ziele innerhalb von Minuten, und es gibt praktisch keine Vorwarnzeit. Jede Seite hat also nur wenige Sekunden, um zu entscheiden, ob ein Radarsignal eine anfliegende Atomrakete ist oder nicht.

Die Marschflugkörper vom Typ Tomahawk (Reichweite bis 2500 Kilometer) und die Flugabwehrraketen vom Typ SM-6 (Reichweite bis 500 Kilometer) werden vermutlich in Wiesbaden installiert. Dort will Washington auch Hyperschallwaffen vom Typ Dark Eagle aufstellen, sobald sie fertigentwickelt sind.[263]

Für diese neuen Waffensysteme ist »die ›Multi-Domain Task Force‹ zuständig, eine US-Militäreinheit, die ab 2021 in Wiesbaden mit Artillerie-, Flugabwehr- und Raketenabwehrkräften sowie Spezialisten für Cyberangriffe aufgebaut« wird. Wie ich weiter oben berichtet habe, werden vom Stützpunkt Wiesbaden aus auch die Lieferung von Waffensystemen an die Ukraine und die Ausbildung der ukrainischen Streitkräfte koordiniert. »Das NATO-Kommando in Wiesbaden umfasst 700 Personen, davon 40 aus Deutschland. Ein deutscher General ist stellvertretender Kommandeur des Stützpunktes.«[264]

Der russische Präsident ging Ende Juli 2024 auf diese Ankündigung der USA und Deutschlands ein: »Wir nehmen die Ankündigung der US-Regierung und der deutschen Regierung zur Kenntnis, ab 2026 amerikanische Komplexe von Präzisions-Langstreckenraketen in der Bundesrepublik Deutschland zu stationieren. Wichtige russische Regierungs- und Militäreinrichtungen, unsere Verwaltungs- und Industriezentren sowie die Verteidigungsinfrastruktur werden in ihrer Reichweite liegen. Die Flugzeit solcher Raketen, die in Zukunft auch mit nuklearen Sprengköpfen bestückt werden können, zu Zielen auf unserem Territorium wird etwa zehn Minuten betragen.«[265]

Hat die Aufstellung dieser Raketensysteme bereits begonnen? Putin befürchtet genau dies, wenn er sagt: »Gleichzeitig haben die USA im Rahmen von Manövern bereits die Verlegung von Typhon-Raketensystemen von ihrem Hoheitsgebiet nach Dänemark und auf die Philippinen geübt. Diese Situation erinnert an die Ereignisse des Kalten Krieges im Zusammenhang mit der Stationierung von amerikanischen Pershing-Mittelstreckenraketen in Europa.«

Und wie wird Moskau reagieren? »Für den Fall, dass die USA diese Pläne umsetzen, werden wir uns als frei von dem zuvor beschlossenen einseitigen Moratorium für die Stationierung von Kurz- und Mittelstreckenraketen betrachten, einschließlich der Erhöhung der Fähigkeiten der Küstenstreitkräfte unserer Marine. Heute befinden wir uns in der Endphase der Entwicklung einer Reihe solcher Systeme. Wir werden bei ihrer Stationierung spiegelbildliche Maßnahmen ergreifen, wobei wir die Aktionen der USA und ihrer Satelliten in Europa und anderen Regionen der Welt berücksichtigen.«

Frankreich, Deutschland, Italien und Polen wollen indes noch weiter gehen und eigene Marschflugkörper oder Hyperschallraketen mit Reichweiten von rund 2000 Kilometern entwickeln. Als Modelle, die dabei als Anknüpfungspunkte genutzt werden könnten, werden der deutsche Taurus, der britische Storm Shadow und der französische Scalp genannt, deren Reichweite allerdings nur bei wenig mehr als 500 Kilometern liegt.

Auch mit Großbritannien will die Bundesregierung »bei der Entwicklung, Produktion und Beschaffung von Kriegsgerät eng zusammenarbeiten, unter anderem bei der Herstellung einer Mittelstreckenwaffe, mit der von deutschen Standorten aus Moskau erreicht werden kann. Noch unklar ist, ob es sich um eine Hyperschallrakete handelt«.[266]

Anders als die neu zu entwickelnden europäischen Waffen werden die stationierten US-Waffen unter US-Kontrolle bleiben und im Kriegsfall von US-Einheiten abgeschossen werden.

In der Ukraine hängt der Einsatz von Marschflugkörpern (Cruise-Missiles) – zum Beispiel der deutsche Taurus – auch davon ab, ob Militärjets zur Verfügung stehen, von denen aus sie abgefeuert werden. Doch auch hier will die NATO nun eskalieren und der Ukraine F-16-Kampfjets aus amerikanischer Produktion liefern, die von Dänemark und den Niederlanden bereitgestellt werden. Der Transfer sei bereits im Gange, kündigten die USA, die Niederlande und Dänemark am Rande des NATO-Gipfels Anfang Juli 2024 in Washington an. Damit könnten die Maschinen noch diesen Sommer zum Einsatz kommen.[267] Belgien und Norwegen werden weitere Flugzeuge für Kiew zur Verfügung zu stellen.

Doch noch einmal zurück zu den Mittelstreckenraketen. Eigentlich wären solche Waffen nach dem russisch-amerikanischen INF-Vertrag verboten, aber die USA hatten diese Vereinbarung schon unter Präsident Trump im Jahr 2019 gekündigt. Moskau hatte damals ein einseitiges Moratorium für die Produktion und die Stationierung von Kurz- und Mittelstreckenraketen verkündet, das besagt, Russland werde diese Raketen weiterhin weder bauen noch stationieren, solange die Amerikaner nicht damit beginnen, sie in irgendeiner Region der Welt, sei es in Europa oder Asien, zu stationieren.

Nachdem Michail Gorbatschow am 8. Dezember 1987 in Washington den Vertrag unterzeichnet hatte, zerstörten die Vertragspartner unter gegenseitiger Kontrolle Hunderte von Raketen. Die UdSSR zerstörte Pionier-, Temp-S-, Oka- und Relief-Raketen, und die USA zerstörten Pershings und Tomahawks. Übrigens haben die Sowjets doppelt so viele Raketen vernichtet wie die USA. In Zahlen: 1846 sowjetische Raketen gegenüber 846 amerikanischen, fast dreimal so viele Trägerraketen, nämlich 825 gegenüber 289 und fast siebenmal so viele Raketenbasen, nämlich 69 gegenüber 9.[268]

Schon bevor die USA den Vertrag 2019 kündigten, begannen sie, diese Raketensysteme wiederherzustellen und sie zu Manövern nach Europa zu bringen. Recherchen der International Campaign to Abolish Nuclear Weapons (ICAN) haben ergeben, dass das Pentagon bereits im Oktober 2018 Aufträge im Wert von mehr als 1,1 Milliarden US-Dollar für Entwicklung und Bau neuer Raketen vergab.[269] Nachdem die Trump-Administration am 1. Februar 2019 den INF-Vertrag gekündigt hatte, erklärte das Pentagon im März 2019, man beginne nun mit dem Bau neuer Mittelstreckenraketen. Im September 2023 stationierten die USA auf der dänischen Ostseeinsel Bornholm eine Abschussvorrichtung für die Raytheon Standard SM-6 Mehrzweckraketen. Sie wurde dort im Rahmen einer Übung stationiert, was das Pentagon bestätigt hat. Das Unternehmen, das diese Waffen herstellt, hatte bereits 2017 mit der Entwicklung begonnen und damit gegen den INF-Vertrag verstoßen.

Landgestützte Raketensysteme der Typen Typhon oder MK70 ermöglichen den Abschuss der genannten Raytheon SM-3- und SM-6-Raketen und darüber hinaus von Tomahawk-Marschflugkörpern. Ihre Reichweite beträgt bis zu 5500 Kilometer. Sie wurden in Osteuropa in der Gemeinde Deveselu in Rumänien und in dem Dorf Redzikowo an der polnischen Ostseeküste stationiert. Beide Stützpunkte beherbergen die landgestützten Trägerraketen des schwimmenden Aegis-Raketenabwehrsystems, das aus den Kreuzern *Arleigh Burke* und *Ticonderoga* besteht, die im spanischen Rota in der Bucht von Cadiz liegen.

Ebenfalls vor dem Ausstieg aus dem INF-Vertrag testeten die USA bodengestützte Starts des luftgestützten Marschflugkörpers AGM-158. Der wurde unter Einsatz von Stealth-Technologien entwickelt und hat eine Reichweite von bis zu 1000 Kilometern.

Wie der Militärexperte Alexej Leonkow erläutert, ist Russland gerade dabei, selbst solche Raketen zu entwickeln und herzustellen: »Wir sind bei der Herstellung von Raketenwaffen bereits weit fortgeschritten, und die Erprobung dieser Raketen findet beispielsweise auf der Ebene der Entwicklung digitaler Modelle dieser Raketen statt. Die digitalen Modelle werden berechnet und getestet, und dann wird die Zahl der Teststarts solcher Raketen drastisch reduziert, in der Größenordnung von weniger als einem Zehntel. Daher wird alles in einem sehr kurzen Programm ablaufen, und die Serienproduktion dieser Raketen wird kurzfristig aufgenommen.«[270]

Ebenfalls Anfang Juli 2024 zeichnete sich eine weitere Zuspitzung ab. Russland und Nordkorea hatten gerade einen Verteidigungspakt unterzeichnet, und schon kündigt Pjöngjang die Entsendung von Truppen in die Ukraine an. Nach Angaben der Zentralen Militärkommission Nordkoreas werden sie innerhalb weniger Wochen nach Donezk geschickt, um Russlands Krieg mit der Ukraine zu unterstützen. Experten vermuten, dass eine Division der nordkoreanischen Armee den Marschbefehl erhalten wird. Ob es einen Deal gibt, nämlich 50 000 Soldaten in der Ukraine im Austausch gegen Nukleartechnologie, ICBMs und Satelliten aus Russland, wie die griechische Nachrichtenplattform War News 24/7 vermutet, wissen wir nicht.[271] Jedenfalls hat Nordkorea bisher fast 2 Millionen Artilleriegranaten, Raketen für russische Mehrfachraketen und ballistische Raketen zur Unterstützung der russischen Streitkräfte geliefert.

Das unterzeichnete Abkommen über strategische Partnerschaft verpflichtet zu gegenseitigem militärischem Beistand im Falle eines Angriffs auf eines der Länder durch eine dritte Partei. Kim Jong-un betonte, Russland sei bereits einer Aggression des gesamten NATO-Blocks ausgesetzt.

In diesem Vertrag wird der aktuelle Krieg nicht erwähnt. Doch Pjöngjang will seine Ingenieure in die besetzten Gebiete der Ukraine schicken, um dort Wiederaufbauarbeiten zu leisten. Und die Soldaten, die in die Ukraine geschickt werden, werden wahrscheinlich als ausländische Arbeiter dienen, um hartes Geld für Nordkorea zu verdienen, dessen Wirtschaft durch internationale Sanktionen erdrosselt wird.[272]

Gleitbomben und Kriegstaktiken

Der Militärexperte Markus Reisner machte Anfang Juli 2024 auf einige Veränderungen des aktuellen Kriegsverlaufs in der Ukraine aufmerksam. Reisner kann auf eine lange militärische Karriere zurückblicken. So war er fast ein Jahrzehnt bei österreichischen Spezialkräften (Jagdkommando) tätig, ist jetzt Oberst des Generalstabsdienstes des Österreichischen Bundesheers und Vorstandsmitglied des Clausewitz Netzwerks für Strategische Studien und arbeitet außerdem als Militärhistoriker. In einem Interview sagte er:

»Gemäß seinen [Präsident Selenskyjs, Anm. d. Verf.] Aussagen setzt die russische Luftwaffe mittlerweile in der Woche bis zu 800 Stück ihrer Gleitbomben (Typ FAB UMPK) ein. Diese Bomben mit Gewichtsklassen von 250 bis 3000 kg treffen laufend ukrainische Stützpunkte und Truppenansammlungen entlang der gesamten Front, fügen diesen schwere Schäden zu oder löschen sie aufgrund ihrer massiven Sprengwirkung bei einem Direkttreffer faktisch aus. Das heißt die russischen Truppen schießen nicht wie bisher nur mit weitreichender Rohrartillerie und Raketenwerfern, sondern werfen seit dem Frühjahr 2023 zusätzliche Gleitbomben. Man konnte hier Monat für Monat eine Zunahme in der Quantität (Anzahl der bekämpften Ziele) und Qualität (Treffergenauigkeit) sehen.«[273]

Dagegen sollten die Ukraine und der Westen etwas unternehmen, fordert Reisner: »Die Ukraine müsste nun einerseits versuchen, mit Fliegerabwehr die Kampflugzeuge (vor allem Su-34) der Russen, welche die Träger der Gleitbomben sind, abzuschießen oder diese bereits vor ihrem Start auf deren Absprungplätzen zu zerstören. Das heißt man bräuchte Patriot-Batterien in Frontnähe und die Möglichkeit, mit Boden-Boden-Raketen vom Typ ATACMS auf Flugplätze in Russland wirken zu können.

Passiert dies nicht, bleibt die Ukraine in der Defensive, und die ukrainischen Stellungen werden weiter sturmreif gebombt. Aus meiner Sicht kann man hier bereits von einer ›FAB-Krise‹ der ukrainischen Streitkräfte sprechen.

Die Forderungen Präsident Selenskyjs vor allem nach defensiv wirkenden Fliegerabwehrbatterien sind daher aus meiner Sicht berechtigt.«

Hinzu komme, dass die Russen ihre Gefechtstechnik und Taktik gewechselt hätten: »Wo möglich, kommt es vor einem Angriff zu einer umfangreichen Vorbereitung mit Abstandswaffen (vor allem Rohrartillerie, Raketenwerfer, Gleitbomben) und erst dann zum Sturmangriff. Man muss sich nur die Bilder der zerstörten Städte und Dörfer entlang der Front ansehen, um eine Idee hinsichtlich der Intensität des russischen Vorbereitungsfeuers zu bekommen. Faktisch sind in Frontnähe alle festen Strukturen nahezu dem Erdboden gleichgemacht.«

Wie das konkret aussieht, beschreibt der Oberst folgendermaßen: »Bei den russischen Angriffen kommen seit dem Winter 2023/24 vor allem kleinere taktische Einheiten zum Einsatz. Diese lassen sich wesentlich schwerer mittels Drohnen aufklären. Ein Angriff erfolgt durch ein oder zwei Schützenpanzer, begleitet von einem Kampfpanzer, und parallel dazu mehrere Gruppen von vier bis fünf Motorrädern oder kleine ungepanzerte, aber wendige Buggys.

Während die mechanisierte Gruppe das Feuer auf sich lenkt, versuchen die leichten mobilen Gruppen die zuvor bombardierten Stellungen der ukrainischen Verteidiger in Besitz zu nehmen.

Hier bleiben sie entweder unentdeckt und können weitere Kräfte nachführen, oder sie geraten ins Kreuzfeuer von ukrainischen FPV-

Drohnen. Wenn erkannt, werden die russischen Angreifer oft bis zum letzten Soldaten ausgelöscht.

Trotz hoher russischer Verluste, funktioniert diese russische Taktik immer wieder, und die Russen rücken langsam, aber stetig vor. Dies ist vor allem eine Folge des massiven russischen Gleitbombeneinsatzes. Das russische Vorrücken wird auch von ukrainischer Seite bestätigt.«

Dieses Vorgehen sei die neue russische Taktik, die sich grundlegend von der vor einem Jahr unterscheide: »Tatsächlich ist eindeutig zu erkennen, dass von russischer Seite der Vorbereitungsphase vor einem Angriff mehr Raum gegeben wird. Angriffe von großen mechanisierten Verbänden sind seit dem Sommer 2023 nicht mehr vorhanden. Ein Ergebnis des transparenten Gefechtsfeldes (das heißt große Manöver und Bereitstellungen sind kaum noch möglich) und der erlittenen hohen Verluste. […] Fehlende mechanisierte Stoßkraft wird durch den Einsatz von Gleitbomben kompensiert.«

Das operative Ziel der Russen bestehe darin, so Reisner weiter, die Ukraine zu zwingen, entlang der gesamten Front, vor allem jedoch im Donbass, ihre kostbaren Reserven einzusetzen. »Damit möchte die russische Seite verhindern, dass die Ukraine neue Kräfte zusammenzieht, um dann möglicherweise zu einem späteren Zeitpunkt in die Offensive gehen zu können. Eine solche hat die Ukraine für das Jahr 2025 vorgesehen beziehungsweise angekündigt. Russland bediente sich bei seinen Angriffen einer Reihe von operativen Gruppierungen, die gemeinsam versuchten, immer wieder gleichzeitig und an unterschiedlichen Stellen anzugreifen und so die ukrainischen Streitkräfte zum Einsatz ihrer Kräfte zu zwingen.«

Russland sei im Vorteil, weil es seine Wirtschaft mittlerweile auf eine Kriegswirtschaft umgestellt habe: »Man nimmt an, dass Russland bis zu acht Prozent des Bruttoinlandsproduktes, beziehungsweise sogar bis zu 35 Prozent der gesamten Staatsausgaben, für die Produktion von Waffensystemen aufbringt. Dies gilt vor allem für

Systeme der Landstreitkräfte, also Kampfpanzer, Kampfschützenpanzer, Mannschaftstransportfahrzeuge und Artilleriesysteme.

Dabei verwendet die russische Rüstung einerseits Systeme, die noch aus der Zeit der Sowjetunion auf Halde liegen und nun instandgesetzt und modernisiert werden, andererseits werden neue Systeme in eigenen Fabriken neu produziert.

Die uns vorliegenden Satellitenbilder zeigen, dass sich die Abstellplätze aus der Zeit der Sowjetunion stetig leeren. Hinzu kommt eine moderate Neuproduktion. Und das geht relativ einfach. Ein russischer T-72BM ist zum Beispiel im Bau- und Ressourcenaufwand kein Vergleich zu einem deutschen Leopard 2A6.

Erster lässt sich schnell und billig erzeugen und erfüllt seinen Zweck. Instandsetzung und Neuproduktion sind auch möglich, weil Staaten wie China Ersatz- oder Bauteile liefern, die dann als technische Komponenten verbaut werden.

Das produzierte Gerät läuft der Front zu und deckt dort die Ausfälle. Zudem gibt es klare Indizien und Videos in den sozialen Netzwerken, die zeigen, dass die Russen direkt hinter der Front hochproduktive Instandsetzungseinrichtungen betreiben.

Zu den Gesamtzahlen gibt es unterschiedliche Auswertungen und Prognosen. Man nimmt an, dass zum Beispiel derzeit im Jahr circa 1200 Kampfpanzer (davon 20 Prozent Neuproduktion) zulaufen.«[274]

Die Gerüchteküche brodelt

Ein Krieg wird nicht nur auf dem Schlachtfeld, sondern vor allem in den Medien ausgetragen. Da wird gelogen und übertrieben, bis der Bürger nicht mehr zwischen Wahrheit und Fiktion unterscheiden kann. Und es werden gerne Gerüchte gestreut. So hatte das US-Militär Anfang Juli die Alarmstufe für mehrere Militärstützpunkte in Europa auf die zweithöchste Stufe angehoben, und schon kursierte die

Meldung, der britische Abgeordnete Andrew Bridgen habe aus Geheimdienstkreisen erfahren, Präsident Biden hätte dem US-Militär erlaubt, in die Ukraine einzumarschieren.[275] Zuvor hatte der Abgeordnete in einem Interview gesagt, Rishi Sunak, der damalige britische Premierminister, habe den britischen Generälen mitgeteilt, er wolle kein Kriegspremier werden, und überraschend Neuwahlen zum Parlament angesetzt.

Anfang Juli 2024 tauchte noch ein weiteres Gerücht von dem britischen Parlamentsabgeordneten Andrew Bridgen auf. Demzufolge soll die NATO einen Angriff mit einer nuklearen »schmutzigen Bombe« unter falscher Flagge auf eine europäische Stadt planen – mit der Absicht, dass Russland dann die Schuld dafür zugeschoben wird.[276] Der britische Tory-Abgeordnete beruft sich dabei auf hochrangige parlamentarische Geheimdienste. Agenten hätten vor diesem Komplott gewarnt, das darauf abziele, die Welt in den Ukrainekrieg mit Russland zu verwickeln und den Dritten Weltkrieg auszulösen. Abwegig ist dieses Gerücht nicht, denn die Ukraine bombardiert mit Drohnen und Artillerie das Atomkraftwerk Saporischschja, das die russische Armee gleich im Februar 2022 eingenommen hatte, um offenbar einen nuklearen Gau zu erzeugen.[277]

Zur gleichen Zeit berichtet der US-Nachrichtensender CNN, die Regierung von Präsident Joe Biden wolle erstmals zulassen, dass US-Militärangehörige in begrenztem Umfang in die Ukraine reisen.[278] Über diesen Umweg könnte das Pentagon private Verträge über die Entsendung von Truppen oder für die Wartung und Reparatur von Systemen, die von den USA geliefert werden, mit der Ukraine schließen.

Der russische Präsident Wladimir Putin beantwortete diesen Schritt damit, dass er Pläne kundgab, eine Koalition von eurasischen, Moskau freundlich gesonnenen Ländern zu schmieden, die mit dem Westen und der NATO konkurrieren sollen.[279] Darüber hinaus müsse Russland auf die Aktionen der Vereinigten Staaten reagieren und mit der Produktion von nuklearen Mittelstreckenwaffensystemen beginnen.[280]

In diesen Zusammenhang von Provokationen und Gerüchten gehört auch eine Idee von Dmitri Suslow, einem hochrangigen Mitglied des Moskauer Rates für Außen- und Verteidigungspolitik. Er schlug nämlich vor, Russland solle eine »demonstrative« Atomexplosion durchführen, um zu demonstrieren, dass man die westliche Eskalation nicht länger hinnehme und vor dem Einsatz von Atomwaffen nicht zurückschrecke.[281]

Folgendes Gerücht tauchte Mitte Juli 2024 auf: Das ukrainische Veteranenministerium plane den Bau eines Militärfriedhofs in Kiew mit Platz für 100 000 Gräber und 60 000 Urnen. Und das sei nur Kiew, andere ukrainische Städte planten ähnliche Friedhöfe.[282] Sollte diese Meldung stimmen, dann wären die russischen Angaben, die von über 500 000 Opfern auf ukrainischer Seite berichten, ziemlich nahe an der Wahrheit.

Das würde auch die Videos von brutalen Zwangseinberufungen auf offener Straße, im ÖPNV oder in Geschäften erklären, denn der ukrainischen Armee gehen die Soldaten aus. Mitte Juli 2024 sind in ukrainischen Telegram-Kanälen in der ukrainischen Stadt Dnipro Anzeigen aufgetaucht, in denen Ärzte anbieten, bei der Umgehung der Mobilisierung zu helfen.

In den Anzeigen wurde behauptet, dass die Patienten »schnell und professionell« vom Militärdienst befreit werden könnten, und es wurde hinzugefügt, dass die Knochenbrüche von medizinischem Fachpersonal unter Verwendung hochwertiger Anästhesie durchgeführt würden. Außerdem wurde angeboten, die Patienten nach der Verletzung medizinisch zu beobachten und ihnen beim Ausfüllen der notwendigen Papiere zu helfen.

Da die Ärzte, die derlei anbieten, immer noch frei herumlaufen, ist der Verdacht aufgetaucht, dass es sich bei den Anzeigen um eine Finte der Rekrutierungszentren handelt, um Männer, die sich auf die Anzeige melden, direkt an die Front zu schicken.[283]

Wenige Tage später machte dann dieses Gerücht die Runde: Marjana Besuglaja, die Abgeordnete der Selenskyj-Partei Diener des Volkes, behauptete, der ukrainische Armeechef sei bereit und willens, vor Russland zu kapitulieren.[284] »Angaben des russischen Verteidigungsministeriums zufolge verliert die Ukraine mittlerweile mehr als 13 500 Soldaten in einer Woche. Alleine diese Opferzahlen würden für den ›Willen zur Kapitulation‹ des ukrainischen Armeechefs sprechen, wie auch RT berichtete.«[285]

Anfang Februar war Syrski zum ranghöchsten ukrainischen General ernannt worden und hatte Walerij Saluschnyj abgelöst, der im vergangenen Jahr versucht hatte, die russischen Streitkräfte zurückzudrängen, was ihm nicht gelungen war. Marjana Besuglaja – immerhin stellvertretende Vorsitzende des Ausschusses für nationale Sicherheit, Verteidigung und Nachrichtendienste in der Ukraine – behauptet, die beiden Generäle würden zur Verhinderung eines ukrainischen Siegs insgeheim zusammenarbeiten. »Sie zitierte nicht näher bezeichnete Quellen, wonach Syrski und sein innerer Kreis einen Waffenstillstand mit Russland und eine eventuelle Kapitulation befürworten würden.« Außerdem erklärte sie, »Syrski setze die ukrainischen Truppen aktiv russischen Angriffen aus, angeblich um ›Zeugen‹ für sein Fehlverhalten zu beseitigen.«

Besuglaja »gilt als Selenskyj-Getreue, die öffentlich Behauptungen verbreitet, die vom Büro des ukrainischen Staatschefs selbst nicht direkt geäußert wurden«.[286] Ähnlich wie in Deutschland etwa Hofreiter, Kiesewetter und Strack-Zimmermann die öffentliche Meinung zum Krieg aufpeitschen.

Die Ausweitung des Krieges

Polen steht im Ukrainekonflikt vor einem gefährlichen Schritt. Wladimir Selenskyj erklärte kürzlich, das NATO-Land könnte im Rahmen eines kürzlich unterzeichneten Pakts zwischen Kiew und Warschau seine Streitkräfte einsetzen, um russische Raketen und Drohnen im ukrainischen Luftraum festzuhalten.[287] Eine solche Situation könnte von den Russen als ein Fall einer direkten Beteiligung betrachtet werden, was zu einem offenen Krieg zwischen Russland und einem NATO-Land führen würde.

Dank dieses Paktes könne Warschau, so Selenskyj, über Positionen in der Ukraine verfügen, sich folglich direkt an der Rolle der Luftverteidigung beteiligen und damit Kiew helfen, eine seiner derzeitigen strategischen Hauptschwierigkeiten zu überwinden.[288] Lange Zeit wurde der Luftraum in der Konfliktzone fast vollständig von Russland kontrolliert, was die vom Westen gelieferten Panzer und Militärfahrzeuge der Ukraine zu leichten Zielen für russische Drohnen, Raketen und Flugzeuge gemacht hat.

Angesichts der Unmöglichkeit, der NATO beizutreten oder das atlantische Bündnis in den Konflikt einzubeziehen, setzt die Ukraine derzeit darauf, bilaterale Abkommen mit so vielen NATO-Mitgliedern wie möglich zu unterzeichnen und wichtige Schritte zu unternehmen, um eine Art »direkte Intervention« auf individueller Ebene zu beginnen.

In diesem Sinne kann der Verteidigungspakt zwischen Kiew und Warschau als eine Möglichkeit für die Ukraine gesehen werden, noch mehr NATO-Software und -Truppen zu nutzen, um ihre Positionen vor Ort zu verbessern, ohne das Bündnis jedoch offiziell einzubeziehen. Er erlaubt Polen, seine militärische Ausrüstung auf ukrainischem Boden öffentlich gegen die Russen einzusetzen. Damit steigt jedoch auch die Gefahr, dass Polen individuell für Angriffe auf russische Ziele verantwortlich gemacht werden könnte. Warschau versucht deshalb seine Maßnahmen als gemeinsamen Akt des Bündnisses darzustellen – in der Hoffnung, dass die NATO Polen im Falle eines direkten Konflikts mit Moskau schützt.

»Wir brauchen hier eine klare Zusammenarbeit innerhalb der NATO, denn solche Aktionen erfordern eine gemeinsame NATO-Verantwortung. […] Wir werden andere NATO-Verbündete in dieses Gespräch einbeziehen. Wir behandeln die Angelegenheit also ernsthaft als offen, aber noch nicht abgeschlossen«, sagte Polens Präsident Donald Tusk.[289]

Polen ist seit Langem ein De-facto-Teilnehmer des Konflikts. Denn die meisten westlichen Waffen gelangen über die polnische Grenze in die Ukraine, ein Großteil des polnischen Militärpersonals – sowohl Kommandos als auch einfache Truppen – hat in der Ukraine gedient, und es gibt viele öffentliche Informationen über Polen, die bei Zusammenstößen mit russischen Streitkräften im Kampf getötet werden. Es ist naiv zu glauben, dass diese Polen nur als Söldner mit einem individuellen Interesse daran agieren, Geld zu verdienen oder Kiew zu helfen. Offensichtlich handelt es sich um reguläre Truppen, die mit Unterstützung des polnischen Staates selbst entsandt wurden, wobei die Bezeichnung »Söldner« und »Freiwillige« nur eine Finte ist, die direkte Beteiligung Warschaus am Krieg zu verschleiern.

Für Kiew gilt: Je internationalisierter und eskalierter der Konflikt, desto besser. Das Land hofft, eine Situation zu schaffen, die es der NATO unmöglich macht, nicht zu intervenieren. Aber würde die NATO tatsächlich zur Verteidigung Polens oder eines anderen europäischen Mitglieds eingreifen? Die im NATO-Vertrag verankerte Klausel zur kollektiven Verteidigung gilt ja nicht, wenn Polen russische Ziele angreift, also als Aggressor auftritt.

Das finnische Parlament hat Anfang Juli 2024 einstimmig einen Verteidigungspakt mit den Vereinigten Staaten gebilligt, der eine verstärkte US-Militärpräsenz und die Lagerung von Kriegsmaterial in Finnland ermöglichen wird. Dieses Abkommen zielt darauf ab, die Sicherheits- und Verteidigungsfähigkeiten Finnlands nach seinem

NATO-Beitritt 2023 zu stärken und den Vereinigten Staaten Zugang zu fünfzehn Militärstützpunkten in Finnland zu verschaffen. Dort sollen US-Kampftruppen und tödliche Waffen stationiert werden. Ob die Stationierung nuklear bestückte ballistische Raketen umfassen wird, ist noch nicht bekannt, aber Russlands Sicherheit ist dadurch ernsthaft bedroht.

Man kann sich vorstellen, was Washington tun würde, wenn Moskau beschließen würde, fünfzehn voll ausgestattete und einsatzbereite Militärbasen an der Grenze zwischen den USA und Mexiko zu bauen: Zweifellos würden die USA diese Gefahr schnell durch Waffengewalt beseitigen. Und wenn Putin spiegelbildlich reagieren würde?

Finnlands Beziehungen zum Nachbarland Russland, mit dem es eine 1340 Kilometer lange Grenze teilt, sind seit dem Beitritt Finnlands zum Bündnis immer angespannter. Der amerikanisch-finnische Pakt ist eine klare Provokation, die darauf abzielt, Russland einzuschüchtern und den Krieg über die Ukraine hinaus auszuweiten. Es überrascht nicht, dass man hier die gleichen Bedingungen wiederfindet, die den Konflikt im Februar 2022 ausgelöst haben: Die militärische Infrastruktur der NATO wird an Orten installiert, die eine existenzielle Bedrohung für das Überleben Russlands darstellen. Von Russland kann nicht erwartet werden, dass es mit feindlichen Militärbasen und Raketen vor seiner Haustür lebt. Putin muss reagieren, um die nationale Sicherheit seines Landes zu verteidigen.

Offensichtlich haben die USA kein anderes Interesse an Finnland, als es als Operationsbasis im Krieg des Westens gegen Russland zu nutzen. Tatsächlich hat die finnische Führung ihr Land in eine Position gebracht, in der es mit der gleichen katastrophalen Zerstörung konfrontiert sein könnte wie die Ukraine, wenn Moskau sich durch die vorgeschlagene militärische Aufrüstung ausreichend bedroht fühlt.

Die Erweiterung der NATO nach Finnland zeigt, wie die Entwicklung des Bündnisses das Sicherheitsumfeld in Europa dramatisch verändert hat. In den 33 Jahren seit der Auflösung der Sowjetunion

(1991) hat Russland noch nie einen territorialen Angriffskrieg gegen einen seiner Nachbarn begonnen. Vergleichen wir das mit der Kriegsführung der NATO im Kosovo, im Irak, in Libyen und Afghanistan, sprechen die Fakten für sich. Nun setzt die NATO ihren unaufhaltsamen Marsch nach Osten fort.

Übrigens bestehen die USA routinemäßig darauf, dass souveräne Nationen (wie Finnland) das Recht haben, jede ihnen zuträgliche Sicherheitsvereinbarung zu wählen. Mit dieser Forderung verstoßen sie jedoch eindeutig gegen ihre eigenen Statuten: Die Vereinigten Staaten und alle Nationen in der NATO haben Verträge unterzeichnet (Istanbul 1999 und Astana 2010), die besagen, dass sie ihre eigene Sicherheit nicht auf Kosten anderer verbessern können.

Das Prinzip, das diesen Abkommen zugrunde liegt, heißt »Unteilbarkeit der Sicherheit«, was bedeutet, dass die Sicherheit eines Staates nicht von der Sicherheit der anderen getrennt werden kann. Die Unterzeichner dieser Verträge haben also nicht die Freiheit, ihre eigenen militärischen Fähigkeiten so weit zu entwickeln, dass sie eine Gefahr für ihre Nachbarn darstellen. Diese Bedingungen gelten insbesondere für die Ukraine und Finnland, die einem Militärbündnis beitreten wollen, das Russland offen feindlich gesinnt ist. Die NATO-Mitgliedschaft war schon immer eine »rote Linie« für Putin, der wiederholt erklärt hat, er werde es nicht zulassen, dass sich NATO-Stützpunkte, Kampftruppen und Raketenstellungen an seiner Westgrenze befinden, wo sie weniger als 10 Flugminuten von Moskau entfernt wären.

Erwähnenswert ist auch, dass US-Außenminister Antony Blinken kürzlich damit prahlte, dass die Biden-Regierung effektiv einen Eisernen Vorhang wiederaufgebaut hat, der Russland daran hindert, sich wirtschaftlich in Europa zu integrieren.

»Wir haben jetzt ein Netzwerk von Verteidigungskooperationsabkommen, das sich von Nord- bis Südeuropa, vom Norwegischen Meer bis zum Schwarzen Meer erstreckt und den Menschen auf dem ganzen Kontinent Sicherheit und Stabilität bietet«, sagte der US-Außenminister.[290]

Über die Verwandlung Finnlands in eine Startrampe für die US-Aggression gegen Russland wurde in den Mainstream-Medien fast gar nicht berichtet. Dabei zeigt uns die Entwicklung in Finnland, dass die westlichen außenpolitischen Eliten beschlossen haben, den Konflikt über die Territorialgrenzen der Ukraine hinaus auszuweiten, was aller Wahrscheinlichkeit nach einen noch größeren Teil Osteuropas in einen ausgewachsenen Krieg stürzen wird. Warum sonst sollten sie Finnlands militärische Infrastruktur auf die gleiche Weise aufbauen wie die der Ukraine vor dem Krieg?

Die magischen 5 Jahre

In »fünf bis acht Jahren« könnte es möglich sein, dass Russland ein NATO-Land angreift, sagte Bundesverteidigungsminister Boris Pistorius,[291] oder wie es etwa die *Bild* martialisch ausdrückt: »Pistorius: In 5 Jahren kann Putin die NATO angreifen.«[292] Generalinspekteur Carsten Breuer legte gleich nach: Die Bundeswehr müsse binnen 5 Jahren »kriegstüchtig« sein. Schränkte aber ein: »Das heißt nicht, dass es dann Krieg geben wird. Aber er ist möglich.«[293]

Hier sehen wir ein augenfälliges Beispiel für den seit Jahren in den westlichen Ländern gepflegten »Doppelsprech« (nach George Orwell): Die NATO bereitet, wie wir bereits gesehen haben und worüber wir gleich noch mehr erfahren werden, einen Krieg innerhalb von 5 Jahren vor und bezichtigt den Gegner, genau das zu planen. Aus Angriff wird Verteidigung.

Die magischen 5 Jahre. Seit Anfang 2024 tauchen sie in Reden und Statements immer wieder auf. Ich werde auf das Jahr 2029 zurückkommen, wenn ich die Kriegspläne der EU beleuchte.

Ein großer Schritt zur Vorbereitung eines Krieges ist die Aufstellung einer schlagkräftigen größeren Armee. Und dazu bedarf es der Wiedereinführung der Wehrpflicht. Wie auch sonst will die NATO ihr Ziel erreichen, 35–50 Brigaden mit je 3000–7000 kampfbereiten Soldaten aufzustellen? Denn die Aussage des inzwischen verabschiedeten NATO-Generalsekretärs Jens Stoltenberg, »im östlichen Teil des Bündnisses [stünden] zum ersten Mal 500 000 Soldaten in hoher Bereitschaft und in kampfbereiten Verbänden«,[294] wird von Militärexperten wie Scott Ritter, dem ehemaligen Geheimdienstoffizier des U.S. Marine Corps und Waffeninspektor der Sonderkommission der Vereinten Nationen, oder Douglas Macgregor, dem pensionierten Colonel der U.S. Army, Politikwissenschaftler, Militärtheoretiker, Autor und Berater, doch sehr bezweifelt. Doch selbst wenn diese Zahlen wahrscheinlich maßlos übertrieben sind, geht der Plan der NATO eindeutig in Richtung Kriegsvorbereitungen. Beim bereits erwähnten NATO-Gipfel Anfang Juli 2024 in Washington beschloss das Bündnis, dass es in Zukunft möglich sein soll, 300 000 Soldaten innerhalb eines Monats und eine weitere halbe Million innerhalb von 6 Monaten zu aktivieren.

In diesem Zusammenhang ist der jüngste NATO-Beitritt Finnlands interessant. Denn die in Friedenszeiten nur 13 000 Mann starken finnischen Verteidigungskräfte können im Kriegsfall über 900 000 Reservisten mit 280 000 einsatzbereiten Soldaten aktivieren.

Robert Hamilton, Leiter der Eurasien-Forschung am Foreign Policy Research Institute, betrachtet die Wiedereinführung der Wehrpflicht in vielen NATO-Ländern kritisch: »Es ist tragischerweise wahr, dass wir hier im Jahr 2024 stehen und uns mit der Frage auseinandersetzen, wie wir Millionen von Menschen mobilisieren können, um sie potenziell in den Fleischwolf eines Krieges zu werfen.«[295]

Wie zuvor bei der Covid-19-Plandemie beobachten wir auch beim derzeitigen West-Ost-Krieg, dass bestimmte Erzählungen von den verschiedensten Akteuren und Quellen ständig wiederholt werden, damit bei uns Zuschauern, Hörern oder Lesern der Eindruck entsteht, uns würden Fakten präsentiert.

Daher ist es kein Zufall, dass nicht nur deutsche Militärs, sondern auch die anderer Länder vor einem Krieg warnen. So forderte der neue Chef des britischen Generalstabs Sir Roly Walker, Großbritanniens Armee müsse in 3 Jahren auf einen Krieg gegen eine »Achse des Wandels« aus Russland, China, Iran und Nordkorea vorbereitet sein.[296]

Der russische Präsident Wladimir Putin werde »sehr, sehr gefährlich« aus seiner Invasion in der Ukraine hervorgehen und »Vergeltung« üben gegen Länder wie Großbritannien, die die ukrainischen Streitkräfte unterstützt hätten. Außerdem bestehe die Gefahr, dass die oben genannte »Achse des Wandels« – vor allem im Bereich Waffen und Technologien – ihre Beziehungen ausbauen und bis 2027 oder 2028 konvergieren könnten.

In einer Rede auf der Land Warfare Conference des Heeres in London versprach der General, er wolle die Kampf- und Tötungskapazitäten der Armee bis 2027 verdoppeln und bis zum Ende des Jahrzehnts eine mindestens dreimal so große gegnerische Streitmacht vernichten.

Und auch er spricht von einem Zeitraum »bis zum Ende des Jahrzehnts«, womit wir wieder bei diesem seltsamen Jahr 2029 sind. Denis Dubrowin, Korrespondent der russischen Nachrichtenagentur TASS in Brüssel, nennt den Grund, warum auch er in 5 Jahren Schlimmes vermutet, indem er unter der Überschrift »Die neue Amtszeit von Ursula von der Leyen: Warum Europa in den Krieg geführt wird« schreibt: »Die Ernennung von Ursula von der Leyen zur Präsidentin der EU-Kommission für den Zeitraum 2025 bis 2029 hat den Kurs der Militarisierung und Ukrainisierung der EU gefestigt.«[297]

Dubrowin prophezeit: »Als EU-Kommissionschefin wird Ursula von der Leyen die Kontrolle über die europäische Rüstungsindustrie an sich reißen und die EU endgültig auf Kriegskurs gegen Russland bringen. 2029, am Ende ihrer Amtszeit, wird Europa nicht mehr wiederzuerkennen sein.«

Es gehe nicht nur um die Ausweitung der Granaten- und Waffenproduktion, sondern Brüssel habe es auf eine totale Militarisierung der gesamten Gesellschaft abgesehen, und die werde alle Aspekte des politischen, wirtschaftlichen, sozialen, kulturellen und wissenschaftlichen Lebens in Europa bestimmen.

In einem Gespräch mit Kirill Logwinow, dem amtierenden ständigen Vertreter Russlands bei der EU, erfuhr Dubrowin, dass die EU-Kommission die Kontrolle über den gesamten militärisch-industriellen Komplex der EU-Länder an sich ziehen wolle und die Wirtschaft der EU vollständig auf eine langfristige militärische Konfrontation mit Russland ausrichte. Alsdann prophezeit der langjährige russische Brüssel-Korrespondent: »Das Geld für die Militarisierung Europas werden die EU-Länder geben. Wenn dadurch ihre Wirtschaft geschwächt wird und soziale Spannungen zunehmen, werden sie nur noch abhängiger von den Entscheidungen der EU-Kommission als Regulator der Wirtschaft. […] De facto wird die EU den Aufbau der ›grünen‹ digitalen Militärwirtschaft auf Kosten eines qualitativen Rückgangs des Lebensstandards der europäischen Bevölkerung finanzieren.«[298]

In Brüssel baue man darauf, dass die Ukraine bei Aufrechterhaltung der westlichen Unterstützung über einen längeren Zeitraum hinweg dafür sorgen kann, dass sich die russischen Ressourcen erschöpfen. Diese Zeit wollen die NATO-Länder zum Aufbau ihrer eigenen Kapazitäten nutzen – vom Auffüllen und Vergrößern der Munitionsreserven über eine massive Steigerung der Rüstungsproduktion und dem Erlernen der entsprechenden Techniken bis hin zum Drohneneinsatz und zu einer Rückkehr zur allgemeinen Wehrpflicht in einer Reihe von europäischen Ländern. Und dann kommt der Journalist wieder auf das Jahr 2029 zu sprechen: »Die NATO-Staaten werden vier bis fünf Jahre brauchen, um diese Pläne zu verwirklichen. Und in diesen Jahren ist die Wahrscheinlichkeit eines militärischen Konflikts zwischen der NATO und Russland gering, bis das Bündnis versteht, dass es für diesen Konflikt bereit ist.«

Die Kontrolle über den Medienraum ermögliche diesen Prozess der europäischen Umstrukturierung. Zu Ende gedacht, so Dubrowin weiter, »werden wir im Jahr 2029 ein Europa haben, das ziemlich gut gerüstet, merklich verarmt und voller sozialer Probleme ist. Darüber hinaus wird es mit aggressiver antirussischer Propaganda vollgepumpt sein. Das heißt, die Ukrainisierung Europas wird ihren Höhepunkt erreichen.«

Der »in Brüssel geborene[n] europäische[n] Bürokratin Ursula von der Leyen, eine[r] Nachfahrin deutscher und amerikanischer Eliten« werde die Kriegspolitik ermöglichen, »im Alleingang eine noch nie da gewesene Machtfülle an der Spitze der EU-Kommission zu erlangen und gleichzeitig den amerikanischen Globalisten bei ihren Versuchen in die Hände zu spielen, die Weltherrschaft zu behalten«.[299]

Dubrowin geht offenbar nicht davon aus, dass es schon vor dem Jahr 2029 zu einem offenen NATO-Russland-Krieg kommt. Nach all dem bisher Gesagten wäre ich mir da allerdings nicht so sicher. Denn die Lunten brennen in der Ukraine überall, und ein kleiner Funke genügt, um das große Feuer zu entfachen. In diesem Fall sind viele Orte in Deutschland unmittelbar vom Krieg betroffen. Ich habe sie im nächsten Kapitel aufgelistet.

Womit wir bei möglichen Szenarien für die Fortdauer des Krieges wären, die ich Ihnen jetzt vorstellen möchte.

V. Mögliche Kriegsszenarien

★★★

Bevor wir überlegen, zu welchen Kriegsszenarien es in Europa kommen könnte, müssen wir uns die Kräfteverhältnisse ansehen. Bei einem Krieg stehen sich immer Militärbündnisse gegenüber, in diesem Fall ist es die NATO gegen die OVKS (siehe Seite 182). Aber es gibt auch Sicherheitsabkommen zwischen einzelnen Ländern und der Ukraine.

So hat Deutschland beispielsweise am 16. Februar 2024 eine »bilaterale Sicherheitsvereinbarung« abgeschlossen, die festlegt, »dass Deutschland die unabhängige Ukraine weiterhin bei ihrer Verteidigung gegen den russischen Angriffskrieg unterstützen wird – so lange wie nötig«. Die Vereinbarung verspricht »Unterstützung beim Aufbau moderner, wehrhafter Streitkräfte, die das Land in die Lage versetzen, jeden zukünftigen Angriff abzuschrecken. Sollte es in Zukunft also erneut zu einer russischen Aggression kommen, sieht die Vereinbarung detaillierte Unterstützungsvereinbarungen vor: diplomatisch, wirtschaftlich und – wie heute bereits – mit militärischer Ausrüstung.«[300]

Die Bündnis-Falle

Das Bündnis des Westens ist ein militärischer Pakt von 32 europäischen und nordamerikanischen Staaten, genannt North Atlantic Treaty Organization oder kurz NATO. Die NATO umschließt nahezu alle Länder Europas mitsamt den USA und Kanada sowie ein Territorium, das teilweise bis an die Grenzen der Russischen Föderation reicht. Neben den 30 europäischen Mitgliedsländern sind Irland, Malta, Österreich und die Schweiz durch die »Partnerschaft für den Frieden« mit der NATO verbunden.

Nach aktuellem Stand hat die NATO fast 3,4 Millionen aktive Soldaten. Rechnet man die Reserveeinheiten sowie die paramilitärischen Einheiten hinzu, ergibt sich für die NATO eine Summe von etwa 7,6 Millionen Personen. Russland verfügt über rund 1,32 Millionen aktive Soldaten, und die Gesamtsumme des militärischen Personals liegt bei 3,57 Millionen. Die Bewaffnung der NATO-Armeen übersteigt die des russischen Militärs – je nach Waffengattung – um das Doppelte bis Achtfache.[301]

Für die Frage möglicher Kriegsszenarien ist es wichtig zu beachten, dass sich die NATO-Mitglieder zu gegenseitigem Beistand verpflichtet haben. Im Fall eines bewaffneten Angriffs auf eines der Mitglieder müssen die übrigen Mitgliedstaaten zur sogenannten kollektiven Selbstverteidigung, also zum gemeinsamen Militäreinsatz schreiten. Der Krieg in der Ukraine könnte sich jederzeit in die benachbarten NATO-Länder ausbreiten, und das sind von Nord nach Süd: Finnland, die baltischen Staaten, Polen, Slowakei, Ungarn und Rumänien.

Georgien, Ukraine, Aserbaidschan und Moldawien schlossen sich am 10. Oktober 1997 zu einer Sicherheitsallianz zusammen, die ihren Namen aus den Anfangsbuchstaben der vier Staaten ableitet: GUAM. Ich habe sie bereits erwähnt. Langfristig streben die vier Staaten eine Aufnahme in die NATO an.

Eine Art »Gegen-NATO« ist die Organisation des Vertrags über kollektive Sicherheit (OVKS). »Aufgabe des Bündnisses ist die Gewährleistung der Sicherheit, Souveränität und territorialen Integrität der Mitgliedstaaten«, heißt es in ihrer Charta. »Dies soll vornehmlich durch eine enge Zusammenarbeit in der Außenpolitik, in militärischen Angelegenheiten, in der Erforschung neuer militärischer Technologien sowie in der Bekämpfung grenzübergreifender Bedrohungen durch Terroristen und Extremisten erreicht werden.«[302]

Zur OVKS gehören Russland, Weißrussland, Kasachstan, Kirgistan und Tadschikistan. Armenien ist im Juni 2024 aus dem Bündnis ausgetreten. Aserbaidschan, Georgien und Usbekistan bereits im Jahr 1999. Russland unterhält in jeder der OVKS-Republiken Militärstützpunkte.

Neben der Ukraine und Belarus, den westlichen Nachbarn der Russischen Föderation, schwebt auch der Korridor zwischen den an Öl- und Gasvorkommen reichen Ländern des Kaspischen Beckens und dem Schwarzen Meer in Kriegsgefahr. Dabei ist Armenien von besonderer strategischer Bedeutung. Es ist eingekeilt von seinem mächtigen Nachbarn Türkei im Westen und Süden, von Georgien im Norden und Aserbaidschan im Osten – der erste ein bedeutendes NATO-Mitglied, die beiden anderen NATO-Aspiranten. Und Armenien wird gerade vom Westen so massiv umworben, dass es sich entschlossen hat, von Russland, seinem natürlichen und langjährigen Freund, Abstand zu nehmen. Weil die Kriege der Zukunft um die Ressourcen und ihre Transportwege gefochten werden, ist dieser südkaukasische Korridor ein Konfliktherd, der in den Krieg in Europa hineinwirkt.

Die OVKS-Länder Tadschikistan und Kirgistan sind geostrategisch wichtig, weil sie im Osten an China und im Süden an Afghanistan grenzen. Im Westen der beiden Staaten befinden sich zwei mögliche Beuteopfer im eurasischen Schachspiel: einmal Usbekistan – es betreibt seit Jahren eine Schaukelpolitik zwischen OVKS und NATO – und dann sein Nachbar Turkmenistan, beide mit reichen Erdgasvorkommen, Letzterer verfügt auch über Erdöl. Turkmenistan gehört zwar offiziell weder der OVKS noch der NATO an, hat aber »1992 ein bilaterales Verteidigungsabkommen mit Russland abgeschlossen. Rund 12 000 russische Soldaten einer mechanisierten Division und der Luftwaffe sind für die Sicherung der Grenze zu Afghanistan und dem Iran auf turkmenischem Boden stationiert.«[303]

Das Problem für beide Machtblöcke besteht darin, dass sich die zentralasiatischen Staaten weder dem Westen noch Russland zugehörig fühlen, sondern eher zu den islamischen Bruderländern tendieren. In der Organisation für Islamische Zusammenarbeit (Organization of Islamic Cooperation, OIC) sind diese Länder mit über 50 weiteren islamischen Staaten verbunden. Sollte die OIC eines Tages ebenfalls ein militärischer Bund werden, könnte Huntingtons These vom Kampf der Kulturen eine Wiederauferstehung feiern. Aber eine militärische Auseinandersetzung um die beiden Staaten scheint eher unwahrscheinlich.

Noch mehr Gewicht als das OVKS-Bündnis bringt die 2001 gegründete Shanghaier Organisation für Zusammenarbeit (SOZ) – auch Shanghai Cooperation Organization (SCO) genannt – auf die Waagschale. Kasachstan, Kirgistan, Tadschikistan, Usbekistan, Pakistan, Iran, Indien, Russland und China haben sich in diesem Bündnis zur »gemeinsamen Gewährleistung und Unterstützung von Frieden und Sicherheit in der Region« verpflichtet. Die SCO könnte sowohl bei einem Konflikt in Osteuropa als auch im Südkaukasus durch sein Bündnis mit Russland in einen Weltkrieg ziehen.

Kriegsschauplatz Europa

Sirenen heulen. Handy-Warntöne schrillen tausendfach. Luftangriffe in Paris, Warschau und Berlin. Marschflugkörper und Drohnen-Schwärme dringen in den europäischen NATO-Luftraum ein. NATO-Soldaten liefern sich seit Tagen Feuergefechte im Baltikum. Als Reaktion auf russische Angriffe dort löste die NATO Artikel 5 aus. Russland reagierte mit Raketen. Einige Staaten haben sich aus der NATO und der EU zurückgezogen, während ein harter Kern im Norden und Osten heftigen Widerstand leistet. Deutschland und andere Länder sind zerrissen.
Bei hitzigen Protesten kommt es in vielen deutschen, französischen, italienischen und spanischen Städten zu gewalttätigen Ausschreitungen, bei denen die Polizei energisch vorgehen

muss. Extremistische und populistische Parteien profitieren enorm von der Situation, nicht zuletzt, weil der Welthandel und die Wirtschaft zusammenbrechen.
Im Indopazifik startet China seit Wochen Angriffe auf Taiwan. Unterdessen verabschieden die Vereinten Nationen Resolutionen gegen die europäischen NATO-Mitglieder, weil viele afrikanische, lateinamerikanische und asiatische Staaten in der Generalversammlung mit Russland und China stimmen.

So stellen sich die beiden deutschen Politikwissenschaftler Carlo Masala und Nico Lange einen Krieg mit Russland vor.[304] Die Frage, die sie dabei auslassen, lautet: Warum sollte Russland den Westen angreifen? Warum sollte es Berlin, Paris und Warschau mit Raketen beschießen? Warum sollte es das Baltikum erobern wollen? Wenn wir die Motive der jeweiligen Kriegspartei (siehe das erste Kapitel dieses Buches) betrachten, wird klar, dass Russland kein Motiv hat, den Westen anzugreifen. Es sei denn, es wird selbst angegriffen. Womit wir schon nahe an dem sind, was ich für das wahrscheinlichste Szenario halte.

Zuvor möchte ich aber ein besonders dramatisches Szenario des Dritten Weltkriegs in Europa erwähnen, nämlich das des litauischen Militärexperten Aurimas Navys, der unter anderem die litauischen Special Operations Forces (SOF) aufgebaut hat. Genau genommen sind es drei Szenarien.[305]

Das Worst-Case-Szenario, die »schlimmste und unwahrscheinlichste Option«, sieht Navys so: »Russland setzt den Krieg fort, und weil es nicht gelingt, ihn zu beenden, zündet es eine taktische Atomwaffe auf dem Gebiet der Ukraine. Dies geschieht im Herbst, wenn Europa sich auf den Winter vorbereitet. Über Nacht verdreifacht sich der Treibstoffpreis, und nach einer Woche holen die Lebensmittelpreise den Preissprung auf und übertreffen die Zahlen an den Tankstellen. Die Menschen gehen auf die Straße, in den europäischen Städten kommt es zu Massenstreiks, die Proteste werden von subversiven prorussischen Gruppen angefacht, Autos und Häuser stehen in Flammen, Schaufenster werden eingeschlagen, die Armee beginnt, in den Straßen zu patrouillieren.«

Der Westen werde konsterniert reagieren, prognostiziert Navys, zwar würden die Verantwortlichen von neuen, nie da gewesenen Sanktionen gegen Russland sprechen. Doch diese Strafmaßnahmen würden dann aufgehoben, weil in Europa der Winter beginne und es Heizprobleme gebe. Die Aufmerksamkeit für den Krieg in der Ukraine schwinde, stattdessen würden die Schlagzeilen der westlichen Medien die Toten in Paris und Berlin beklagen. Dann komme ein schwieriger Frühling ins Land, der eigentlich Erholung bringen sollte, doch Europa werde von Millionen Hungerflüchtlingen aus Afrika und Asien überschwemmt. Auf den Straßen der Städte herrsche völliges Chaos, Raubüberfälle, Vergewaltigungen, Morde, die Polizei und die Armee seien nicht in der Lage, die Situation zu kontrollieren. Die Menschen schlössen sich in Selbstverteidigungsgruppen zusammen, es komme zu Gegenaktionen, die Zahl der Opfer steige. Es würden Lager für Millionen von Flüchtlingen eingerichtet, aber die EU-Länder seien nicht in der Lage, eine solche Zahl von Menschen mit Lebensmitteln, Medizin und Wärme zu versorgen, die sie selbst nicht haben.

Doch dann komme es noch schlimmer.

Europa steht vor den schwierigsten Jahren seit Jahrhunderten. In den Städten ist es dunkel, Geschäfte haben nur zu seltenen Stunden geöffnet, die Straßen werden von der Armee bewacht. Das ausgelaugte Europa ist nicht in der Lage, mit den verfügbaren Kräften die Ordnung auf den Straßen aufrechtzuerhal-

> *ten, die Ukraine ist voll besetzt, die Faschisten toben auf Hochtouren.*
> *Aufgrund des wirtschaftlichen Niedergangs Europas leidet auch China und schließlich Russland selbst, eine Hungersnot beginnt. Bewaffnete Horden ziehen in den Westen, plündern Städte und töten die Einwohner. Schließlich kommen die USA mit einem Abkommen mit China zur Rettung, aber es braucht viel Arbeit und viele Jahre, um die Situation zu stabilisieren.*[306]

Navys Worst-Case-Szenario ist für mich deswegen unrealistisch, weil ich es für unwahrscheinlich halte, dass der Einschlag einer (!) taktischen Atomwaffe in der Ukraine komplettes europaweites Chaos auslöst. Natürlich kann Navys seinen Hass auf die Russen nicht verbergen, wenn er sagt, »die Faschisten toben auf Hochtouren«, und damit die russischen Soldaten in der Ukraine meint. Dass die wirklichen Faschisten und Hitler-Verehrer in Militär und Politik der Ukraine sitzen, verschweigt er ebenso, wie es die gesamte westliche mediale Berichterstattung tut.

Sein zweites Szenario nennt er »das wahrscheinlichste«:

> *Die russische kriminelle Elite sieht, dass der Krieg mit der Ukraine und dem Westen nicht nach Plan verläuft, dass die Blitzoperation »Kiew« gescheitert ist, der Westen nicht kapituliert und Russland in einem schwächenden Krieg steckt, und wählt »Option B«.*
> *Mit der Simulation eines Umsturzes im Kreml findet in Moskau ein weiterer Putsch statt, der die Weltöffentlichkeit in Atem hält. Gleichzeitig ist es möglich, dass irgendwo im Schwarzen Meer immer noch aus Verzweiflung eine taktische Atomwaffe eingesetzt wird, die weltweit Panik auslöst.*[307]

Dann scheine sich die Lage zu beruhigen.

> *Wieder einmal kommen »gemäßigte« Politiker im Kreml mit Gewalt an die Macht, ein »guter Zar«, der Angst vor Putins Verbrechen hat, kündigt Veränderungen an, mehrere Generäle und Leiter von [russischen] Sicherheitsstrukturen werden verhaftet. Aber all dies ist eine Vorstellung nach dem vorbereiteten Drehbuch des Systems, um sich neu zu formieren und Zeit zu gewinnen. Dies wurde bereits viele Male getestet, in den Augen des Westens eine weitere »Perestroika«.*

Der neue russische Machthaber werde vom Westen begrüßt, und »es finden Besuche, Treffen und Unterstützungskundgebungen statt«.

> *Die beiden Nord-Stream-Pipelines werden in Betrieb genommen, die Sanktionen werden aufgehoben, Europa badet in billigem Treibstoff, die Litauer klatschen in die Hände, alle machen sich wieder über »Russland wird angreifen« lustig. Wenn man jedoch etwas genauer hinsieht, stellt man fest, dass sich Russland kein bisschen verändert hat. Die Sicherheits-, Armee- und anderen Machtstrukturen sind intakt, Kommandanten wurden nicht entlassen, Kriegsverbrecher wurden nicht verurteilt, was die Ukraine vehement fordert.*[308]

Doch der Westen verschließe die Augen vor den Forderungen der Ukraine, alles werde auf die Zukunft verschoben. Für den Wiederaufbau der ukrainischen Infrastruktur stelle der Westen enorme Mittel bereit. Verhandlungen über den Status der eroberten Gebiete würden aufgenommen, dann tauchten Blauhelme an der Frontlinie auf.

> *Einige Jahre später wird Russland noch stärker und beginnt, nachdem es Europa weiter gespalten hat, dessen Länder*

(dank der Bemühungen des Kremls) von noch mehr Orbáns regiert werden, einen weiteren Krieg. Diesmal direkt gegen den Westen.

Osteuropa leidet, aber die USA und ihre Verbündeten versetzen Russland einen vernichtenden Schlag und zwingen Moskau zur endgültigen Kapitulation. Es dauert Jahrzehnte, sich von den Auswirkungen des Chaos zu erholen.

So viel zum »wahrscheinlichsten« Szenario von Aurimas Navys. »Die russische kriminelle Elite« werde also nicht bestraft, sondern nur durch »einen guten Zar, der Angst vor Putins Verbrechen hat«, ersetzt, während die alte böse Kamarilla den nächsten Krieg plant – »diesmal direkt gegen den Westen«. Aber warum? Was sollte ihr Motiv sein? Braucht ein Staat mit 17 Millionen Quadratkilometern – Deutschland hat etwas über 350 000 Quadratkilometer – noch mehr Land? Welche Bodenschätze bietet Europa, die Russland nicht hat? Russland baut gerade zusammen mit China ein multipolares internationales Handelsnetz (BRICS) auf, warum sollte es diesen Prozess durch einen Eroberungskrieg behindern? Kurzum: Ein »Militärexperte« mit Schaum vor dem Mund ist kein guter Prognostiker.

Doch nun zu Navys Best-Case-Szenario:

Uncle Sam und seine Verbündeten dulden den russischen Terrorismus nicht, weil der Kreml einen weiteren Terroranschlag verübt, der US-Bürger (oder NATO-Bürger) betrifft. Es wird ein Plan erstellt, wie und wo Russland in militärische Aktionen mit den USA (NATO-Ländern) verwickelt werden kann. Es wird ein Ultimatum gestellt, dass die russischen Kriegsschiffe das Schwarze Meer nicht verlassen dürfen, um die Getreidekarawanen nicht zu behindern. Die USA (allein oder mit NATO-Ländern) übernehmen die Aufgabe, diese Karawanen zu eskortieren.

> *Der Kreml organisiert natürlich eine Provokation, greift das US-Kriegsschiff an und behauptet, dies sei das Werk der Ukraine. Der Geheimdienst des Pentagons stellt jedoch eindeutig fest, dass die Schüsse von russischen U-Booten abgefeuert wurden. Die USA greifen die russische Flotte im Schwarzen Meer an, ein zweitägiges Feuergefecht endet für Russland in einem totalen Fiasko.*

Daraufhin drohe der Kreml mit einem Atomkrieg. Die NATO aktiviere Artikel 5, und es gebe eine Einigung mit China, das sich immer und zu jeder Zeit pragmatisch verhalte. Dann spitze sich die Lage aber zu.

> *US-Flugzeugträger werden nach Sachalin verlegt, ins Mittelmeer und ins Schwarze Meer. In Russland beginnen Übungen zur Aktivierung von Atomwaffen. Die USA sagen, dass bei einem einzigen Atomschlag alle russischen Militäreinrichtungen, die eine Bedrohung für die USA und ihre Verbündeten darstellen, zerstört werden.*

Es komme zur Spaltung Russlands, Putin fliehe in einen Bunker, gebe den Befehl zum Abschuss von Atomwaffen, doch seine Befehle würden nicht befolgt, die Raketen gingen nicht hoch und das Regime breche zusammen.

Schließlich übernehme ein provisorisches Komitee zur Rettung Russlands die Macht. Die Ukraine gewinne mit Ausnahme der Krim und der vor dem 24. Februar annektierten Gebiete in Luhansk und Donezk ihre Territorien zurück.

»Ein langer Marathon internationaler Gerichtshöfe und Tribunale beginnt, bis endlich die Strafen für die Kriegsverbrecher verkündet werden. Der FSB, GRU, FSR und andere Sonderdienste werden abgebaut.

Russland verliert das Recht auf Atomwaffen und lässt ein begrenztes Militärkontingent zurück.«[309]

Navys nächste Keule trägt den Namen »russischer Terrorismus«: »Der Kreml verübt einen weiteren Terroranschlag, der US-Bürger (oder NATO-Bürger) betrifft.« Wenn der Militärexperte von einem weiteren Terroranschlag spricht, muss er andere, frühere Anschläge im Sinn haben. Aber welche meint er? Meint er etwa den angeblichen russischen Anschlag auf die eigene Nordstream-Pipeline? Oder die angeblichen russischen Anschläge auf das eigene Atomkraftwerk in Saporischschja?

Alsdann schreibt er, dass »die russischen Kriegsschiffe das Schwarze Meer nicht verlassen dürfen, um die Getreidekarawanen nicht zu behindern«. Wie schon vorher bei den »Faschisten« aus Moskau, die in Wirklichkeit in Kiew sitzen, verdreht Navys auch hier die Tatsachen. Es war Russland, das 2023 die Ausfuhr von Getreide ermöglicht und geschützt hat, nicht die Ukraine.

Was mir auch völlig unverständlich ist, ist Navys Kriegsende: Obwohl Russland zerstört und am Boden sei, gewinne die Ukraine weder die Krim noch die »vor dem 24. Februar annektierten Gebiete in Luhansk und Donezk«? Das heißt, Luhansk und Donezk würden bis hin zu ihren westlichen Grenzen für die Ukraine verloren sein – was doch der ursprüngliche Grund des 2014 begonnenen Kriegs der Ukraine gegen diese beiden abtrünnigen Oblaste war.

Alle drei Szenarien des litauischen Militärs sind geprägt von der Angst vor einem aggressiven, eroberungswütigen Russland. Doch dieses Gefühl basiert keineswegs auf Fakten, denn Russland hat in seiner modernen Geschichte keine Kriege gegen fremde Mächte geführt. Die Russische Föderation, als Rechtsnachfolgerin der am 31. Dezember 1991 aufgelösten Sowjetunion, hat in ihrer 32-jährigen Geschichte nur auf Bitten anderer Nationen völkerrechtskonform militärischen Beistand geleistet, so etwa in Syrien oder in den Republiken Luhansk und Donezk.

In 7 Tagen bis zum Rhein

Bereits vor mehr als 40 Jahren kam ein Szenario mit dem Titel *Der Dritte Weltkrieg: Hauptschauplatz Deutschland* heraus, das sich der ehemalige britische Armeegeneral und Kommandeur der britischen Rheinarmee, Sir John Winthrop Hackett (1910–1997), ausgedacht hatte.[310] Ich zitiere es hier deswegen, weil wir daran sehen können, dass sich die militärische Lage seither komplett verändert hat. Hackett schildert mit großer Detailgenauigkeit und Fachkenntnis, welche aus seiner militärischen Karriere herrühren, »die fiktive Geschichte eines Überfalls von Truppen des Warschauer Pakts (WP) auf Westeuropa, der nach einem begrenzten Atomkrieg (Vernichtung der Städte Birmingham und Minsk) mit einem Sieg der NATO-Truppen endet.

Gemäß den Planungen und Erwartungen der NATO-Strategen spielt sich der Ausbruch dieses ›Dritten Weltkrieges‹ an der innerdeutschen Demarkationslinie in Hessen ab. In der Vorstellung von Hackett kommt es am 4. August 1985 in der Nähe der direkt an der Landesgrenze zu Thüringen gelegenen Ortschaft Wildeck zu ersten Kampfhandlungen (Wildeck liegt im Landkreis Hersfeld-Rotenburg, wenige Kilometer nördlich der im NATO-Jargon als Fulda Gap bezeichneten Durchbruchstelle eines Angriffs der WP-Staaten). Bis zum 15. August schiebt der Angriff der WP-Staaten von Norden her die Front der NATO-Verteidigung bis auf eine Linie von Duisburg bis Paderborn zurück, von dort aus zieht sich die Kampflinie quer durch Hessen nach Baden-Württemberg; die Städte Kassel und Fulda befinden sich tief in dem von den WP-Truppen eroberten Gebiet, das Bundesland Bayern wird in der schriftstellerischen Vision des ehemals ranghohen NATO-Generals komplett von den ›Aggressoren‹ eingenommen ...«[311]

Wie gesagt führe ich dieses Szenario hier an, weil es zeigt, wie sehr sich die militärischen Rahmenbedingungen inzwischen verändert haben. Russische Truppen stehen heute nicht an der innerdeutschen Grenze, sondern 2000 Kilometer weiter östlich. Den Warschauer Pakt gibt es nicht mehr. Ein Einmarsch russischer Truppen in Deutschland ist also militärischer Unsinn und daher absolut nicht zu erwarten. Ich betone dies, weil die aktuelle militärische Lage bei vielen Diskussionen außer Acht gelassen wird – und weil das Internet voll ist von Meldungen, dass bereits vor Hunderten von Jahren medial begabte Menschen (früher nannte man sie Seher) einen russischen Panzervormarsch zum Rhein vorhergesagt hätten. Ich werde im Anhang darauf zurückkommen. Meiner Ansicht nach hatten sie diese Vision, weil jedes Medium immer auch im geistigen Feld der jeweiligen Zeit lebt.

Dagegen hatte Alois Irlmaier, der Ende der 1950er-Jahre starb, eine für seine Zeit absolut korrekte Vision. Seine Vorhersagen sind nahezu identisch mit den Strategien der beiden damaligen Militärblöcke, wie sie etwa in der Kriegssimulation der Sowjetarmee mit dem Titel »Sieben Tage bis zum Rhein«[312] auftauchen oder auch im Szenario von Sir John Winthrop Hackett.

Gleich mehrere Szenarios bietet die Website Fandom an, die sich normalerweise um Computerspiele kümmert.[313] Sie gehen alle von einem großen innereuropäischen Krieg NATO gegen Russland aus, wobei sie auch die anderen Schauplätze im Nahen Osten und in Asien beschreiben. Ich will hier beispielhaft nur eines dieser Szenarios vorstellen. Es beginnt damit, dass die USA Atomraketen im ukrainischen Lwiw (Lemberg) aufstellen. Die Russen nehmen das nicht hin, schicken Truppen und beschlagnahmen die Raketen. USA und NATO verlangen die Herausgabe der Raketen und den Rückzug der russischen Truppen. Als Russland sich weigert, erklären USA und NATO den Krieg.

Daraufhin rückt die russische Armee nach Polen und in die baltischen Staaten vor. Ihr Kriegsziel ist, Finnland, das Baltikum und Polen aus der NATO zu lösen. Doch dann erklärt auch Finnland den Russen den Krieg und rückt in Karelien vor. Russland muss seine Truppen dort massiv verstärken. Das nützt Polen aus und rückt in die Westukraine ein. Dennoch gelingt es den westlichen Mächten nicht, die russischen Truppen aus der Ukraine zu vertreiben, denn auf der anderen Seite des Atlantiks braut sich Unheilvolles zusammen: Mit Russland verbündete nordkoreanische Truppen landen an der US-Westküste.

Interessant an den amerikanischen Szenarien ist, dass sie stets von einem Eroberungsversuch der »Feinde« auf das amerikanische Festland ausgehen. Ich halte diese Idee für unrealistisch, weil im Zeitalter der Hyperschallraketen Angriffe auf die Militär- und Regierungszentralen durchaus ausreichen, um ein Land lahmzulegen. Aber natürlich findet ein Szenario, das auch die Vereinigten Staaten bedroht, mehr Aufmerksamkeit beim amerikanischen Konsumenten.

Die schleichende Ausweitung des Krieges

Das Szenario, das ich für wahrscheinlich halte, ist keine bloße Fiktion, sondern gewissermaßen eine Wahrscheinlichkeitsrechnung und ergibt sich für mich auf der Basis von allem bisher Gesagten. Bevor ich es schildere, muss ich aber vorausschicken, dass ich nicht mit dem Einsatz von Atomwaffen rechne. Und zwar aus folgenden Gründen: Erstens ist dieser Krieg zwischen Ost und West wie die vorangegangenen eine Inszenierung, um zum einen riesige Profite einzufahren und zum anderen die Konkurrenten in Europa – und hier insbesondere Deutschland – sowie Russland zu ruinieren. Russland als Rohstoffquelle und Europa als Konsument sind jedoch unbrauchbar, wenn sie komplett ausradiert und radioaktiv verseucht sind. Im Übrigen wäre dieser Teil der Erde nach einem Atomkrieg sogar für die Eliten unbewohnbar und unbesuchbar.

Ob das beide Seiten übereinstimmend so sehen? Ich glaube, ja, denn es gab am 14. November 2022 – 8 Monate nach dem Einmarsch russischer Truppen in die Ukraine – ein geheimes Treffen, das eine Absprache nahelegt. An diesem Tag trafen sich Sergei Naryschkin, der Direktor des russischen Auslandsgeheimdienstes SVR, und William Burns, der Chef der CIA, in Ankara. Die Unterredung war vom türkischen Geheimdienst MİT (Millî İstihbarat Teşkilâtı, »Nationaler Aufklärungsdienst«), der zu diesem Zeitpunkt von dem heutigen türkischen Außenminister Hakan Fidan geleitet wurde, organisiert worden und fand daher in der MİT-Zentrale in Ankara statt. Die USA wollten das Treffen zwischen Burns und Naryschkin zwar geheim halten, was aber offenbar schon bei der Ankunft der US-Delegation in Ankara danebenging.

> *»Dieses Treffen war historisch. Die Ergebnisse waren sehr wichtig, auch in der Frage des Nicht-Einsatzes von Atomwaffen. Vielleicht wird man Jahre später von den Ergebnissen erzählen«, sagte Fidan im Nachrichtensender Habertürk TV.*[314]

Ich gehe also davon aus, dass man sich gegenseitig versichert hat, keine Nuklearwaffen einzusetzen. Doch natürlich dürfen wir nicht vergessen, dass Fehler und Fehleinschätzungen möglich sind. Und wir erinnern uns, wie wir während des Kalten Krieges – der ja nie endete – mehrmals knapp an einem Atomkrieg vorbeigeschrammt sind. Einen atomaren Schlagabtausch zu 100 Prozent auszuschließen wäre unrealistisch. Buchstäblich im Eifer des Gefechts könnte es – trotz aller Zusicherungen und Warnungen – zum Einsatz taktischer Atomwaffen kommen. Ein von den Medien aufgebauschter radioaktiver Niederschlag wäre zudem ein idealer Sündenbock für die anhaltende Übersterblichkeit in Europa.

Aber jetzt zu meinem Szenario. Ob es genauso, ob es in den nächsten Monaten oder erst in naher Zukunft eintrifft, wissen wir nicht. Aber dass es irgendwann zwischen 2024 und 2029 eintritt, ist nach all den in diesem Buch genannten Fakten zu erwarten. Die militärische Lage ist heute nicht anders, als sie es morgen sein wird: Es stehen sich zwei Bündnisse mit gegensätzlichen geostrategischen Interessen gegenüber, die um die Vorherrschaft über Eurasien kämpfen. Die USA wollen Russland daran hindern, (wieder) eine eurasische Großmacht zu werden, und können folglich eine Vorherrschaft Russlands in der Ukraine und in Moldawien nicht hinnehmen. Russland wiederum kann aus eigenem Sicherheitsinteresse heraus – Stichwort: zu geringe Vorwarnzeit für einfliegende Raketen – nicht dulden, dass sein westlicher Nachbar, die Ukraine, oder sein südlicher Nachbar, Georgien, NATO-Mitglieder werden.

Beide Seiten erkennen die von mir ausführlich beschriebenen Konfliktzonen Osteuropa/Ukraine und Schwarzes Meer/Kaukasus als »geostrategische Dreh- und Angelpunkte« (Brzeziński) und sind daher nicht bereit, in auch nur einer der umkämpften Regionen nachzugeben.

Dies bedeutet, dass neben dem Krieg in der Ukraine jederzeit ein neuer Brandherd entstehen kann, etwa in Moldawien, Georgien oder Armenien. Die inszenierten Proteste in einigen der Länder im Süden von Russland zeigen, dass an jedem Punkt in Russlands Peripherie Brandherde entstehen können. Wie die Geschichte zeigt, weiten sich diese zunächst begrenzten Konflikte oft zu größeren Kriegen aus. Zum einen, weil schon seit Jahren in den jeweiligen Staaten Stimmung gegen den vermeintlichen Feind gemacht wurde. Zum anderen, weil sich die Länder in Bündnissystemen zusammengeschlossen haben (siehe oben), wofür das beste Beispiel der Erste Weltkrieg ist. Aus einem ursprünglich begrenzten wurde ein allumfassender Krieg.

Die aktuelle militärische Lage sieht so aus: Die russische Armee rückt immer weiter nach Westen vor. Die Ukraine/NATO antwortet – weil sie auf dem Schlachtfeld materiell und personell nicht in der Lage ist, effektiven Widerstand zu leisten – mit Marschflugkörpern, Raketen und Drohnen auf Militärflughäfen und andere Armeeeinrichtungen, aber auch auf zivile Ziele im russischen Hinterland. Weil dabei russische Zivilisten – wie oben geschildert in Sewastopol – grausam ums Leben kommen, wird der Ruf nach Rache innerhalb Russlands immer lauter und droht, die gleichzeitig stattfindenden Verhandlungen um ein Ende der Kämpfe zu torpedieren.

Wenn wir Glück haben, will der Westen Frieden und ist dementsprechend kompromissbereit. Dann wird sich der folgende Ablauf zeitlich verschieben, und uns bleiben noch ein paar Jahre, um einen allumfassenden Krieg zu verhindern.

Sollte es jedoch nicht zu einer Einigung kommt, dann müssen wir mit dem folgenden oder einem ähnlichen Ablauf schon heute rechnen.

Nehmen wir ein Beispiel: Wenn mehrere von der Ukraine abgefeuerte Taurus-Raketen die Krimbrücke treffen und dabei fünfzig Schulkinder in einem Bus auf dem Weg von der Krim zum russischen Festland ums Leben kommen, ordnet Putin einen Raketenschlag auf genau jene Einrichtungen an, in denen die deutsche Kriegsbeteiligung am augenscheinlichsten ist. Also wird zuerst Wiesbaden-Erbenheim pulverisiert, wo der Kriegseinsatz in der Ukraine orchestriert wird. Der bedeutendste Schlag erfolgt jedoch auf die Produktionsstätte, an der die Taurus-Raketen hergestellt werden, die weit ins russische Hinterland vordringen können: Schrobenhausen nahe München. Um die Taurus-Produktion zu stoppen, setzt Russland mehrere konventionell bestückte Hyperschallraketen ein, die von der westlichen Luftabwehr nicht abgefangen werden. Darauf antwortet der Westen ebenfalls mit Raketenangriffen, auf die wiederum russische Gegenschläge folgen.

Das Ausmaß der Zerstörung nimmt immer weiter zu, und das gibt der EU die Gelegenheit, die Frontstaaten, zu denen auch Deutschland gehört, aufzufordern, das Kriegsrecht auszurufen. In Deutschland heißt das nach dem Grundgesetzartikel 115 beschönigend »Verteidigungsfall«. Und nun kommt es in den einzelnen Ländern zu Lockdowns.

Der Westen bombardiert wichtige Infrastruktureinrichtungen wie Kraftwerke, Stromversorgung, Brücken und Häfen in Russland, woraufhin das russische Militär einige Autobahn- und Eisenbahnbrücken zerstört, über die der alliierte Nachschub durch Deutschland rollt. Auch andere NATO-Einrichtungen in Ost- und Mitteleuropa werden von russischen Raketen angegriffen, aber die Bundesrepublik als Nachschubbasis für Osteuropa ist von diesen Luftschlägen besonders stark betroffen.

Währenddessen gibt es unter den Soldaten verschiedener europäischer Länder, die die Ukrainer auf dem ostukrainischen Schlachtfeld verstärken sollen, erhebliche Verluste. Das wiegt umso schwerer, weil die USA keine Truppen zur Unterstützung schicken. Sie sind nämlich im Nahen Osten und alsbald gegen China im Einsatz.

Durch die russischen Raketenangriffe bricht die Infrastruktur in vielen Regionen Deutschlands zusammen, die Versorgung der Bevölkerung mit Trinkwasser und Lebensmitteln gerät ins Stocken. Unruhen brechen aus, die selbst durch die verhängten Lockdowns nach Ausrufung des Verteidigungsfalls nicht mehr zu bändigen sind. Ausgelöst durch Versorgungsengpässe – Essen und Trinken gibt es nur noch mit entsprechenden Marken – und die hohe Anzahl von in der Ukraine gefallenen deutschen Soldaten, hat sich der Unmut der Menschen immer mehr gesteigert.

In diesen Kriegsmonaten wird auch an anderen Fronten gezündelt, vor allem im Südkaukasus. Diese Region war schon immer politisch instabil, jetzt aber brechen in Georgien und in Armenien Bürgerkriege aus. Beide Länder werden von der Frage zerrissen: Stehen wir zum Westen oder zu Russland? Eine Truppenentsendung in diese Region scheitert, weil die westlichen Staaten ihre Kräfte im Ukrainekrieg bereits erschöpft haben. Und so entscheiden sich die beiden Kaukasus-Republiken schließlich, sich mit Russland zu verbünden.

In der Ukraine haben die russischen Truppen an den Grenzen der von ihnen besetzten Oblaste Halt gemacht. Infolgedessen nehmen die Friedensverhandlungen wieder Fahrt auf. Russland verlangt die Bündnisfreiheit der Ukraine und eine Begrenzung von dessen Streitkräften auf 200 000 Mann – ohne schwere Waffen und unter Verbot der Stationierung ausländischer Truppen auf ukrainischem Boden. Die abtrünnigen Oblaste im Donbass bleiben Teil der Russischen Föderation.

Die USA und die Ukraine stimmen zu unter der Bedingung, dass sich die russischen Truppen aus den früheren Oblasten und jetzigen russischen Republiken zurückziehen und dort auch keine schweren Waffen stationieren dürfen. Die Welt atmet auf, der Frieden scheint gesichert.

Deutschland, in Europa das Bombenziel Nummer eins, muss erneut zum Wiederaufbau blasen. Die Bevölkerung ist aber verängstigt und enttäuscht. Gleichzeitig läuft die Kriegswirtschaft weiter. Die Rationierungen bleiben in Kraft. Einwanderer erhalten für den Dienst in der Bundeswehr die sofortige Staatsbürgerschaft. Aber auch diese Maßnahme besänftigt die Unruhe auf den Straßen nicht. Erste Ausländersiedlungen haben bereits begonnen, sich abzuschotten und autonome Gemeinschaften zu bilden. Radikalisierte muslimische Gangs terrorisieren deutsche Kleinstädte. Der Verteidigungsfall und die Notstandsgesetze sind weiterhin in Kraft.

Ebenso chaotisch geht es in den übrigen westeuropäischen Ländern zu, während Osteuropa ein Bild des Jammers ist: zerstörte Straßen und Eisenbahnstrecken, zerbombte Kraftwerke und Stromverteiler, Hunger und Not. Trotz alledem wird für die nächste Runde des Kriegs gegen das böse Russland aufgerüstet.

3 Jahre später flammt der Krieg wieder auf, und zwar intensiv. Aber nicht in der Ukraine, sondern südwestlich von ihr, als die Republik Moldawien, inzwischen EU- und NATO-Mitglied, das von ihr abtrünnige

Transnistrien abriegelt. Die auf UN-Geheiß dort stationierten russischen Truppen sind von der Außenwelt abgeschnitten. Die moldauische Armee rückt in Transnistrien ein. Präsident Putin fordert die Wiederherstellung des alten Status quo, doch die moldauische Regierung weigert sich. Putin stellt ein Ultimatum, das aber unbeachtet bleibt. Daraufhin startet das russische Militär ein Luftlandeunternehmen, um die eigenen Soldaten in Transnistrien zu unterstützen. Rumänische Truppen kommen den Moldauern zu Hilfe. Russische Verbände stoßen aus der Südukraine vor.

Gleichzeitig nutzt das polnische Militär eine angeblich aus Weißrussland abgefeuerte Rakete als Vorwand, um in dieses Nachbarland einzumarschieren. Nach Protesten gegen Präsident Lukaschenko ist die Stimmung in Minsk bereits angespannt. Das russische Militärbündnis OVKS ruft daraufhin den Verteidungsfall aus. Die NATO greift Ziele in Russland und Weißrussland an. Die OVKS antwortet mit Luftschlägen auf NATO-Standorte.

Wie bereits gesagt ereignet sich dieses Szenario vielleicht in den nächsten Wochen und Monaten oder erst in den nächsten 5 Jahren. Wichtig ist, zu verstehen, dass ein großer Krieg in Europa geplant ist. Sollte er in den nächsten Wochen erst einmal abgeblasen werden, ist es umso besser für uns, denn dann haben wir Zeit, uns vorzubereiten.

VI. Prepper schlafen besser

★★★

»Better safe than sorry (›lieber sicher als traurig‹)«, lautet ein beliebter amerikanischer Sinnspruch. In der Tat ist es besser, sich für den Ernstfall zu rüsten, als dumm dazustehen, wenn der Ernstfall eintritt.

Als allgemeine Vorbereitung und Vorsorge rate ich Ihnen, sich nicht auf Finanzspekulationen einzulassen und Ihr Geld nicht langfristig zu binden. Bewahren Sie stattdessen zu Hause eine ausreichende Menge an Bargeld und auch einen kleinen Gold- und Silberbestand auf.

Lesen Sie Selbstversorger- und Survivalbücher und besuchen Sie einen Erste-Hilfe-Kurs. Denken Sie vor allem an die Gesundheitsvorsorge, denn im Ernstfall werden Sie nur selten einen Arzt mit den nötigen Medikamenten treffen. Lassen Sie fällige Operationen rechtzeitig durchführen, und lassen Sie Ihre Zähne möglichst komplett sanieren. Brillenträger sollten sich mehrere unzerbrechliche Reservebrillen zulegen. Sorgen Sie für ausreichende Kondition durch Wandern, Joggen und eine sinnvolle Ernährung.

Und halten Sie Ordnung mit wichtigen Dokumenten und legen sich Originale und beglaubigte Kopien zurecht!

Essen und Trinken für 10 Tage

Überprüfen Sie regelmäßig Ihren Vorrat an Essen und Trinken. Das Bundesamt für Katastrophenschutz empfiehlt jedem Haushalt für mindestens 10 Tage 2 Liter Flüssigkeit pro Person und Tag sowie 2200 kcal an Nahrung pro Person und Tag bereitzuhalten.[315] In seinem *Ratgeber für Notfallvorsorge und richtiges Handeln in Notsituationen*[316] präzisiert das Bundesamt diese Empfehlungen und rät, folgende Vorräte anzulegen:

- 3,5 Kilogramm Grundnahrungsmittel, also Brot, Kartoffeln, Nudeln und Reis
- 4 Kilogramm Hülsenfrüchte und Gemüse
- 2,5 Kilogramm Nüsse und Obst
- 2,6 Kilogramm Milch und Milchprodukte
- 1,5 Kilogramm Fisch, Fleisch und Eier
- 0,375 Kilogramm Fette und Öle
- nach Belieben Zucker, Süßstoff, Honig, Marmelade, Schokolade, Jodsalz, Fertiggerichte (zum Beispiel Ravioli, getrocknete Tortellini, Fertigsuppen), Kartoffeltrockenprodukte (zum Beispiel Kartoffelbrei), Mehl, Instantbrühe, Kakaopulver, Hartkekse und Salzstangen

Hilfreich fand ich auch diese drei Vorratshaltungstipps auf der Website des Bundesamts:

1. »Nur was Sie mögen und vertragen.« Man sollte nie einen Vorrat nach dem Motto »den brauche ich hoffentlich nie« anlegen, sondern nach dem Prinzip »lebender Vorrat«.[317]
2. Das »Prinzip ›lebender Vorrat‹«: Versuchen Sie, Ihren Vorrat in Ihren alltäglichen Lebensmittelverbrauch zu integrieren. So wird er immer wieder verbraucht und erneuert, ohne dass Lebensmittel verderben. Neu gekaufte Vorräte gehören nach hinten ins Regal. Brauchen Sie die älteren Lebensmittel zuerst auf.
3. Das Prinzip »Stück für Stück aufbauen«: Es ist nicht erforderlich, den Vorrat auf einen Schlag anzulegen. Sie können ihn nach und nach aufbauen, indem Sie sich angewöhnen, bei Ihren Einkäufen von länger haltbaren Produkten – wie beispielsweise Nudeln – eine Packung mehr zu kaufen. Achten Sie darauf, den Vorrat aufzufüllen, bevor Sie die letzte Packung anbrechen.

Bereit für die Flucht

Es kann auch Situationen geben, in denen Sie Ihre Vorräte schweren Herzens zurücklassen und das Krisengebiet verlassen müssen. Und dafür empfehle ich Ihnen, sich einen Krisenrucksack anzuschaffen. Man sollte immer bedenken, dass bei einem raschen Verlassen der Wohnung oder eines gefährdeten Ortes nur das mitgenommen werden kann, was man wirklich tragen kann. Daher ist es sinnvoll, alle zum Überleben wichtigen Dinge in möglichst platzsparender Form vorsorglich in einem geräumigen Rucksack zu verstauen. Ein Rucksack hat den wichtigen Vorteil, dass man die Hände frei hat. Denken Sie daran, dass Sie in Katastrophen- und Kriegszeiten vielleicht nicht auf Ihr Auto oder auf öffentliche Verkehrsmittel zählen können. Wenn Sie nachts aufbrechen müssen (was sehr wahrscheinlich ist), könnte das Stromnetz ausgefallen sein. Mit einem Rucksack auf dem Rücken können Sie ebenso leicht Fahrrad fahren wie eine Taschenlampe halten.

In diesem Rucksack sollten Sie folgende Artikel aufbewahren:

- Wasserbeutel mit dazugehörigen Tabletten für die Entkeimung (erhältlich in Trekking-Geschäften oder im Bergsteiger-Fachhandel)
- ein kompaktes Einmannzelt
- eine zusammenrollbare Bodenmatte als Kälteschutz
- einen Schlafsack
- eine Plane als zusätzlicher Regenschutz
- Medikamente (eine individuell nach Empfehlung ausgerüstete Notfallapotheke)
- genaue Wander- und Landeskarten
- Dokumente (wasserdicht verpackt)
- eine Regenhaut, eine Mütze und einen wasserdichten Hut
- Reservebrillen

- leichte Joggingschuhe in bester Qualität
- Socken, Unterkleidung, Reservehemden oder T-Shirts
- Batterien, Kerzen, wasserdichte Zünder, Feuer
- ein kleines Solaraufladegerät für aufladbare Batterien (Camping-Fachhandel)
- ein Überlebensmesser mit Lupe zum Feuermachen
- einen kleinen Naturführer über essbare Beeren, Pflanzen, Wildgemüse etc.
- einen kleinen Taschenofen (Camping-Fachhandel)

Sollte es in Mitteleuropa zu einem Krieg kommen, werden allgemeine Hektik, Panik und Chaos ausbrechen. Und genauso wie bei unvorhergesehenen Ereignissen im täglichen Leben – beispielsweise bei einem Stromausfall oder bei einem kleinen Brandherd im Haus – müssen wir versuchen, trotzdem nüchtern und möglichst ruhig und effektiv zu reagieren. Was für bestimmte Vorgangsweisen an Unfallorten oder für die Wiederbelebung (Reihenfolge der Handgriffe und Aktionen) gilt, gilt auch hier.

Die schlimmste Reaktion wäre, sich ins Auto zu setzen und panisch zu versuchen, irgendwohin zu fliehen. Das werden viele versuchen, doch die Straßen werden verstopft sein. Also bleibt nur noch der Weg zu Fuß oder mit einem Fahrrad über Nebenwege. Kaufen Sie sich also vorsorglich ein qualitativ gutes Mountainbike und lernen Sie, dieses fahrtechnisch zu beherrschen. Auf der Flucht mit dem Rucksack wird es Ihnen sicherlich gute Dienste leisten.

Selbstverständlich sollten Sie sich warme, wasserabweisende und möglichst atmungsaktive Kleidung besorgen. Gutes Schuhwerk ist ganz besonders wichtig, etwa unverwüstliche und zugleich leichte Wanderschuhe.

Schlusswort: Hat der Dritte Weltkrieg schon begonnen?

★ ★ ★

Wird der Dritte Weltkrieg schon morgen in Europa ausbrechen? Oder geht er erst in 5 Jahren richtig los? Manche sagen, er habe schon begonnen. Papst Franziskus war bereits vor 10 Jahren dieser Meinung.[318] Auch der Schriftsteller Günter Grass hatte Ende Dezember 2014 (ein halbes Jahr vor seinem Tod) gesagt:

> *Die Menschheit ist noch nie so gut informiert gewesen wie heute, sie ist überschüttet mit Nachrichten, doch die eine löscht die andere. Das Unrecht geschieht vor unseren Augen an vielen Orten der Welt, in Afrika, im Nahen Osten, in der Ukraine. Wir wissen das alles. Zu den Hungersnöten, die provoziert werden, obwohl Nahrung für alle da ist, kommt die Wasserknappheit, die Klimaveränderung. Es findet alles gleichzeitig statt. Der Dritte Weltkrieg hat schon begonnen – und es ist ein Verteilungskrieg.*[319]

Doch was meinen Papst Franziskus und der Literatur-Nobelpreisträger Günther Grass mit dem Dritten Weltkrieg? Wenn er bereits da ist, warum nehmen wir ihn nicht als Weltkrieg wahr? Weil er anders ist als seine beiden Vorläufer. Vergessen Sie die alten Erinnerungen an breitflächige Panzerschlachten und marschierende Infanteriedivisionen, an Städtebombardements und Häuserkämpfe. Der Dritte Weltkrieg spielt sich auf verschiedenen Ebenen ab: als Wirtschaftskrieg, als Cyberkrieg, als biologischer Krieg, als verdeckte Sabotage und vor allem als Informationskrieg. Dennoch wird die letzte Entscheidung auf dem Schlachtfeld ausgetragen, bevorzugt in einem Stellvertreterkrieg, damit die kommandierende Partei nicht ihre eigenen Soldaten einsetzen muss.

Es ist unwahrscheinlich, dass sich der Dritte Weltkrieg zu einem direkten kinetischen Krieg zwischen den weltweit größten Mächten ausweitet wie die vorherigen Weltkriege. Denn ein heutiger totaler Krieg zwischen den Großmächten Russland, China und den USA würde zum nuklearen Armageddon führen, bei dem es keine Sieger, sondern nur Verlierer gibt. Und das will wahrscheinlich niemand. Dennoch können Fehleinschätzungen oder Panik zu falschen Entscheidungen führen – ein Atomkrieg aus Versehen als ultimative Quittung für die menschliche Hybris?

In diesem Moment, in dem Sie diese Zeilen lesen, tritt der Stellvertreterkrieg in der Ukraine in eine Phase, wo außer Nuklearwaffen alles erlaubt ist. Wie in diesem Buch nachgezeichnet, begann dieser Krieg im Jahr 2014, als die Ukraine systematisch die Zivilbevölkerung der abtrünnigen Donbass-Republiken mit Artillerie beschoss, und eskalierte, als russische Truppen Anfang 2022 diesen Republiken militärisch zu Hilfe eilten. Danach wand sich die Eskalationsspirale stetig nach oben. Und nun wird dieser Krieg wohl auf den Schultern Europas ausgetragen. Die Vereinigten Staaten richten ihr Augenmerk mehr auf Israels Krieg im Nahen Osten und auf den kommenden Krieg mit China. Übrigens gibt es ein in den USA sehr erfolgreiches Buch von Jean-Francois Susbielle aus dem Jahr 1998, das 2007 auch auf Deutsch unter dem Titel *China – USA. Der programmierte Krieg* erschienen ist.

Dass dieser europäische Krieg auf lange Dauer angelegt ist, haben wir gesehen. Es werden neue Waffensysteme in Deutschland aufgestellt, NATO-Truppen in den Osten verlegt, die Wiedereinführung der Wehrpflicht wird diskutiert und Milliarden werden in die Rüstung gesteckt, denn Deutschland muss »kriegstüchtig« werden, wie der Verteidigungsminister gefordert hat. Und wenn wir uns erinnern, dass stets von einem Zeitraum von 5 Jahren die Rede ist, dann sollten wir daraus folgern, dass selbst bei einem baldigen Waffenstillstand und Verhandlungen von beiden Seiten der Frieden noch lange nicht eingekehrt ist. Im Fall eines Pausierens der Kampfhandlungen ist eher zu vermuten, dass dies nur einer Neuordnung der Streitkräfte dienen soll.

Doch müssen wir uns in diesen Krieg, der offenbar auf lange Dauer hin angelegt ist, wie in ein unabwendbares Schicksal fügen? Ich denke, diese Frage bringt uns zu dem eigentlichen Problem: Wir sollten endlich den Mut aufbringen, genau dies nicht zu tun. Wir sollten aufhören, an das Märchen zu glauben, dass »die da oben« – Wirtschaftsführer und Regierungen – es gut mit uns meinen. Wir haben soeben durch die Veröffentlichung der Dokumente des Robert Koch-Instituts erfahren, wie die Politik einen Virus zu einer hochgefährlichen Pandemie aufgebauscht hat, mit dem Ziel, die Bevölkerung in Angst zu versetzen und drakonische Maßnahmen der Freiheitsberaubung zu verhängen. Mehr Klarheit darüber, was »die da oben« gegen uns im Schilde führen, können wir gar nicht gewinnen.

Ich habe in meinen vergangenen Büchern bereits aufgezeigt, wie uns die Eliten ins Chaos gestürzt haben und dezimieren wollen. Wenn wir dies begriffen und als Tatsache akzeptiert haben, müssen wir die Konsequenzen ziehen und aus diesem Szenario der Eliten, das uns immer tiefer in die Knechtschaft zwingen will, dezidiert aussteigen. Dazu gehört, dass wir ihrer Propaganda nicht mehr zuhören und den Konsum von Mainstream-Medien komplett einstellen. Dazu gehört auch, dass wir Bargeld benutzen, um die Einführung des digitalen Zentralbankgeldes zu verhindern. Denn dies würde eine allumfassende Kontrolle und das Ende jeglicher Freiheit bedeuten. Wäre es nicht möglich, dass mitten im Kriegschaos plötzlich das Digitalgeld als Rettung aus dem Hut gezaubert wird? Krieg ist auf jeden Fall ein ideales Mittel, um einer Gesellschaft Zwänge aufzuerlegen, die sie sonst niemals tolerieren würde. Bei der Covid-19-Plandemie haben wir gesehen, welche Zwänge der Bürger hinzunehmen bereit ist, wenn man ihm vorher genügend Angst eingejagt hat.

Wir müssen uns also immer wieder klarmachen, dass niemand das Recht hat, über uns zu bestimmen. Wir sind als freie, souveräne Menschen geboren. Die Menschen, die in unserer Gesellschaft hoheitliche

Aufgaben übernommen haben, werden von uns bezahlt, sie sind unsere Angestellten.

Dazu fällt mir eine Begebenheit ein, die sich Mitte der 1980er-Jahre ereignet hat, als ich in Los Angeles lebte. Ich musste mich wegen irgendwelcher Dokumente in die Stadtverwaltung begeben. Dort wurde ich überaus freundlich und höflich behandelt, und ich sagte zu der schwarzen Angestellten, dass ich sehr verblüfft darüber sei, wie hilfsbereit, ja geradezu liebevoll man sich hier um mich kümmere, und ich dankte ihr dafür. »Nein, nein«, sagte die Dame, »ich möchte Ihnen danken, denn ohne Ihre Steuern hätte ich keinen Job und säße nicht hier.«

Genau darum geht es. Wir müssen begreifen, dass Regierung, Richter, Polizei und all die anderen Staatsbediensteten in den unzähligen Behörden unsere Angestellten sind. Ohne unser Geld könnten sie nicht existieren. Wir sind die Chefs, nicht sie. Und es ist höchste Zeit, ihnen zu zeigen, wer hier der Boss ist. Wir müssen in großer Zahl auf die Straße gehen und demonstrieren, dass wir mit dem derzeitigen Kurs nicht einverstanden sind. Dass wir Frieden wollen. Dass wir dieses Mal nicht mitmarschieren und dieses Mal nicht unsere Kinder in einen sinnlosen Tod treiben.

Denn für Kriege gibt es keine Rechtfertigung, sie sind nur eine Bankrotterklärung der Politik, ausgelöst durch die Profitgier der Rüstungsindustrie und die Machtgelüste der Eliten, die letztendlich von unserer Arbeit und unserem Geld leben.

Anhang: Mysteriöse Vorhersagen

★★★

In einem Buch, das vor einem bevorstehenden Dritten Weltkrieg warnt, dürfen auch die vielen diesbezüglichen Voraussagen von mitteleuropäischen Sehern verschiedenster Couleur nicht fehlen. Da ich sie in meinen Buch *Am Vorabend des Dritten Weltkriegs* ausführlich dargestellt habe,[320] möchte ich mich hier auf eine Zusammenfassung beschränken. Sie ist aber wichtig, denn diese Prophezeiungen zeigen ein Grundmuster, nach dem sich die Geschichte in der nächsten Zukunft durchaus entfalten könnte. Denn verblüffenderweise stimmen sie bei der Beschreibung des Ablaufs der Ereignisse weitgehend überein. Diesen Ablauf möchte ich hier kurz vorstellen.

Das Szenario der Seher

In einer sogenannten Vorkriegsphase sollen folgende Ereignisse eintreten:

- große Naturkatastrophen und Erdveränderungen
- ein neuer Nahostkrieg
- die Zerstörung New Yorks
- eine kurze Faschingszeit
- ein schönes Frühjahr
- Zeichen, die am Himmel erscheinen
- eine Machtzunahme der radikalen Linken in Westeuropa
- Revolutionen und Kirchenverfolgungen in Italien und Frankreich
- ein Sturm, der über Klöster und Geistliche hereinbricht
- eine Revolution in England
- der Mord eines oder mehrerer prominenter Politiker

Der sich daran anschließende Dritte Weltkrieg läuft laut Prophezeiung der Seher auf diese Weise ab:

- Kriegsbeginn im Spätsommer
- militärische Besetzung Österreichs, Deutschlands und der Schweiz durch die Russen
- Vorstoß von drei russischen Panzerkeilen nach Deutschland in Richtung Rhein
- Durchmarsch der Russen über Österreich nach Italien auf dem Höhepunkt des italienischen Bürgerkrieges
- Zerstörung von Rom und Paris
- Gegenschlag des Westens: Ein chemischer oder biologischer Todesstreifen vom Schwarzen Meer bis zur Nordsee schneidet die russischen Panzerdivisionen vom Nachschub ab.
- dreimaliger Durchgang der konventionellen Front im böhmisch-niederösterreichischen Raum
- Platzen der Erdrinde in Tschechien durch einen Meteoriteneinschlag, kosmischer Staubregen
- 3-tägige Finsternis
- Endschlacht zwischen Unna, Hamm und Werl

Gottfried von Werdenberg hat den noch lebenden sogenannten »Seher aus dem Waldviertel«, der Bergbauer ist und anonym bleiben will, befragt und seine Prophezeiungen in dem Buch *Vision 2004: Die nächsten zehn Jahre* veröffentlicht.[321] Auch wenn diesen Seher eine Aura des Geheimnisvollen umgibt, sind seine Vorhersagen interessant, denn sie decken sich mit den Aussagen vieler anderer mitteleuropäischer Seher. Er erwartet:

- Ein Funkenregen aus dem All bringt Gras, Felder und Häuser zum Brennen.
- Die USA engagiert sich in einem Nahostkonflikt.
- Aus Rache wird das Zentrum New Yorks mit mehreren kleinen Sprengsätzen atomar zerstört.

- Kurz vor dem Weltkrieg wird in ganz Europa die Macht fest in der Hand der radikalen Linken stehen.
- Das Chaos in Europa beginnt fast gleichzeitig mit oder kurz nach dem Rückzug der Amerikaner aus den meisten Gebieten Westeuropas.
- Die Energiekrise erreicht ihren Höhepunkt vor dem Krieg.
- Praktisch unmittelbar vor dem Krieg werden innerhalb kurzer Zeit Millionen Fremde aus dem Osten und Südosten unsere Länder überfluten.
- Der Krieg wird insgesamt circa 2 Jahre dauern (andere Seher setzen eine Kriegsdauer in Mitteleuropa von 3 Monaten an).
- Österreich wird als Erstes militärisch besetzt, dann Deutschland und die Schweiz.
- Auf dem Höhepunkt des italienischen Bürgerkrieges marschieren die Russen durch Österreich nach Italien. Hauptsächlich Kärnten wird schwer getroffen. Den Bauern wird von den Besatzern das Vieh weggenommen. Es erfolgen noch keine größeren Kampfhandlungen.
- Zu dieser Zeit wütet in Italien und Frankreich ein heftiger Bürgerkrieg. Alle Geistlichen werden brutal verfolgt. Es kommt zu Massenmorden und gewaltigen Plünderungen. Gefährdet sind die Gebiete Kärnten, Tirol, Vorarlberg sowie die Schweiz insgesamt.
- Rom und Paris werden im Rahmen des Revolutions- und Kriegsgeschehens zerstört.
- Im Mittelmeer erfolgt ein erster Einsatz von Nuklearwaffen.
- Es breitet sich eine 3-tägige Finsternis aus. Die Menschen sollen lange in ihren vorher selbst gebauten Erdbunkern bleiben.

- Reste der russischen Truppe fliehen nach Norden und werden von einem Freiwilligenheer vernichtend geschlagen.
- Nach diesem Weltkrieg sind mehrere Nationen vernichtet und ist ein Großteil der Menschen tot.

Ein 3-monatiges Ringen in Mitteleuropa

Tröstlich ist die Tatsache, dass die Prophezeiungen diesen Weltkrieg als den kürzesten von allen bisherigen Weltkriegen schildern. So hebt beispielsweise der bayerische Hellseher **Mühlhiasl** (1750–1825) alias Mathias Lang die Kürze dieses dramatischen Geschehens hervor:

> *Aber es währt nicht lange – in einer Nacht wird's geschehen. Wer auf der Flucht zwei Laib Brot mitnimmt und verliert eins, der soll sich nicht danach bücken, er wird's nicht brauchen; und wer seinen Mantel vergessen hat, soll nicht mehr umkehren, er wird ihn nicht mehr brauchen.*[322]

Diese letzte Erwähnung spricht auch dafür, dass es zu dieser Zeit nicht kalt sein wird, da Spätsommer ist.

Der Seher aus Freilassing, **Alois Irlmaier** (zu ihm gleich mehr), warnt uns:

> *Massierte Truppenverbände marschieren in Belgrad von Osten her ein und rücken nach Italien vor. Gleich darauf stoßen drei gepanzerte Keile nördlich der Donau blitzartig über Westdeutschland in Richtung Rhein vor – ohne Vorwarnung. Das wird so unvermutet passieren, dass die Bevölkerung in wilder Panik nach Westen flieht. Viele Autos werden die Straßen verstopfen – wenn sie doch zu Hause geblieben wären*

oder auf Landwege ausgewichen! Was auf Autobahnen und Schnellstraßen ein Hindernis ist für die rasch vorrückenden Panzerspitzen, wird niedergewalzt.[323]

Als Mittel der Wahl für den völlig überraschten Bürger empfiehlt **Emilia Auer**, die sich Katharina aus dem Ötztal nannte und von 1883–1951 lebte, die Flucht auf die Berge:

Kinder, ihr müsst auf den Berg fliehen auf die Almhütten. Dort müsst ihr euch vorher etwas zum Essen verstecken und etwas zum Schlafen herrichten. Auf den Berg kommen diese plündernden Horden nicht hinauf. Springt [lauft] ja nicht ins Dorf.[324]

Auch bei dem Vorarlberger Bauern **Franz Kugelbeer**, der seine Visionen im Jahr 1922 hatte, wird das allgemeine Chaos, aber auch der Schutz der Berge hervorgehoben:

Über Nacht kommt die Revolution der Kommunisten, verbunden mit den Nationalsozialisten, der Sturm über Klöster und Geistliche. Die Menschen wollen es zuerst nicht glauben, so überraschend tritt es ein. Viele werden eingekerkert und hingerichtet. Alles flieht in die Berge, der Pfänder [ein Berg in Österreich] ist ganz voll von Menschen.[325]

Zum Abschluss dieser Visionen eines Dritten Weltkriegs sei noch von einem ungewöhnlichen Fall in der Geschichte der Prophetie berichtet.

Es sind die Feldpostbriefe eines einfachen bayerischen Soldaten im Ersten Weltkrieg namens **Andreas Rill** (1881–1952). Er erzählt am 24. und 30. August 1914 in zwei Briefen in die Heimat von einem Zivilisten aus dem Elsass, den seine Einheit mit Verdacht auf Spionage festgenommen hatte und der merkwürdige Prophezeiungen von sich gab. Ich gebe beide Briefe hier verkürzt wieder.

Im ersten Brief zitiert Rill diese Vorhersagen folgendermaßen:

> *Der Krieg […] ist für Deutschland verloren und geht ins fünfte Jahr, dann kommt Revolution, aber sie kommt nicht recht zum Ausbruch; der eine geht und der andere kommt; und reich wird man; alles wird Millionär, und so viel Geld gibt's, dass man's beim Fenster rauswirft und klaubt's niemand mehr auf.*[326]

Das Ende des Ersten Weltkriegs, die deutsche Niederlage, die halb erstickte Revolution, die Inflation, die Hitlerdiktatur, der Zweite Weltkrieg und die Not danach – der unbekannte Seher hatte alles vorhergesehen.

Im zweiten Brief vom 30. August 1914 setzt Andreas Rill dessen Weissagung fort:

> *Steht an der Jahreszahl vier und fünf, dann wird Deutschland von allen Seiten zusammengedrückt, und das zweite Weltgeschehen ist zu Ende. Und der Mann verschwindet, und das Volk steht da und wird vollständig ausgeraubt.*[327]

Alsdann folgt die Schilderung des Dritten Weltkriegs:

> *Und das Unheil des dritten Weltgeschehens bricht herein. Russland überfällt den Süden Deutschlands. Aber nur kurze Zeit, und den verfluchten Menschen wird gezeigt werden, dass ein Gott besteht, der diesem Geschehen ein Ende macht. Um diese Zeit soll es furchtbar zugehen und es soll den Menschen nichts mehr helfen, denn diese Leute sind zu weit gekommen und kommen nicht mehr zurück, da sie die Ermahnung nicht*

> *gehört haben. Dann werden die Leute, die noch da sind, ruhig. […] Alles liegt am Boden wie ein Ungeheuer.*
> *Beim dritten Geschehen soll Russland in Deutschland einfallen und die Berge sollen von da Feuer speien und der Russe soll alles zurücklassen an Kriegsgerät. Bis zu Donau und Inn wird alles dem Erdboden gleichgemacht und vernichtet. Die Flüsse sind alle so seicht, dass man keine Brücken mehr braucht zum Hinübergehen. Von der Isar wird den Leuten kein Leid geschehen, es wird nur Not und Elend hausen. Die schlechten Menschen werden zugrunde gehen, als wie wenn es im Winter schneit, und auch die Religion wird ausgeputzt und gereinigt. Aber die Kirche erhält den Siegestriumph.*
> *In Russland werden alle Machthaber vernichtet, und die Leichen werden dort nicht mehr begraben und bleiben liegen. Hunger und Vernichtung ist in diesem Land die Strafe für ihre Verbrechen. […] Russland wird zurückgeschlagen, weil die Natur eingreift. Da wird in Süddeutschland ein Platz sein, wo das Ereignis eintritt. Später kommen die Leute aus aller Welt, um das anzuschauen. Der Papst wird dann beim Friedensschluss dabei sein. Zuvor aber muss er fliehen, da er als Verräter hingestellt wird. Er kommt nach Köln, wo er nur mehr einen Trümmerhaufen findet, alles ist kaputt.*[328]

Erstaunlicherweise decken sich diese Vorhersagen des anonymen Lothringers mit zahlreichen anderen über den Dritten Weltkrieg. Stephan Berndt, der dies ganze Material in seinem Buch *Prophezeiungen zur Zukunft Europas und reale Ereignisse* versammelt hat, kam in einer in den 1990er-Jahren erstellten Computeranalyse von 154 Sehern, die den Dritten Weltkrieg vorhersagen, zu dem Ergebnis, dass eine deutliche Mehrheit von drei russischen Panzerkeilen spricht, die in Deutschland einfallen würden, und dass die meisten Seher einen gleichzeitig erfolgenden Vorstoß über die Länder des ehemaligen

Jugoslawien nach Österreich, Italien und Frankreich erwähnen. Eine sehr kleine Sehergruppe nennt auch noch einen russischen Einmarsch in Skandinavien und der Türkei.[329]

Doch davon unterscheidet sich die Vision eines Sehers. Denn **der Blinde Jüngling von Prag** sah 1365 Folgendes:

> *Über das große Wasser wird der Krieg kommen, und die eisernen Rosse werden Böhmens Erde zerstampfen.*[330]

Darauf, dass wir mit diesem Krieg gegenwärtig rechnen müssen, weisen fünf Seherwarnungen hin. So sagt der Blinde Jüngling von Prag:

> *Wenn die Menschen meinen, Gottes Schöpfung nachmachen zu sollen, dann ist das Ende da.*[331]

250 Jahre vor dem Blinden Jüngling beschrieb **Johannes von Jerusalem** unsere Zeit mitsamt der Globalisierung und der Herrschaft einer Minderheit sehr genau, wie einige Textausschnitte belegen sollen:

> *Der gute Pfad der Natur wird verleugnet werden. Frauen werden grauhaarig sein und doch gebären. […] Eine finstere, heimliche Ordnung entsteht. Sie wird schrankenlos Geld raffen und den Erdkreis unter ihre Peitsche zwingen. Tyrannen werden sie sein über hilflose und ahnungslose Menschenströme. Das Schicksal aller Menschen halten sie in ihren eisernen Fäusten. Die Menschen glauben, frei und von ritterlichem Reichtum zu sein. Aber in Wahrheit sind sie Leibeigene und Sklaven. […] Die Menschheit wird einem Ameisenhügel gleichen. […] Überall auf Erden liegen feindliche Völker im Krieg. […] Augen und Ohren des Menschen reichen bis zu den Enden des Erdkreises. […] Der Mensch wird im Bauch des Weibes das Geschlecht des Säuglings bestimmen, aber zugleich*

das nicht gewollte Kind töten. [...] Die Tochter wird dem eigenen Vater zur Befriedigung dienen. Ebenso treiben es Männer mit Männern, Weiber mit Weibern und selbst der Greis mit dem blühenden Kind. Und sie werden es nicht im Verborgenen, sondern schamlos unter fremden Blicken treiben.[332]

Der Bauer und Schäfer **Wessel Dietrich Eilert aus Huckarde** bei Dortmund, genannt der Alte Jasper (1764–1833), prophezeite:

Vor diesem Krieg wird eine allgemeine Untreue eintreten, die Menschen werden Schlechtigkeit für Tugend und Ehre, Betrügerei für Politesse ausgeben.[333]

Die Prophezeiungen des **Bernhard Rembold**, eines Klosterboten der Benediktinerabtei Siegburg (1689–1783), genannt der »Spielbähn« (weil er sich als Spielmann betätigte), tauchten 1846 erstmals in gedruckter Form auf. Er beschrieb unsere Zeit folgendermaßen:

Also werden die Geistlichen stolze Kleider tragen und wollen nicht mehr zu Fuß gehen wie doch ihr Herr und Meister also ihnen vor getan. [...] Von wegen der Wägen, so da durch alle Welt laufen, die nicht von lebendigen Geschöpfen gezogen werden.[334]

Die Visionen des **Anton Simon Maaß**, eines Pfarrers aus Fließ in Tirol (1758–1846), betreffen ebenfalls unsere Epoche:

Wenn die Kinder wie Affen gekleidet sind. [...] Wenn der Luxus so groß geworden ist, dass man Männer und Frauen an der Kleidung nicht mehr unterscheiden kann – dann passt auf, dann kommen die letzten Zeiten. Wenn man ohne Pferd die ganze Erde umfahren kann, dann geht es dem Ende der Welt zu.[335]

Jakob Lorber warnte schon 1840 vor der Gefahr des russischen »Eisbären«:

Siehe, dieser Eisbär ist einer, der keine Furcht hat vor den Gänsekielen [das sind schriftliche Verträge, Anm. d. Verf.]. Wehe, wenn er sein Lager verlassen wird. Ich sage dir, er wird siegen durch Macht und durch tyrannischen Großmut! Und das sehr bald, wenn sich die südlichen Rinder und Schafe nicht bald in Löwen umgestalten, in Löwen der Weisheit und inneren Gotteskraft. […] Nun denke nicht, dass dies alles schon gleich geschehen muss, weil ich es dir vorhergesagt habe. Sondern es kann so geschehen, wenn diese Menschen sich nicht ändern und in ihrer großen Torheit beharren.[336]

Der Vorstoß der drei russischen Panzerkeile

Der wohl populärste bayerische Seher **Alois Irlmaier** (1894–1959) beschreibt das Kriegsgeschehen so:

Anfangen tut der vom Sonnenaufgang [der Russe]. Er kommt schnell daher. Die Bauern sitzen beim Kartenspiel im Wirtshaus, da schauen die fremden Soldaten bei den Fenstern und Türen herein. Ganz schwarz kommt eine Heersäule herein von Osten, es geht aber alles sehr schnell.
Einen Dreier sehe ich, weiß aber nicht, sind's drei Tag oder drei Wochen. Von der goldenen Stadt geht es aus.
Der erste Wurm geht vom blauen Wasser [Donau] nordwestlich bis an die Schweizer Grenze. Bis Regensburg steht keine Brücke mehr über die Donau, südlich vom blauen Wasser kommen sie nicht.

Der zweite Stoß kommt über Sachsen westwärts gegen das Ruhrgebiet zu, genau wie der dritte Heerwurm, der von Nordosten westwärts geht über Berlin.[337] *[...]*
Ich sehe die Erde wie eine Kugel vor mir, auf der nun die weißen Tauben heranfliegen, eine sehr große Zahl vom Sand herauf. [Gemeint sind wohl Kampfbomber des Westens – oder amerikanische Flugzeuge, die aufgrund des vorangegangenen Nahostkrieges zu dieser Zeit noch im »sandigen« Nahen Osten stationiert sind? Anm. d. Verf.]. Und dann regnet es einen gelben Staub in einer Linie. Die Goldene Stadt [Prag] wird vernichtet, da fängt es an. Wie ein gelber Strich geht es hinauf bis zu der Stadt in der Bucht.
Eine klare Nacht wird es sein, wenn sie zu werfen anfangen. Die Panzer fahren noch, aber die darinsitzen, sind schon tot. Dort, wo es hinfällt, lebt nichts mehr, kein Baum, kein Strauch, kein Vieh, kein Gras, das wird welk und schwarz. Die Häuser stehen noch. Was das ist, weiß ich nicht und kann es nicht sagen. Es ist ein langer Strich. Wer darüber geht, stirbt. Die herüben sind, können nicht hinüber und die drenteren können nicht herüber, dann bricht bei den Heersäulen herüben alles zusammen. Sie müssen alle nach Norden. Was sie bei sich haben, schmeißen sie alles weg. Zurück kommt keiner mehr.[338]

Alles nur Humbug?

Seit Beginn des 19. Jahrhunderts traten Volks- und sogenannte Waldpropheten auf (Waldpropheten, weil sie häufig im Wald lebten), die in ihren Visionen alle nahezu übereinstimmend den dritten Weltkrieg sahen: Mathias Stromberger, Mühlhiasl, Alois Irlmaier, Sepp Wudy,

Franz Kugelbeer, Katharina aus dem Ötztal, der Seher vom Waldviertel, der Alpenschäfer Hanns Tobias Velten, Mutter Erna Stieglitz, der Eismeerfischer Anton Johansson und andere. Die Vorhersagen dieser Menschen fallen zum einen durch ihre Anschaulichkeit und Detailliertheit auf und zum anderen dadurch, dass sie –von den Beschreibungen der Endphase abgesehen – keine apokalyptischen Visionen sind, wie wir sie von christlichen Sehern her kennen. Und last, but not least, überzeugt auch ihre Absichtslosigkeit, denn diese Seher aus dem einfachen Volk provozierten ihre Visionen (Gesichte) nicht über Trance oder andere Methoden, um sich damit sozial oder finanziell in Stellung zu bringen, sondern empfingen sie spontan und intuitiv, weil sie an ihre Berufung glaubten.

Besonders überzeugend sind diese Visionen, wenn sie Details des täglichen Lebens beschreiben, die sich tatsächlich mit der Gegenwart decken – von der Mode (»wenn sich die Mannsbilder wie die Weiberleut' anziehen«) bis hin zur Bauwut (»wenn nur no baut werd', nix wia baut«, »überall weiße Häuser und schwarze Straßen«), vom Waldsterben (»der Wald hat mehr Löcher wie des Bettelmanns Rock«) und dem Klimawechsel (»wenn man Sommer und Winter nicht mehr auseinanderkennt«) bis zur Umweltverschmutzung (»wennst aus dem Brunnen nicht mehr trinken darfst«).[339] Diese genauen Schilderungen machen einen nachdenklich.

Für uns Mitteleuropäer des 21. Jahrhunderts schwerer nachvollziehbar sind hingegen ihre Beschreibungen des Dritten Weltkriegs selbst. Hier mag – wie auch bei den Kriegsprognosen des Nostradamus (1503–1566) – das Denken und Fühlen des jeweiligen Zeitgeistes Pate gestanden haben.

Datumsangaben und Jahreszahlen finden sich nur bei zwei Gruppen von Sehern: 1) bei Sehern, die an den Zyklus der Geschichte, also an die Wiederkehr von Ereignissen glauben – wie die Propheten Ägyptens und des klassischen Griechenland, die Astronomen und Weisen der Maya sowie in der Neuzeit Nostradamus (dessen Jahreszahlen allerdings verschlüsselt sind, weswegen sie nur spekuliert werden können und damit für eine hieb- und stichfeste Zukunftsanalyse wegfallen); und 2) bei Sehern, die ihre Vorahnungen via »Durchsagen« von geistigen Wesenheiten erhalten haben; das berühmteste Beispiel dafür ist das amerikanische Medium Edgar Cayce (1877–1945).

Bei beiden Gruppen fällt auf, dass sie offensichtlich nicht die in der Johannesoffenbarung beschriebene Apokalypse nacherzählen, sondern eigene Visionen erhalten haben. Genau aus diesem Grund halte ich ihre Prognosen auch für diskussionswürdig.

Doch was ist eigentlich der Kern ihrer Aussage?

Wenn wir die Vorhersagen dieser beiden Gruppen – extrem vereinfacht – auf einen Nenner bringen, zeichnet sich folgendes Bild der Zukunft ab:

- Unser blauer Planet wird in den nächsten Jahren große Veränderungen durchleben. Die bisherigen Trends werden sich verstärken, Naturkatastrophen wie Erdbeben, Vulkanausbrüche, Stürme und Überschwemmungen werden also zunehmen. In welchem Ausmaß, hängt allerdings auch von uns Menschen ab. Die Ureinwohner Nordamerikas warnen uns eindeutig, dass die von ihnen erwartete Große Reinigung umso drastischer ausfallen wird, je weniger wir den bisherigen Kurs der Naturzerstörung bremsen. Diese Warnung wird von der Wissenschaft bestätigt. Für uns Mitteleuropäer bedeuten diese Veränderungen in den nächsten Jahren plötzliche Klimawechsel, Unwetter, Überflutungen in Flussniederungen sowie an den Küsten und infolge der unberechenbaren Wetterverhältnisse möglicherweise Ernteeinbußen.

- Mit diesen mehr oder weniger gewalttätigen Veränderungen der Natur kann ein Umbruch der politischen und wirtschaftlichen Verhältnisse einhergehen. Der Untergang der Sowjetunion, der mit dem Reaktorunglück von Tschernobyl 1986 seinen Anfang nahm, und die wirtschaftliche Krise in Südostasien, der das katastrophale Erdbeben von Kobe in Japan und die verheerenden Brände in den Regenwäldern Indonesiens 1997 vorausgingen, sind Beispiele für solche Zusammenhänge. Käme es tatsächlich zu den von Edgar Cayce und anderen für die nächsten Jahre vorhergesagten Megaerdbeben in Kalifornien oder dem von Nostradamus prophezeiten Ausbruch des Vesuvs in der Bucht von Neapel, dann würde das fragil gewordene aktuelle Wirtschaftssystem vermutlich kollabieren. Sollte dann auch noch Japan von einem Riesenbeben heimgesucht werden, wäre mit einem Zusammenbruch des Weltwirtschaftssystems, wie wir es heute kennen, zu rechnen.

Für uns Mitteleuropäer bedeuten diese potenziellen Gefahren, dass wir uns nicht in falscher ökonomischer Sicherheit wiegen, sondern Selbstständigkeit (vor allem in der Erzeugung von Nahrungsmitteln) erstreben sollten – was auch für jeden Einzelnen gilt.

Die zweite Gruppe von Sehern empfing ihre Visionen in Gebet und Meditation. Da sie überwiegend dem Klerus oder zumindest dem Christentum angehörten, weisen ihre Vorhersagen große Ähnlichkeiten mit der biblischen Apokalypse auf. Allerdings geben die meisten von ihnen für das von ihnen herbeigesehnte Gottesgericht kein Datum an.

Anders verhielt es sich mit dem Dritten Geheimnis von Fatima. Hier äußerte sich die Marienerscheinung den portugiesischen Kindern gegenüber zeitlich recht präzise – und lag prompt daneben. Sie hatte ein »Strafgericht Gottes« angekündigt, im Zuge dessen ein »großer Krieg« in der zweiten Hälfte des 20. Jahrhunderts ins Land ziehen würde, dem Millionen von Menschen zum Opfer fallen würden.

Ich erwähne dieses Beispiel, weil sich daran nach meiner Meinung anschaulich demonstrieren lässt, dass die Geschichte der Menschheit nicht festgeschrieben ist, sondern durch die Vernunft des Menschen verändert werden kann. Als den Kindern von Fatima Maria erschien, schrieb man das Jahr 1917. Die Kommunisten hatten also in Russland gerade die Macht ergriffen, und aus diesem Potenzial hätte tatsächlich ein Weltenbrand entstehen können. Doch dann brach Ende der 1980er-Jahre der Kommunismus des Sowjetsystems dank weitsichtiger politischer Führer wie Michail Gorbatschow zusammen.

Daraus können wir lernen, dass Seher und Propheten in ihren Visionen keine unumstößliche Zukunft schildern, sondern nur eine von vielen Möglichkeiten. Mit der entsprechenden Weitsicht, Klugheit und Entschlossenheit können wir in das Weltgeschehen eingreifen und die Zukunft mitbestimmen.

Literaturverzeichnis

★★★

Acemoglu, Daron: *Why Nations Fall – The Origins of Power, Prosperity and Poverty*, Random House, New York 2012.

Barnett, Thomas P. M.: *The Pentagon's New Map. War and Peace in the Twenty-First Century*, Berkley, New York 2004.

Barnett, Thomas P. M.: *Blueprint for Action. A Future Worth Creating*, Berkley, New York 2006.

Barnett, Thomas P. M.: *Great Powers. America and the World After Bush*, Berkley, New York 2010.

Berghahn, Volker R.: *Sarajewo, 28. Juni 1914. Der Untergang des altenEuropa*, dtv Verlagsgesellschaft, München 1997.

Brzeziński, Zbigniew: *The Choice: Global Domination or Global Leadership*, Basic, New York 2004.

Brzeziński, Zbigniew: *Die einzige Weltmacht. Amerikas Strategie der Vorherrschaft*, Kopp Verlag, Rottenburg 2019.

Chossudovsky, Michel: *Das Szenario des Dritten Weltkriegs*, Kopp Verlag, Rottenburg 2012.

Dyer, Gwynne: *Schlachtfeld Erde. Klimakriege im 21. Jahrhundert*, Klett Cotta Verlag, Stuttgart 2010.

Effenberger, Wolfgang: *Geo-Imperialismus. Die Zerstörung der Welt*, Kopp Verlag, Rottenburg 2016.

Engdahl, F. William: *Russland und die neue Vernetzung Eurasiens. Wer mischt die Karten in der Geopolitik?*, Kopp Verlag, Rottenburg 2016.

Engels, David: *Auf dem Weg ins Imperium. Die Krise der Europäischen Union und der Untergang der Römischen Republik. Historische Parallelen*, Europa Verlag, Berlin/München 2014.

Friedman, George: *Die nächsten 100 Jahre. Die Weltordnung der Zukunft*, Campus Verlag, Frankfurt/New York 2009.

Friedman, George: *Flashpoints. The Emerging Crisis in Europe,* Doubleday, New York 2015.

Fukuyama, Francis: *Der Konflikt der Kulturen,* Droemer Knaur, München 1997.

Fukuyama, Francis: *Staaten bauen. Die neue Herausforderung internationaler Politik,* Propyläen Verlag, Berlin 2004.

Grandt, Marion und Michael: *Das Handbuch der Selbstversorgung. Überleben in der Krise*, Kopp Verlag, Rottenburg 2010.

Hardt, Michael, und Negri, Antonio: *Empire. Die neue Weltordnung,* Campus Verlag, Frankfurt/Main 2002.

Hardt, Michael, und Negri, Antonio: *Multitude. Krieg und Demokratie im Empire*, Campus Verlag, Frankfurt/Main 2004.

Huntington, Samuel P.: *Der Kampf der Kulturen. Die Neugestaltung der Weltpolitik im 21. Jahrhundert*, Europa Verlag, München/ Wien 1996.

Kagan, Robert: *Macht und Ohnmacht. Amerika und Europa in der neuen Weltordnung,* Siedler Verlag, Berlin 2003.

Kagan, Robert: *Die Demokratie und ihre Feinde. Wer gestaltet die neue Weltordnung?,* Siedler Verlag, Berlin 2008.

Kissinger, Henry: *Die Herausforderung Amerikas. Weltpolitik im 21. Jahrhundert,* Propyläen, Berlin 2002.

Kleber, Claus, und Paskal, Cleo: *Spielball Erde. Machtkämpfe im Klimawandel,* Bertelsmann Verlag, München 2012.

Lautsch, Siegfried: *Kriegsschauplatz Deutschland. Erfahrungen und Erkenntnisse eines NVA-Offiziers,* Militärgeschichtliches Forschungsamt, Potsdam 2013.

Markus, Uwe: *Schlachtfeld Deutschland. Die Kriegseinsatzplanung der sowjetischen Streitkräfte in der DDR*, Militärverlag, Berlin 2011.

Münkler, Herfried: *Der Große Krieg. Die Welt 1914–1918,* Rowohlt, Berlin 2013.

Le Monde diplomatique (Hrsg.): *Atlas der Globalisierung: Die Welt von morgen,* Paris 2012.

Obama, Barack: *Hoffnung wagen. Gedanken zur Rückbesinnung auf den American Dream*, Riemann Verlag, München 2007.

Orzechowski, Peter: *Am Vorabend des Dritten Weltkriegs*, Kopp Verlag, Rottenburg 2013.

Orzechowski, Peter: *Der Dritte Weltkrieg – Schlachtfeld Europa: Wie die nächste globale Katastrophe unseren Kontinent und damit auch Deutschland treffen wird*, Kopp Verlag, Rottenburg 2014.

Orzechowski, Peter: *Der direkte Weg in den Dritten Weltkrieg*, Kopp Verlag, Rottenburg 2016.

Orzechowski, Peter: *Durch globales Chaos in die Neue Weltordnung*, Kopp Verlag, Rottenburg 2016.

Orzechowski, Peter: *Wenn der Papst flieht – Das letzte Zeichen vor dem großen Umbruch*, Kopp Verlag, Rottenburg 2018.

Orzechowski, Peter: *Besatzungszone: Wie und warum die USA noch immer Deutschland kontrollieren*, Kopp Verlag, Rottenburg 2019.

Orzechowski, Peter: *Durch Corona in die Neue Weltordnung*, Kopp Verlag, Rottenburg 2021.

Orzechowski, Peter: *Demozid: Will eine selbst ernannte Elite die Menschheit reduzieren?*, Kopp Verlag, Rottenburg 2023.

Orzechowski, Peter: *Chaos: Die nächste Stufe der Angstmache hat begonnen*, Kopp Verlag, Rottenburg 2024.

Quigley, Carroll: *Tragödie und Hoffnung*, Kopp Verlag, Rottenburg 2016.

Rahr, Alexander: *Wladimir Putin – Der »Deutsche« im Kreml*, Universitas Verlag, München 2000.

Rinke, Andreas, und Schwägerl, Christian: *11 drohende Kriege. Künftige Konflikte um Technologie, Rohstoffe, Territorien und Nahrung*, Bertelsmann Verlag, München 2012.

Roberts, Paul Craig: *Amerikas Krieg gegen die Welt – und gegen seine eigenen Ideale*, Kopp Verlag, Rottenburg 2015.

Rügemer, Werner: *Die Kapitalisten des 21. Jahrhunderts. Allgemeinverständliche Notizen zum Aufstieg der neuen Finanzakteure*, PapyRossa Verlag, Köln 2018.

Sauermann, Ekkehard: *Neue Welt-Kriegs-Ordnung. Die Polarisierung nach dem 11.September 2001,* Atlantik Verlag, Bremen 2002.

Scholl-Latour, Peter: *Russland im Zangengriff. Putins Imperium zwischen NATO, China und Islam,* Propyläen Verlag, Berlin 2006.

Susbielle, Jean-Francois: *China – USA. Der programmierte Krieg,* Propyläen Verlag, Berlin 2007.

Teusch, Ulrich: *Der Krieg vor dem Krieg. Wie Propaganda über Leben und Tod entscheidet,* Westend Verlag, Frankfurt 2019.

Trump, Donald J.: *Great Again. Wie ich Amerika retten werde,* Plassen Buchverlage, Kulmbach 2016.

Ulfkotte, Udo: *Vorsicht Bürgerkrieg. Was lange gärt, wird endlich Wut,* Kopp Verlag, Rottenburg 2011.

Ulfkotte, Udo: *Unruhen in Europa. Der Vorsorgeplan für Staatsbankrott, Zwangsenteignung und Bürgerkrieg,* Kopp Verlag, Rottenburg 2014.

Vidal, Gore: *Ewiger Krieg für ewigen Frieden. Wie Amerika den Hass erntet, den es gesät hat,* Europäische Verlagsanstalt, München 2002.

Vine, David: *Base Nation. How US Military Bases Abroad Harm America and the World,* Metropolitan Books, New York 2015.

Wertz, Armin: *Die Welt-Beherrscher. Militärische und geheimdienstliche Operationen der USA,* Westend Verlag, Frankfurt/Main 2015.

Zumach, Andreas: *Die kommenden Kriege. Ressourcen, Menschenrechte, Machtgewinn – Präventivkrieg als Dauerzustand?,* Kiepenheuer & Witsch, Köln 2005.

Weiterführende Internetseiten

★★★

Transatlantische Internetseiten

https://www.atlanticcouncil.org/ – The Atlantic Council of the United States
http://www.sicherheitspolitik.bpb.de/de – Informationsportal Krieg und Frieden der Bundeszentrale für politische Bildung
www.brookings.edu – The Brookings Institution
www.carnegieendowment.org – Carnegie Endowment for International Peace
www.cfr.org – Council on Foreign Relations
www.csis.org/index.php – Center for Strategic and International Studies
https://ata-dag.de/ – Deutsche Atlantische Gesellschaft, der deutsche Zweig der Atlantic Treaty Association
www.egmontinstitute.be – The Royal Institute for International Relations
https://www.gmfus.org/ – The German Marshall Fund of the United States
www.heritage.org – Heritage Foundation
www.iiss.org – International Institute for Strategic Studies
https://css.ethz.ch/en/services/organizations/organization.html/13306 International Relations and Security Network
www.janes.com – Jane's Defence Weekly
www.nato.int/structur/library/ – NATO-Dokumente
www.nato-pa.int – NATO Parliamentary Assembly
www.nato.int/docu/review.htm – NATO Review
www.nato.int – NATO
www.ndc.nato.int – NATO Defense College

https://inss.ndu.edu/ – Institute for National Strategic Studies, National Defense University
crsreports.congress.gov – Congressional Research Service
www.rusi.org – Royal United Service Institute for Defense and Security Studies
www.securitydefenceagenda.org – Security and Defense Agenda
www.sipri.org – Stockholm International Peace Research Institute
www.transatlantic.sais-jhu.edu/index.htm – Center for Transatlantic Relations, John Hopkins University

Empfehlenswerte Internetseiten

www.alles-schallundrauch.blogspot.com
www.anderweltonline.de
www.anonymousnews.org
www.ansage.org
www.anti-spiegel.ru
www.apollo-news.net
www.apolut.net
www.augengeradeaus.de
www.bundeswehr-journal.de
www.epochtimes.de
www.globalresearch.ca
www.telepolis.de
www.kopp-report.de
www.manova.news
www.mmnews.de
www.nachdenkseiten.de
www.neopresse.com

Endnoten

★ ★ ★

Alle hier aufgeführten Links waren bei Redaktionsschluss online zugänglich. Möglicherweise haben Seiteninhaber in der Zwischenzeit Links hinter einer Paywall versteckt. Dies liegt nicht im Verantwortungsbereich von Autor und Verlag. Für Links, die nach der Veröffentlichung von den Seitenbetreibern gelöscht oder verändert wurden, übernehmen Autor und Verlag keine Verantwortung. Manche verlorene Links können mithilfe der Wayback Machine im Internet Archive aufgefunden werden: *archive.org/web/*.

1 *https://www.nzz.ch/international/pistorius-und-die-kriegstuechtigkeit-deutschland-muss-kaempfen-lernen-ld.1763792.*

2 *https://www.nzz.ch/international/rumaenien-baut-groessten-nato-stuetzpunkt-europa-ld.1823352.*

3 *https://anti-spiegel.ru/2024/das-pentagon-erklaerte-die-usa-und-die-verbuendeten-muessten-sich-auf-langwierige-kriege-vorbereiten/.*

4 *https://www.epochtimes.de/politik/bundesregierung-hat-keine-belege-fuer-angebliche-udssr-rennaissancewuensche-putins-a4816469.html?utm_source=koppreport&utm_medium=web&utm_campaign=nowall.*

5 *https://www.bild.de/politik/inland/umfrage/umfrage-jeder-zweite-deutsche-befuerchtet-krieg-mit-russland-39663772.bild.html.*

6 Brzeziński, Zbigniew: *The Grand Chessboard: American Primacy and Its Geostrategic Imperatives*, Basic Books, New York 1997;

auf Deutsch: *Die einzige Weltmacht: Amerikas Strategie der Vorherrschaft,* Kopp Verlag, Rottenburg 2015.

7 *https://www.archives.gov/files/declassification/iscap/pdf/2008-003-doc9.pdf.*

8 *https://www.bpb.de/shop/zeitschriften/apuz/27289/der-neue-militaerisch-industrielle-komplex-in-den-usa/.*

9 *https://gwern.net/doc/rotten.com/library/conspiracy/pnac/index.html.*

10 *https://en.wikipedia.org/wiki/Project_for_the_New_American_Century.*

11 *https://www.dw.com/de/obama-skizziert-au%C3%9Fenpolitik-der-usa/a-17669253.*

12 Orzechowski, Peter: *Am Vorabend des Dritten Weltkriegs: Was Hellseher für unsere nahe Zukunft prophezeien und was politische Fakten bestätigen,* Kopp Verlag, Rottenburg 2016.

13 *https://de.wikipedia.org/wiki/Operation_Cyclone#Die_%E2%80%9Eafghanische_Falle%E2%80%9C.*

14 Brzeziński, Zbigniew: *Die einzige Weltmacht. Amerikas Strategie der Vorherrschaft,* S. Fischer, Frankfurt/Main 1999, S. 15 ff.

15 Ebd., S. 54 ff.

16 Ebd., S. 65 f.

17 Ebd., S. 92.

18 Ebd., S. 95.

19 Ebd., S. 121.

20 Ebd., S. 122.

21 *http://www.schattenblick.de/infopool/buch/sachbuch/busar468.html.*

22 *https://www.rand.org/pubs/commentary/2024/07/the-united-states-nato-and-geopolitical-strategies.html;* auf Deutsch: *https://anti-spiegel.ru/2024/rand-sagt-offen-worum-es-in-der-ukraine-wirklich-geht/.*

23 *https://web.archive.org/web/20150318194048/www.neopresse.com/politik/stratfor-direktor-friedman-us-hauptziel-seit-einem-jahrhundert-ist-ein-deutsch-russisches-buendnis-zu-verhindern/.*

24 Ebd.

25 Zitiert nach: *www.whatreallyhappened.com/WRHARTICLES/PROPAGANDA_IN_THE_NEXT_WAR_FOREWORD.html*; siehe auch: Rogerson, Sidney: *Propaganda in the Next War*, Vorwort zur 2. Auflage 2001, ursprünglich Georges Bless, London 1938.

26 Ebd.; siehe auch: Hughes, Emrys: *Winston Churchill. His Career in War and Peace*, Exposition Press, New York 1955, S. 145 (auf Deutsch: *Churchill. Ein Mann in seinem Widerspruch*, Schlichtenmayer, Tübingen 1959).

27 *https://www.washingtonpost.com/archive/opinions/2007/08/06/the-next-intervention/cd9f3175-b73a-4879-bf8c-1319c357cb66/.*

28 *thehill.com/opinion/national-security/424511-managing-russias-dissolution.*

29 *cepa.org/about/.*

30 *https://thehill.com/opinion/national-security/424511-managing-russias-dissolution/.*

31 *https://web.archive.org/web/20190614225457/https://de.sputniknews.com/kommentare/20190614325238100-usa-krieg-gegen-china-russland-gleichzeitig/.*

32 Ebd.

33 Ebd.; siehe auch: *https://www.foreignaffairs.com/issues/2019/98/3.*

34 *https://web.archive.org/web/20190614225457/https://de.sputniknews.com/kommentare/20190614325238100-usa-krieg-gegen-china-russland-gleichzeitig/.*

35 Ebd.

36 *https://www.freiewelt.net/blog/kontinuitaet-amerikanischer-weltmachtplaene-trump-stellt-neue-nationale-sicherheits-strategie-vor-10073291/.*

37 *www.luftpost-kl.de/luftpost-archiv/LP_16/LP13017_100817.pdf.*
38 Ebd.
39 *https://media.defense.gov/2019/Jan/17/2002080666/-1/-1/1/2019-MISSILE-DEFENSE-REVIEW.PDF.*
40 *https://web.archive.org/web/20190117095428/www.tagesschau.de/ausland/trump-raketenabwehrplaene-101.html.*
41 *https://www.gold.de/staatsverschuldung-usa/.*
42 *https://www.google.com/search?client=firefox-b-d&q=BIP+der+USA.*
43 Kopp Online am 27. Januar 2014. Die Website ist nicht mehr abrufbar, aber vom Autor archiviert.
44 Ebd.
45 Ebd.
46 Ebd.
47 *https://www.merkur.de/wirtschaft/ukraine-krieg-rohstoffe-ressourcen-bodenschaetze-lindsey-graham-wladimir-putin-zr-93129287.html*; siehe auch: *https://www.24rhein.de/welt/wirtschaft/ukraine-krieg-rohstoffe-ressourcen-bodenschaetze-lindsey-graham-wladimir-putin-zr-93129287.html.*
48 *https://www.24rhein.de/welt/wirtschaft/ukraine-krieg-rohstoffe-ressourcen-bodenschaetze-lindsey-graham-wladimir-putin-zr-93129287.html.*
49 *https://www.zdf.de/nachrichten/wirtschaft/rohstoff-seltene-erden-ukraine-krieg-russland-100.html.*
50 *https://www.eisenhowerlibrary.gov/sites/default/files/research/online-documents/farewell-address/1961-01-17-press-release.pdf*; auf Deutsch: Heideking, Jürgen; Mauch, Christof: *Geschichte der USA*, 6. Auflage, UTB, Stuttgart 2008, S. 274.
51 *https://www.europarl.europa.eu/RegData/etudes/IDAN/2015/554213/EPRS_IDA(2015)554213_DE.pdf.*
52 *http://www.bits.de/EURA/DEURAT/Russland1de.htm.*

53 Rahr, Alexander: *Wladimir Putin. Der Deutsche im Kreml*, Universitas Verlag, Berlin 2000.
54 *https://crimea.dekoder.org/rede/.*
55 Münkler, Herfried: *Der Große Krieg. Die Welt 1914–1918*, Rowohlt, Berlin 2013.
56 *https://www.faz.net/aktuell/politik/der-erste-weltkrieg/herfried-muenkler-ueber-den-ersten-weltkrieg-zeitraffer-eines-jahrhunderts-12766254.html.*
57 *https://www.infosperber.ch/wp-content/uploads/2017/02/Putin-Muenchen-Rede-2007.pdf.*
58 *http://military.my-place.us/antinato.html?i=1.*
59 *https://taz.de/SPD-Fraktionschef-ueber-russische-Aengste/!5825219/.*
60 Ebd.
61 *https://web.archive.org/web/20201025060035/https://de.sputniknews.com/politik/20141227300400568/.*
62 Ebd.
63 *https://eeo.uni-klu.ac.at/wwwg.uni-klu.ac.at/eeo/Frank_Eurasianismus.pdf.*
64 *https://de.wikipedia.org/wiki/Alexander_Geljewitsch_Dugin.*
65 Ebd.
66 Scholl-Latour, Peter: *Russland im Zangengriff*, Propyläen, Berlin 2006; siehe auch: *https://www.yumpu.com/de/document/read/21240068/russland-im-zangengriff.*
67 Dugin, Alexander: »Lassen Sie uns versuchen, eines der möglichen Szenarien einer weiteren Eskalation im Nahen Osten zu beschreiben«, in: Uncut-News, 26. Oktober 2023; *uncutnews.ch/alexander-dugin-lassen-sie-uns-versuchen-eines-der-moeglichen-szenarien-einer-weiteren-eskalation-im-nahen-osten-zu-beschreiben/.*
68 Ebd.
69 *https://www.badische-zeitung.de/putin-und-das-dritte-imperium-eine-lange-geschichte.*

70 Jurjew, Michail: *Das Dritte Imperium. Russland, wie es sein soll,* erste Onlineversion 2006, erste Druckversion Limbus Press, St. Petersburg 2007, Neuauflage 2019.

71 *https://www.badische-zeitung.de/putin-und-das-dritte-imperium-eine-lange-geschichte.*

72 *https://www.degruyter.com/document/doi/10.1515/sirius-2017-0002/html; https://www.youtube.com/watch?v=UXBmUhSBFBs.*

73 *https://beruhmte-zitate.de/zitate/135549-horst-seehofer-diejenigen-die-entscheiden-sind-nicht-gewahlt-u/.*

74 *https://ert.eu/wp-content/uploads/2024/03/2024-03-08-ERT-Leaflet.pdf.*

75 ERT Highlights, ERT Milestones, S. 11.

76 ERT Highlights, ERT Communications, S. 11.

77 ERT Highlights, ERT Milestones, S. 13.

78 *https://ert.eu/members/.*

79 *https://de.wikipedia.org/wiki/Trilaterale_Kommission.*

80 *https://web.archive.org/web/20220426092750/https://www.basel-express.ch/redaktion/geld-und-wirtschaft/275-unglaublich-aber-wahr.*

81 Scott, Peter Dale: *The American Deep State. Wall Street, Big Oil, and the Attack on U.S. Democracy,* Rowman & Littlefield, Lanham 2015; *https://web.archive.org/web/20200920224853/https://english.berkeley.edu/user_books/136.* Auf Deutsch sind von diesem Autor zum Tiefen Staat erhältlich: *Die Politik des Tiefen Staats der USA,* Teil 1 und 2, BoD, 2023.

82 *https://fortune.com/global500/.*

83 Quigley, Carroll: *Tragödie und Hoffnung,* Kopp Verlag, Rottenburg 2016; *https://www.konjunktion.info/2016/10/nwo-die-dunkle-agenda-hinter-globalisierung-und-offenen-grenzen/.*

84 *https://www.foreignaffairs.com/issues/2006/85/2.*

85 *https://www.ssoar.info/ssoar/bitstream/handle/document/59246/ssoar-2018-meister-Zwischen_alter_und_neuer_Weltordnung.pdf;jsessionid=53FDAE5C253A1D65BD88DDA426AF71D1?sequence=1.*

86 *http://www.ag-friedensforschung.de/regionen/Russland/putin2013a.html.*

87 *https://www.voltairenet.org/spip.php?page=recherche&lang=de&recherche=Manila+Dinucci+;* insbesondere *https://www.voltairenet.org/article182895.html.*

88 *www.infosperber.ch/politik/welt/neue-us-militaerbasis-in-der-ukraine-nahe-der-krim/.*

89 *www.tagesspiegel.de/politik/ukraine-us-armee-bildet-soldaten-aus/11658520.html.*

90 *https://www.faz.net/aktuell/feuilleton/debatten/die-krim-und-das-voelkerrecht-kuehle-ironie-der-geschichte-12884464.html.*

91 Ebd.

92 *https://www.congress.gov/bill/113th-congress/senate-bill/2828/text#toc-id574535f7bf16498bb78737f3cc42b4ae.*

93 *https://www.faz.net/aktuell/politik/ausland/firma-burisma-und-hunter-biden-was-hinter-der-gasfirma-steckt-16446084.html.*

94 *https://www.technik-einkauf.de/rohstoffe/kritische-rohstoffe/rohstoff-dossier-lithium-der-schatz-im-salzsee-279.html.*

95 Ebd.

96 *https://www.electrive.net/2021/11/08/european-lithium-erwirbt-lithium-lagerstaetten-in-der-ukraine/.*

97 *https://www.technik-einkauf.de/rohstoffe/kritische-rohstoffe/rohstoff-dossier-lithium-der-schatz-im-salzsee-279.html.*

98 *https://unser-mitteleuropa.com/141577.*

99 *https://www.nytimes.com/2014/03/05/opinion/friedman-why-putin-doesnt-respect-us.html.*

100 *https://www.telepolis.de/features/Westernization-der-ukrainischen-Armee-4789647.html.*

101 *deutsche-wirtschafts-nachrichten.de/2016/09/10/nato-ist-das-ziel-us-general-beraet-regierung-der-ukraine/.*
102 Ebd.
103 *https://www.telepolis.de/features/Poroschenko-warnt-vor-griechischem-Virus-3374064.html.*
104 Ebd.
105 Ebd.
106 *https://www.faz.net/aktuell/politik/ausland/europa/finanzhilfen-fuer-die-ukraine-russisches-roulette-vor-dem-abgrund-13686328.html.*
107 *https://uncutnews.ch/jeffrey-sachs-nato-maerchen-der-usa-fuehrte-ukraine-in-die-katastrophe/.*
108 *https://anti-spiegel.ru/2024/wie-das-russische-fernsehen-ueber-putins-rede-im-russischen-aussenministerium-berichtet/.*
109 Ebd.
110 Ebd.
111 Ebd.
112 *https://www.n-tv.de/politik/Selenskyj-verbietet-Verhandlungen-mit-Putin-article23628192.html.*
113 *https://web.de/magazine/politik/russland-krieg-ukraine/ploetzlich-schlaegt-selenskyj-toene-39952372.*
114 Ebd.
115 *https://www.spiegel.de/politik/ausland/krim-krise-nato-will-mehr-uebungen-mit-ostlaendern-a-961801.html.*
116 *https://www.dw.com/de/generalsekret%C3%A4r-rasmussen-wirbt-f%C3%BCr-nato-osterweiterung/a-17530742.*
117 *https://www.pressenza.com/de/2023/03/das-ringen-um-moldau/.*
118 *https://anti-spiegel.ru/2024/wie-die-usa-ueber-die-politik-armeniens-bestimmen/.*
119 Ebd.; siehe auch: *https://en.wikipedia.org/wiki/Embassy_of_the_United_States,_Yerevan.*

120 *https://anti-spiegel.ru/2024/wie-die-usa-ueber-die-politik-armeniens-bestimmen/.*

121 *https://pravda-de.com/world/2024/07/29/193005.html.*

122 Ebd.

123 Ebd.

124 *https://nato.diplo.de/blob/2203126/38d0c13f9d99ed20d9f08ed84d2d09cc/erklaerung-der-staats--und-regierungschefs-2010-lissabon-data.pdf.*

125 *https://www.bpb.de/themen/internationale-organisationen/nato/547059/der-buendnisfall-der-nato/.*

126 *augengeradeaus.net/2023/02/sechs-jahre-deutsch-gefuehrte-nato-battlegroup-in-litauen-13-rotation-und-wechsel-bei-der-eva-brigade/.*

127 Ebd.

128 *www.bmvg.de/de/mediathek/statement-von-verteidigungsminister-boris-pistorius-zu-litauen-5688570.*

129 Ebd.

130 *www.german-foreign-policy.com/news/detail/9402.*

131 *www.tagesschau.de/multimedia/sendung/tagesschau_20_uhr/video-1259594.html.*

132 *https://www.foreignaffairs.com/issues/2019/98/3.*

133 *https://www.youtube.com/watch?v=L3h56UlpJAQ.*

134 *alles-schallundrauch.blogspot.com/2015/02/die-welt-steht-vor-einem-grossen-krieg.html#ixzz3RQSDsJnw.*

135 Ebd.

136 Kopp Verlag, Rottenburg 2019.

137 *https://apps.dtic.mil/sti/pdfs/ADA471852.pdf.*

138 *www.vcorps.army.mil/leaders/leaders.htm.*

139 *www.globalsecurity.org/military/agency/army/1ad.htm.*

140 *https://doczz.com.br/doc/1005203/deutscher-friedensrat.de.*

141 Ebd.; sowie *https://apps.dtic.mil/sti/pdfs/ADA471852.pdf.*

142 *https://deutscher-friedensrat.de/pdf/FremdeBaseniD(2).pdf.*

143 Ebd.
144 *https://doczz.com.br/doc/1005203/deutscher-friedensrat.de.*
145 Ebd.
146 *https://web.archive.org/web/20210512234021/http://wissenschaft-und-frieden.de/seite.php?dossierID=063.*
147 *https://doczz.com.br/doc/1005203/deutscher-friedensrat.de.*
148 Ebd.
149 *https://www.nytimes.com/2023/03/02/world/europe/ukraine-us-wargames-germany.html.*
150 Ebd.
151 *https://www.nytimes.com/2023/12/11/us/politics/us-ukraine-war-strategy.html.*
152 *https://www.german-foreign-policy.com/news/detail/9172.*
153 *https://web.archive.org/web/20221020065349/https://www.pressenza.com/de/2022/10/das-nato-atomkriegsmanoever/.*
154 *https://www.german-foreign-policy.com/news/detail/8963.*
155 *https://web.archive.org/web/20221020065349/https://www.pressenza.com/de/2022/10/das-nato-atomkriegsmanoever/.*
156 *https://www.bundestag.de/resource/blob/892384/d9b4c174ae0e0af275b8f42b143b2308/WD-2-019-22-pdf-data.pdf.*
157 *https://www.nzz.ch/international/krieg-in-der-ukraine-ab-wann-waere-deutschland-konfliktpartei-ld.1674082.*
158 *https://www.faz.net/aktuell/politik/inland/pistorius-fordert-im-bundestag-mehr-geld-fuer-bundeswehr-19348300.html.*
159 *https://www.gruene-bundestag.de/parlament/bundestagsreden/aussen-und-sicherheitspolitik-2.*
160 *https://www.zeit.de/politik/deutschland/2024-02/nato-jens-stoltenberg-russland-sicherheit-europa-warnung-waffenproduktion.*
161 *https://www.euractiv.com/section/defence-and-security/opinion/if-we-want-peace-we-must-prepare-for-war/?_ga=2.103573507.264181262.1718613821-698828666.1718613818.*

162 *https://www.german-foreign-policy.com/news/detail/9421.*

163 *https://www.pressenza.com/de/2023/12/vor-dem-ruestungssturm/.*

164 *https://augengeradeaus.net/2023/12/ruestungskonzerne-machten-2022-weniger-umsatz-aber-die-steigerung-kommt-erst-noch/.*

165 *https://www.handelsblatt.com/meinung/gastbeitraege/gastkommentar-sollte-deutschland-zwei-feiertage-streichen/29524628.html.*

166 *https://www.stern.de/politik/ausland/herfried-muenkler---europa-muss-atomare-faehigkeiten-aufbauen--34238700.html.*

167 *https://www.spiegel.de/politik/joschka-fischer-fordert-neue-atomwaffen-in-europa-a-d99f081d-b281-43c5-a167-a2c9ef2d1d83.*

168 *https://www.faz.net/aktuell/politik/ausland/luftverteidigung-kritik-aus-frankreich-an-deutscher-verteidigungspolitik-19327497.html.*

169 *https://www.swp-berlin.org/10.18449/2020S11/.*

170 *https://www.globalresearch.ca/sauron-rules-in-washington-neocons-firmly-believe-they-can-win-a-nuclear-war-against-russia-and-china/5588846.*

171 *https://www.usmcu.edu/Outreach/Marine-Corps-University-Press/MCU-Journal/Journal-of-Advanced-Military-Studies-SI-2022/Deterring-Russian-Nuclear-Threats-with-Low-Yield-Nukes-May-Encourage-Limited-Nuclear-War/.*

172 Ebd.

173 *https://www.spiegel.de/ausland/russland-ukraine-news-briten-sehen-russische-armee-bei-cherson-in-einer-zwickmuehle-a-7b7aaede-87ed-4cec-9e55-7c313e9af5b9.*

174 *https://www.tagesschau.de/ausland/taktische-atomwaffen-101.html.*

175 Ebd.

176 *https://www.greenpeace.de/frieden/was-bewirkt-atombombe.*

177 *https://www.unric.org/de/charta.*

178 Ebd.

179 Ebd.

180 *https://de.wikipedia.org/wiki/Liste_der_Bundeswehrstandorte_in_Deutschland.*

181 *https://www.deutsche-militaerstandorte-nach1945.de/view_standorte.cfm?art=1&fnkt=7&ort=Pfungstadt.*

182 *https://www.kysoh.com/nachricht/wo-sind-in-deutschland-raketen-stationiert/.*

183 *https://www.bundeswehr.de/de/organisation/standorte-bundeswehr.*

184 *https://www.bundeswehr.de/de/organisation/streitkraeftebasis/organisation/logistikkommando-der-bundeswehr/logistikzentrum-der-bundeswehr.*

185 *https://www.bundeswehr.de/de/organisation/standorte-bundeswehr.*

186 *https://www.bundeswehr.de/de/organisation/streitkraeftebasis/aktuelles/materiallager-mechernich-tunnelfahrt-bis-zum-arbeitsplatz-5677304.*

187 *https://www.bundeswehr-journal.de/2022/rund-30-millionen-fuer-betriebsstofflager-in-utzedel/.*

188 *https://de.wikipedia.org/wiki/Heeresmunitionsanstalt_Wulfen.*

189 *https://www.bundeswehr.de/de/organisation/weitere-bmvg-dienststellen/territoriales-fuehrungskommando-der-bundeswehr/auftrag-territoriales-fuehrungskommandos/host-nation-support.*

190 *https://www.german-foreign-policy.com/news/detail/9599.*

191 *https://dgap.org/de/forschung/publikationen/militaerische-mobilitaet.*

192 *https://www.capital.de/wirtschaft-politik/rheinmetall-und-co---die-groessten-deutschen-ruestungskonzerne-33390554.html.*

193 Ebd.

194 *https://de.wikipedia.org/wiki?curid=1145486.*

195 Ebd.; siehe auch: *https://www.diehl.com/defence/de/company/standorte/.*

196 *https://www.thyssenkrupp-marinesystems.com/en.*

197 *https://www.capital.de/wirtschaft-politik/das-sind-die-groessten-deutschen-ruestungskonzerne-33390554.html.*

198 *https://www.kysoh.com/nachricht/wie-viele-mitarbeiter-hat-knds/.*

199 *https://de.wikipedia.org/wiki?curid=2753734.*

200 *https://www.capital.de/wirtschaft-politik/das-sind-die-groessten-deutschen-ruestungskonzerne-33390554.html.*

201 *https://www.german-foreign-policy.com/news/detail/9440.*

202 *https://www.dbwv.de/aktuelle-themen/blickpunkt/beitrag/quadriga-oder-cold-response-wie-uebungen-zu-ihren-namen-kommen.*

203 *https://www.german-foreign-policy.com/news/detail/9440.*

204 Ebd.

205 *https://defence-network.com/quadriga-2024-bundeswehr-ist-einsatzbereit/.*

206 *https://www.bundeswehr.de/de/aktuelles/schwerpunkte/quadriga-2024-nato-landstreitkraefte-ueben-buendnisfall.*

207 *https://www.zlv.lu/db/1/1449377407156/0.*

208 Ebd.

209 *https://www.german-foreign-policy.com/news/detail/9573.*

210 *https://www.bundesheer.at/aktuelles/detail/drei-fragen-zum-angriff-auf-das-russische-atomraketen-fruehwarnsystem-oberst-reisner-antwortet.*

211 *https://www.washingtonpost.com/national-security/2024/05/29/us-ukraine-nuclear-warning-strikes/.*

212 *https://www.telepolis.de/features/Warum-der-Angriff-auf-Russlands-Anti-Atom-Radar-den-Krieg-auf-eine-neue-Eskalationsstufe-hebt-9744466.html.*

213 Ebd.

214 *https://www.bundesheer.at/aktuelles/detail/drei-fragen-zum-angriff-auf-das-russische-atomraketen-fruehwarnsystem-oberst-reisner-antwortet;* siehe auch: *https://www.telepolis.de/features/Eskalation-im-Ukraine-Krieg-Russisches-Atomraketen-Fruehwarnsystem-getroffen-9732435.html.*

215 *https://www.telepolis.de/features/Warum-der-Angriff-auf-Russlands-Anti-Atom-Radar-den-Krieg-auf-eine-neue-Eskalationsstufe-hebt-9744466.html.*

216 *https://www.faz.net/aktuell/politik/ukraine/ukraine-krieg-kiews-erfolge-die-washington-sorgen-bereiten-19754834.html.*

217 *https://www.bundesheer.at/aktuelles/detail/drei-fragen-zum-angriff-auf-das-russische-atomraketen-fruehwarnsystem-oberst-reisner-antwortet.*

218 *https://www.pressenza.com/de/2024/06/die-erweiterung-des-schlachtfelds/.*

219 *https://www.voanews.com/a/british-lawmaker-nuclear-accident-could-draw-nato-allies-into-war/6709703.html.*

220 *https://www.bundeswehr.de/resource/blob/5761202/5101246ca9de726f78c4d988607532fc/oplan-data.pdf.*

221 *https://www.pressenza.com/de/2024/03/auf-krieg-einstellen-iv/.*

222 *https://www.tagesspiegel.de/politik/operationsplan-deutschland-generalleutnant-fordert-deutlich-mehr-soldaten-fur-heimatschutz-11395538.html.*

223 *https://www.n-tv.de/mediathek/videos/politik/Geheimer-Operationsplan-Deutschland-betrifft-uns-alle-article25055402.html;* Transkript auf *https://unser-mitteleuropa.com/141543.*

224 Ebd.

225 *https://www.pressenza.com/de/2024/02/auf-krieg-einstellen-i/.*

226 *https://de.euronews.com/2024/02/12/polen-deutschland-und-niederlande-schaffen-militarisches-schengen.*

227 *https://www.tagesspiegel.de/politik/operationsplan-deutschland-generalleutnant-fordert-deutlich-mehr-soldaten-fur-heimatschutz-11395538.html.*

228 *https://www.reservistenverband.de/wp-content/uploads/2019/10/download-sdr-deutsch-data.pdf.*

229 *https://www.bundeswehr.de/de/organisation/weitere-bmvg-dienststellen/territoriales-fuehrungskommando-der-bundeswehr/aktuelles/operationsplan-deutschland-5703688.*

230 *https://www.pressenza.com/de/2024/03/auf-krieg-einstellen-iv/.*

231 *https://www.reservistenverband.de/magazin-die-reserve/fuer-eine-allgemeine-dienstpflicht/.*

232 *https://www.mdr.de/nachrichten/deutschland/politik/bundeswehr-neuer-verteidigungsplan-ukraine-krieg-100.html.*

233 *https://www.bmvg.de/resource/blob/5701724/5ba8d8c460d931164c7b00f49994d41d/verteidigungspolitische-richtlinien-2023-data.pdf.*

234 *https://www.reservistenverband.de/wp-content/uploads/2019/10/download-sdr-deutsch-data.pdf.*

235 Ebd.

236 *https://www.youtube.com/watch?v=DsD0vlB-yW0.*

237 *https://www.bmvg.de/de/aktuelles/was-bedeutet-die-neue-struktur-fuer-die-bundeswehr-faq.*

238 *https://www.youtube.com/watch?v=90cx5EGp7F0.*

239 *https://www.tagesspiegel.de/politik/plan-fur-den-kriegsfall-wie-die-regierung-die-bevolkerung-schutzen-will-11775779.html.*

240 *https://www.bmi.bund.de/SharedDocs/pressemitteilungen/DE/2024/06/rahmenrichtlinie-gesamtverteidigung.html.*

241 *https://www.bmi.bund.de/SharedDocs/downloads/DE/veroeffentlichungen/themen/bevoelkerungsschutz/konzeption-zivile-verteidigung.pdf?__blob=publicationFile&v=1.*

242 *https://www.thueringer-allgemeine.de/politik/zivilschutz-bundesregierung-stimmt-ueber-entwurf-zum-notfallplan-ab-id221932651.html?app=true&service=amp.*

243 Ebd.

244 *https://www.bbk.bund.de/DE/Warnung-Vorsorge/Vorsorge/Ratgeber-Checkliste/ratgeber-checkliste_node.html.*

245 *https://anti-spiegel.ru/2024/was-die-erlaubnis-des-westens-fuer-angriffe-auf-russisches-gebiet-bedeutet/.*

246 *https://anti-spiegel.com/2022/die-usa-und-grossbritannien-sind-in-der-ukraine-de-facto-kriegsparteien-gegen-russland/.*

247 *https://anti-spiegel.com/2022/weitere-meldungen-ueber-in-der-ukraine-kaempfende-us-soldaten/.*

248 *https://anti-spiegel.ru/2022/britische-marines-an-hochriskante-verdeckte-operationen-in-der-ukraine-beteiligt/.*

249 *https://tass.ru/mezhdunarodnaya-panorama/17523687;* auf Deutsch: *https://www.t-online.de/nachrichten/ausland/internationale-politik/id_100158742/pentagon-leaks-nato-truppen-koennten-in-der-ukraine-kaempfen.html.*

250 *https://anti-spiegel.ru/2024/das-transkript-des-gespraeches-der-luftwaffen-fuehrung/.*

251 *https://anti-spiegel.ru/2024/orban-europa-ist-in-die-phase-der-kriegsvorbereitung-mit-russland-eingetreten/.*

252 *https://anti-spiegel.ru/2024/orban-europa-ist-in-die-phase-der-kriegsvorbereitung-mit-russland-eingetreten/.*

253 Ebd.

254 *https://anti-spiegel.ru/2024/wollen-die-einen-ernsthaften-konflikt-in-europa-und-einen-globalen-konflikt-dann-bitte-sehr/.*

255 Ebd. (Übersetzung aus dem Russischen von Thomas Röper)

256 Ebd.; siehe auch: *https://www.youtube.com/watch?v=6fMOPcGqzFw.*

257 Ebd.

258 *https://www.telepolis.de/features/Putin-erklaert-sich-zu-Verhandlungen-bereit-der-Westen-schweigt-9737803.html.*

259 *https://uncutnews.ch/china-gemeinsam-mit-russland-werden-wir-die-gerechtigkeit-in-der-welt-verteidigen-peking-wird-in-einem-dritten-weltkrieg-an-der-seite-moskaus-stehen/.*

260 Ebd.

261 *https://anti-spiegel.ru/2024/die-ukraine-beschiesst-sewastopol-auf-der-krim-mit-amerikanischen-atacms-raketen-mit-streumunition/.*

262 *https://uncutnews.ch/scott-ritter-ueber-den-beschuss-von-sewastopol-durch-die-ukraine-ein-direkter-angriff-der-usa-und-der-nato-auf-russland/.*

263 *https://uncutnews.ch/ein-grosser-europaeischer-konflikt-steht-bevor-die-usa-stationieren-sm-6-tomahawk-und-andere-ueber-schallwaffen-mit-einer-reichweite-von-2-500-km-in-deutschland/.*

264 Ebd.

265 *https://anti-spiegel.ru/2024/und-wieder-fabuliert-der-spiegel-ueber-putins-angebliche-drohungen/.*

266 *https://zeitpunkt.ch/index.php/node/39549*; sowie *https://www.bmvg.de/de/aktuelles/pistorius-empfaengt-britischen-amtskollegen-healey-5821056#:~:text=Verteidigungsminister%20Boris%20Pistorius%20hieß%20seinen,%2B3%2DFormat%20eng%20zusammen.*

267 *https://web.de/magazine/politik/russland-krieg-ukraine/ukraine-bekommt-f-16-einsatz-sommer-39873138.*

268 *https://uncutnews.ch/zusammenbruch-der-sicherheitsarchitektur-in-europa-russland-beginnt-mit-der-entwicklung-der-toedlichen-novator-und-zircon-raketen/.*

269 *https://www.german-foreign-policy.com/news/detail/7996/.*

270 *https://anti-spiegel.ru/2024/die-usa-stationieren-wieder-bodengestuetzte-kurz-und-mittelstreckenraketen/.*

271 *https://uncutnews.ch/nordkorea-will-angeblich-erste-truppen-mit-unbegrenzter-munitions-und-raketenlieferung-in-den-donbass-entsenden/.*

272 Ebd.

273 *https://www.telepolis.de/features/Ukraine-Krieg-Russlands-Gleitbomben-Taktik-zermuerbt-Verteidiger-9793242.html.*

274 Ebd.

275 *https://uncutnews.ch/von-einem-vollen-nato-engagement-in-osteuropa-sind-wir-nur-tage-oder-wochen-entfernt/.*

276 *https://unser-mitteleuropa.com/141777.*

277 *https://www.globalresearch.ca/ukraine-worsens-attacks-znpp/5861925.*

278 *https://uncutnews.ch/10-anzeichen-dafuer-dass-sich-ein-globaler-krieg-rasch-naehert/.*

279 *https://www.newsweek.com/putin-nato-russia-isw-rival-1916117.*

280 *https://sputnikglobe.com/20240628/putin-russia-must-respond-to-us-actions-necessary-to-start-production-of-inf-systems-1119169000.html.*

281 *https://www.msn.com/en-us/news/world/ar-BB1p9pUF.*

282 *https://anti-spiegel.ru/2024/um-der-einberufung-an-die-front-zu-entgehen-lassen-sich-ukrainer-sogar-arme-und-beine-brechen/.*

283 Ebd.

284 *https://unser-mitteleuropa.com/142582.*

285 Ebd.

286 Ebd.

287 *https://www.globalresearch.ca/poland-participate-ukrainian-conflict/5862139.*

288 Ebd.

289 Ebd.

290 *https://www.globalresearch.ca/nato-buildup-finland-putin-doorstep/5862093.*

291 *https://www.spiegel.de/ausland/estland-lettland-und-litauen-planen-hunderte-bunker-an-grenze-zu-russland-a-9881bdd0-83a2-49d2-b006-910cda912495.*

292 *https://www.bild.de/politik/inland/bundeswehr-pistorius-plan-zur-wehrpflicht-steht-deutschland-wird-gemustert-666958fbdca95846215b3d43.*

293 *https://www.spiegel.de/politik/deutschland/carsten-breuer-general-inspekteur-der-bundeswehr-in-fuenf-jahren-muessen-wir-kriegstuechtig-sein-a-be252f67-1039-43c7-bd92-518e1b e958d2.*

294 *https://uncutnews.ch/nato-staaten-befuerworten-wehrpflicht-mit-blick-auf-kuenftigen-krieg-mit-russland/.*

295 Ebd.

296 *https://uncutnews.ch/kriegsvorbereitungen-grossbritannien-muss-in-drei-jahren-bereit-sein-warnt-der-chef-der-britischen-armee/.*

297 *https://anti-spiegel.ru/2024/wie-von-der-leyen-die-eu-zielgerichtet-in-den-krieg-gegen-russland-fuehrt/.*

298 Ebd.

299 Ebd.

300 *https://www.bundesregierung.de/breg-de/schwerpunkte/krieg-in-der-ukraine/kanzler-selenskyj-sicherheitsvereinbarung-2260240.*

301 *https://de.statista.com/statistik/daten/studie/379080/umfrage/vergleich-des-militaers-der-nato-und-russlands/.*

302 *https://de.wikipedia.org/wiki/Organisation_des_Vertrags_über_kollektive_Sicherheit.*

303 *http://de.wikipedia.org/wiki/Turkmenische_Streitkräfte.*

304 *https://www.watson.ch/international/analyse/494376992-das-passiert-falls-russland-den-krieg-gegen-die-ukraine-gewinnt.*

305 *https://www.watson.ch/digital/international/866915019-wie-der-ukraine-krieg-enden-wird-3-brutal-ehrliche-szenarien.*

306 Ebd.

307 Ebd.

308 Ebd.

309 Ebd.

310 *https://www.lagis-hessen.de/de/subjects/drec/current/4/sn/edb/mode/catchwords/lemma/Fulda%2BGap;* auf Deutsch: *https://www.welt.de/print-welt/article215510/In-sieben-Tagen-am-Rhein.html.*
311 *https://www.lagis-hessen.de/de/subjects/xsrec/current/482/sn/edb?q=YToxOntzOjc6ImJlcmVpY2giO3M6MTg6Ik1pbGl0w6RyIHVuZCBLcmllZyI7fQ%3D%3D.*
312 *https://en.wikipedia.org/wiki/World_War_III.*
313 *https://future.fandom.com/wiki/World_War_III_(2027-2035).*
314 *https://anti-spiegel.ru/2024/der-tuerkische-aussenminister-bezeichnet-treffen-der-geheimdienstchefs-russlands-und-der-usa-in-ankara-als-historisch/.*
315 *https://www.bbk.bund.de/DE/Warnung-Vorsorge/Vorsorge/Bevorraten/bevorraten_node.html.*
316 *https://www.bbk.bund.de/SharedDocs/Downloads/DE/Mediathek/Publikationen/Buergerinformationen/Ratgeber/ratgeber-notfallvosorge-checkliste.pdf?__blob=publicationFile&v=10.*
317 *https://www.bbk.bund.de/DE/Warnung-Vorsorge/Vorsorge/Bevorraten/bevorraten_node.html.*
318 *https://www.bz-berlin.de/archiv-artikel/papst-franziskus-spricht-von-drittem-weltkrieg.*
319 *https://www.derstandard.at/story/2000009619992/guenter-grass-der-dritte-weltkrieg-hat-begonnen.*
320 Alle folgenden Seher-Zitate stammen aus meinem Buch: *Am Vorabend des Dritten Weltkriegs: Was Hellseher für unsere nahe Zukunft prophezeien und was politische Fakten bestätigen,* Kopp Verlag, Rottenburg 2013.
321 Von Werdenberg, Gottfried: *Vision 2004: die nächsten zehn Jahre,* Mediatrix Verlag, St. Andrä-Wördern 1994.
322 Orzechowski, Peter: *Am Vorabend des Dritten Weltkriegs: Was Hellseher für unsere nahe Zukunft prophezeien und was politische Fakten bestätigen,* Kopp Verlag, Rottenburg 2013, S. 183.

323 Ebd., S. 184.
324 Ebd.
325 Ebd., S. 151.
326 Ebd., S. 139.
327 Ebd., S. 140.
328 Ebd., S. 146.
329 Berndt, Stephan: *Prophezeiungen zur Zukunft Europas und reale Ereignisse*, Reichel Verlag Regensburg/Weilersbach 2022.
330 Orzechowski, Peter: *Wenn der Papst flieht – Das letzte Zeichen vor dem großen Umbruch*, Kopp Verlag, Rottenburg 2018, S. 147.
331 Ebd.
332 Ebd.
333 Ebd., S. 148.
334 Ebd.
335 Ebd.
336 Ebd., S. 186.
337 Ebd.
338 Ebd., S. 187.
339 *http://paulhug.de/onewebmedia/Prophezeiungen%20für%20die%20nahe%20Zukunft.doc.*